Einleitung

Die Verschärfung der sozialen Ungleichheit ist eine prägende Erfahrung der Gegenwart. Dieses Buch möchte die Augen dafür öffnen, dass es dagegen in der Geschichte viele Entwicklungen der Ungleichheit gab, neben Verschärfungen auch Abmilderungen der sozialen Ungleichheit. Es behandelt Europa im 20. Jahrhundert als ein Labor ganz unterschiedlicher Entwicklungen der sozialen Ungleichheit. Es wendet sich daher gegen das Dogma, dass in der Moderne gesellschaftlicher Fortschritt und wirtschaftlicher Wohlstand mit sozialer Ungleichheit bezahlt werden müssten.[1] Es richtet sich auch gegen das Diktum, dass der moderne Kapitalismus unvermeidlich Ungleichheit erzeugt. Das Buch möchte dazu anspornen, genau hinzusehen.

Es sei daran erinnert, dass unsere Vorstellungen über soziale Ungleichheit viel mit Geschichte zu tun haben. In unseren Köpfen streiten sich fünf verschiedene historische Vorstellungen vom historischen Wandel der sozialen Ungleichheit: Wir glauben erstens, dass die modernen Industriegesellschaften mit weniger sozialer Ungleichheit belastet waren als die Gesellschaften vor der Industrialisierung. Die sozialen Gegensätze zwischen den prunkvollen Höfen, den reichen adligen, im Luxus lebenden Großgrundbesitzern, den wohlhabenden städtischen Patriziern und den armen, oft leseunkundigen Bauern und Tagelöhnern des alten Europa waren erheblich größer als zwischen den heutigen Managern und Industriearbeitern. Auch heute noch ist in den armen, wenig industrialisierten Ländern Afrikas und Lateinamerikas wie Guinea-Bissau oder Kolumbien die soziale Ungleichheit der Einkommen weit schärfer als in unseren modernen westlichen Gesellschaften. Selbst noch in dem halb industrialisierten deutschen Kaiserreich war die Vermögens- und Einkommensungleichheit erheblich größer als im heutigen, voll industrialisierten Deutschland. Industrialisierung dämpfte nach dieser Vorstellung die soziale Ungleichheit.

Eine zweite Vorstellung: Wir beobachten im atlantischen Raum eine völlige Umkehrung der internationalen Unterschiede der sozialen Ungleichheit.

Noch vor hundert Jahren galten die Vereinigten Staaten nicht nur als das Land der sozialen Aufsteiger vom Tellerwäscher zum Millionär, sondern auch als das Land der sozialen Gleichheit, der relativ geringen sozialen Unterschiede. Heute sehen wir genau umgekehrt die USA aus der europäischen Perspektive als das Land besonders scharfer sozialer Gegensätze an, unseren eigenen Kontinent dagegen als eine Weltregion begrenzter sozialer Unterschiede.

Eine dritte Vorstellung: Blicken wir aus Europa nach Osten, dann stellen wir fest, dass ein Konkurrent Europas um die Abmilderung der sozialen Ungleichheit verschwunden ist. Noch vor 30 Jahren galt der riesige Raum von der ostdeutschen Mauer bis nach Shanghai, also das östliche Europa, die Sowjetunion und China, als eine Region mit erheblich weniger sozialer Ungleichheit als das kapitalistische Europa. Demokratie und marktwirtschaftlicher Wohlstand schien man im westlichen Europa und in den USA mit mehr sozialer Ungleichheit bezahlen zu müssen als im kommunistischen Teil der Welt. Das ist vorbei, denn sowohl das Putinsche Russland und als auch das kommunistische China sind nicht nur keine Demokratien, sondern auch mit weit mehr sozialer Ungleichheit belastet als Europa. Die Demokratien Ostmitteleuropas unterscheiden sich dagegen in ihrer sozialen Ungleichheit nicht mehr vom westlichen Europa. Anders als vor dem Fall der Mauer verbinden sich daher im heutigen Weltmaßstab Demokratie und Marktwirtschaft in Europa mit einer vergleichsweise milden sozialen Ungleichheit.

Eine vierte Vorstellung steigert dies noch. Auch innerhalb Europas entwickelten sich die sozialen Ungleichheiten unterschiedlich. Als besonders beeindruckend gilt die Abmilderung der sozialen Ungleichheit in den skandinavischen Ländern. Sie waren noch in der Zwischenkriegszeit Länder mit moderaten Demokratien, aber mit hoher sozialer Ungleichheit der Einkommen im Vergleich jedenfalls mit Deutschland oder Österreich. Heute dagegen ist die Einkommensverteilung in den skandinavischen Ländern nicht nur erheblich weniger ungleich als in der Zwischenkriegszeit, sondern auch weniger ungleich als in den meisten anderen europäischen Ländern. Zusammen mit Japan weist dieser Teil Europas die geringsten Ungleichheiten der Einkommen weltweit auf.

Die fünfte Vorstellung: Im Gegensatz dazu beobachten wir, dass die soziale Ungleichheit in der jüngsten Geschichte in Europa erheblich zunimmt. Vor allem die Managergehälter sprengen alles bisher Übliche und führen zu einer Ungleichheit, die noch vor wenigen Jahrzehnten nicht vorstellbar war.

Die Gehälter in den Spitzenpositionen der Wirtschaft steigen und steigen. Gleichzeitig nimmt die Armut zu. Diese Entwicklung ist für viele überraschend. Das Ausbrechen der Managergehälter aus dem bisherigen Rahmen wird deshalb oft auch als Zeichen einer Amerikanisierung bezeichnet. In Deutschland verschärfte sich die soziale Ungleichheit sogar besonders spürbar. Noch vor einem halben Jahrhundert war das in Europa ganz anders. Die Einkommens- und Vermögensunterschiede milderten sich in Europa ein Vierteljahrhundert lang ab. Die sozialen Distinktionen gingen zurück. Reich und Arm schien dem gleichen Konsumideal der Autos, Kühlschränke, Staubsauger, Schallplatten und Fernsehapparate, der Telefone und Einbauschränke zu frönen.

Nimmt man alle diese Vorstellungen zusammen, steht man vor einem tiefen Widerspruch: Einerseits erscheint die soziale Ungleichheit in Europa in einem immer milderen Licht nicht nur im Vergleich zu den vorindustriellen Gesellschaften der eigenen Geschichte und der globalen Gegenwart, sondern auch im Vergleich zu den USA und zu den neuen aufsteigenden Ökonomien China, Russland, Indien und Lateinamerika. Andererseits verschärft sich die soziale Ungleichheit in Europa spürbar. Um diesen Widerspruch aufzulösen und um zu wissen, welche dieser Tendenzen am Ende die gewichtigeren wurden, ist es notwendig, die Geschichte der sozialen Ungleichheit im 20. Jahrhundert im globalen Vergleich genauer zu betrachten.

In jüngster Zeit wird uns von Experten der sozialen Ungleichheit eine sechste Vorstellung vorgetragen: Der moderne Kapitalismus verschärfte seinem Wesen nach in der Geschichte soziale Ungleichheit immer mehr. Die Reichsten häuften immer größere Vermögen in ihren Händen auf und verschafften sich damit auch immer mehr Macht. In der europäischen Geschichte wurde dieser kontinuierliche Prozess der Verschärfung der sozialen Ungleichheit bisher nur in einer Epoche unterbrochen: in der Kriegs- und Zwischenkriegszeit zwischen 1914 und 1945. Die beiden Weltkriege und die Weltwirtschaftskrise haben viele Vermögen zerstört und in der Folge soziale Ungleichheit abgemildert. In dieser Vorstellung war die Abmilderung der sozialen Ungleichheit also ganz an Katastrophen von großen Kriegen und schweren Wirtschaftskrisen gebunden. Diese Vorstellung von der Geschichte der sozialen Ungleichheit ist bisher noch nicht stark verbreitet, nicht einmal unter Experten. Aber sie wurde von einem prominenten Autor, dem französischen Ökonomen Thomas Piketty, zur Diskussion gestellt und wird deshalb auch in diesem Buch diskutiert.[2] In scharfem Gegensatz dazu interpretiert Branko Milanović in seinem soeben erschienenen Buch die Geschichte der sozialen Ungleichheit als eine Serie von Zyklen. Der vorletzte Zyklus begann im 19. Jahrhundert mit zunehmender Ungleichheit und schlug im kurzen 20. Jahrhundert in abnehmende Ungleichheit um. Der neueste Zyklus setzte nach dieser Vorstellung in den 1980er Jahren wieder mit verschärfter Ungleichheit ein, die dann wieder in eine Periode der sich abmildernden Ungleichheit übergehen sollte. Auch darauf wird eingegangen.[3]

Aufbau

Jede der vier Epochen des 20. Jahrhunderts, die in diesem Buch behandelt werden, steht für eine andere Entwicklung der sozialen Ungleichheit. Die beiden Jahrzehnte vor 1914, mit denen sich das erste Kapitel befasst, stehen für die Industrialisierung und für einen unregulierten, liberalen Industriekapitalismus. Die soziale Ungleichheit entwickelte sich fast ohne staatliche Regulierungen, aber auch ohne die Einwirkung von Wirtschaftskrisen oder Kriegen. Im zweiten Kapitel behandeln wir die völlig andere Epoche der beiden Weltkriege und der bisher schlimmsten Wirtschaftskrise. Die umstrittenen Auswirkungen von Kriegen und Wirtschaftskrisen auf soziale Ungleichheit stehen im Zentrum dieses Kapitels. Es wirft die Frage auf, ob Kriege und Wirtschaftskrisen die sozialen Ungleichheiten verschärften oder ob sie sie abmilderten, dann allerdings mit den enormen Kosten von unzähligen Todesopfern und tiefer Misere. Das dritte Kapitel über die 1950er bis 1970er Jahre untersucht eine wiederum völlig andere Art von Abmilderung der sozialen Ungleichheit. Sie war in den wirtschaftlichen Prosperitätsjahren verbunden mit außergewöhnlich hohem wirtschaftlichem Wachstum und einer einzigartigen Steigerung des Wohlstands. In diesem Kapitel geht es also um die denkbar beste Option der Entwicklung der sozialen Ungleichheit. Allerdings ist diese Epoche abgeschlossen. Das vierte Kapitel befasst sich deshalb mit der Frage, warum sich die soziale Ungleichheit seit den 1980er Jahren wieder verschärfte: Lag dies in einer zielgerichteten Rückkehr der Politik in die Zeit vor 1914, also in den ungeregelten Kapitalismus mit seiner starken Zunahme der sozialen Ungleichheit, oder waren ganz neue Faktoren wie die Globalisierung oder der Finanzkapitalismus für den Abschied von der Abmilderung der sozialen Ungleichheit entscheidend? Jedes dieser vier Kapitel erschließt daher eine ganz unterschiedliche Entwicklungsoption der sozialen Ungleichheit. Es wäre sicherlich ein Trugschluss zu glauben, dass sich eine dieser Entwicklungen genauso in der Gegenwart und Zukunft wiederholte. Aber es lassen sich doch Schlüsse für die Gegenwart aus diesen unterschiedlichen Optionen ziehen.

Zugänge

Für dieses Buch wurden fünf Zugänge gewählt, die es von anderen Büchern zur sozialen Ungleichheit unterscheiden.

Erstens handelt dieses Buch von Geschichte. Die Geschichte der sozialen Ungleichheit erschließt viel mehr unterschiedliche Entwicklungen als die Gegenwart. Vor allem eröffnet sie uns nicht nur Verschärfungen der sozialen Ungleichheit, wie wir sie in der Gegenwart erleben, sondern auch Abmilderungen. Die Geschichte macht daher Hoffnung, weil Abmilderungen der sozialen Ungleichheit nicht nur theoretisch denkbar sind, sondern tatsächlich stattgefunden haben und sogar von den älteren europäischen Zeitgenossen noch miterlebt wurden. Dabei soll, wie soeben gesagt, nicht übersehen werden, dass Geschichte nicht eins zu eins auf die Gegenwart übertragen werden kann und sie sich nicht wiederholen lässt.

Zweitens behandelt dieses Buch den internationalen Wandel. Es stellt Europa in das Zentrum und vergleicht es mit der übrigen Welt. Auch diese internationale Perspektive erschließt viel mehr Entwicklungen als ein Buch, das nur von Deutschland handelt. Schon der europäische Vergleich erfasst ganz andere Entwicklungen als in Deutschland und beeinflusst damit auch unser Selbstverständnis als Deutsche. Darüber hinaus zeigt uns der Vergleich Europas mit außereuropäischen Regionen, vor allem mit den USA, aber auch mit den neuen aufsteigenden Ökonomien des Südens der Welt Entwicklungen, die auch für unser Selbstverständnis als Europäer wichtig sind. Die Verschärfung der Ungleichheit der Einkommen in Europa war in der jüngeren Geschichte nicht so massiv wie in außereuropäischen Länder. Das lag an bestimmten Vorzügen unserer europäischen Gesellschaften, deren wir uns stärker bewusst werden sollten und die wir uns auch für die Zukunft sichern sollten. Es ist sicher nicht einfach, die internationale Entwicklung in einem so kurzen Buch darzustellen. Nicht umsonst haben berühmte Wissenschaftler wie der Historiker Hans-Ulrich Wehler und der Soziologe Pierre Bourdieu nur ihr eigenes Land behandelt. Trotzdem ist in diesem Buch die internationale Perspektive gewählt worden.

Drittens behandelt dieses Buch nicht nur die Einkommens- und Vermögensverteilung wie das außergewöhnlich erfolgreiche Buch von Thomas Piketty und wie viele andere sozialwissenschaftliche Untersuchungen. Meist unausgesprochen wird dort davon ausgegangen, dass die Vermögens- und Einkommensunterschiede alle anderen Dimensionen der sozialen Ungleichheit bestimmen. Das ist aber ein Irrtum. Die Geschichte zeigt uns, dass die soziale Ungleichheit in der Bildung, im Wohnen, in der Gesundheit, aber auch die der sozialen Aufstiegsmöglichkeiten und sozialen Distinktionen sich in der Regel ganz anders entwickelte als in den Einkommen und Vermögen. Wie bedeutsam die Unterschiede der Einkommen und Vermögen für unsere Gesellschaft sind, kann man am Ende als Wissenschaftler und als Zeitgenosse erst beurteilen, wenn man diese anderen Dimensionen der sozialen Ungleichheit im Auge hat. Große Unterschiede der Vermögen oder Einkommen haben ein begrenztes Gewicht, wenn die Unterschiede in der Bildung oder in der Gesundheit gering oder die Aufstiegschancen weit gefächert sind. Sie haben ein viel größeres Gewicht, wenn auch in allen anderen Dimensionen der sozialen Ungleichheit die Unterschiede sich verschärfen und die Aufstiegschancen blockiert werden. Sicher ist es schwieriger, allen diesen Dimensionen gerecht zu werden. Aber Einkommen und Vermögen sind nur ein Ausschnitt, der manchmal beschönigt, manchmal verdüstert.

Man mag sich fragen, was soziale Distinktionen oder – wie es auch heißen kann – soziale Trennlinien mit sozialer Ungleichheit zu tun haben. Solche sichtbaren, spürbaren und erfahrbaren sozialen Distinktionen sind für die Orientierung und Selbsteinordnung des Einzelnen in der Gesellschaft und für das soziale Vertrauen in Andere, also für den sozialen Zusammenhalt, ohne Zweifel nötig und unvermeidbar. Sie werden auch nicht täglich bewusst gezogen, sondern gelten sehr oft als eine Selbstverständlichkeit, als ein Habitus, der seit der Kindheit durch familiäre Erziehung und durch die soziale Umgebung eingeübt wird. Soziale Trennlinien können ein substantieller Teil sozialer Ungleichheit sein, wenn sie Berufs- und Bildungschancen versperren oder soziale Gleichheitserwartungen verletzen und deshalb Konflikte erzeugen. Soziale Trennlinien müssen deshalb nicht immer Teil der sozialen Ungleichheit sein, sind es aber oft und werden nur dann hier behandelt. Der Wandel sozialer Trennlinien spiegelt nicht einfach den Wandel der Disparitäten der Vermögen, der Einkommen, des Wohnens oder der Gesundheit wider. Sie können durch Veränderung von wirtschaftlichen Ressourcen in Krisen oder Kriegen entstehen, mit denen einzelne soziale Milieus die sozialen Trennlinien in den Lebensweisen aufrechterhalten. Soziale Trennlinien wurden im 20. und im 21. Jahrhundert aber auch durch wirtschaftliche Entwicklungen wie den Aufstieg der modernen Konsumgesellschaft oder die Durchsetzung neuer Medien, aber auch durch politische Entwicklungen wie den modernen Wohlfahrtsstaat beeinflusst. Soziale Distinktionen können dadurch eine andere Dynamik annehmen als die Ungleichheiten der Vermögen, Einkommen, des Wohnens oder der Gesundheit.

Dieses Buch behandelt *viertens* auch die Entwicklung der Wahrnehmung von sozialer Ungleichheit und die Debatten über dieses Thema. Auch dieser Teil der Geschichte der sozialen Ungleichheit wird oft beiseitegelassen. Aber die Wahrnehmungen der sozialen Ungleichheit und die Auseinandersetzungen mit ihr sind ein unverzichtbarer Bestandteil ihrer Geschichte und ihrer Gegenwart. Ohne sie lässt sich nur die Hälfte des Themas erfassen. Aus zwei Gründen verdienen sie es, ebenfalls behandelt werden. Es wäre ein Irrtum zu glauben, dass die Wahrnehmungen und die politischen Debatten nur ein Spiegel der sozialen Ungleichheit sind und man deshalb auf dieses Thema verzichten könne. Wahrnehmungen und politische Debatten besitzen ihre eigene Dynamik und werden nicht nur durch den breiteren historischen Kontext, sondern auch durch Medien und Wissenschaft bestimmt. Medien und Wissenschaft haben gerade im 20. Jahrhundert ihren Blick auf die soziale Ungleichheit stark verändert. Darüber hinaus beeinflussen die politischen Debatten und die Wahrnehmungen der sozialen Ungleichheit auch die Politik und können damit indirekt auch ein wichtiger Kontext für Verschärfungen oder Abmilderungen von sozialer Ungleichheit sein.

Die Veränderungen von sozialer Ungleichheit werden *fünftens* in diesem Buch nicht nur beschrieben, sondern auch zu erklären versucht. Angeregt durch Studien von Ökonomen wird der Frage nachgegangen, wie die Politik mit ihren wichtigsten Instrumenten der Steuer- und Lohnpolitik, der Bildungspolitik und der Sozialpolitik Einfluss auf die Entwicklung der sozialen Ungleichheit nahm. Politik bewegt viel, aber nicht alles. Deshalb werden darüber hinaus auch die wirtschaftlichen und kulturellen Faktoren der sozialen Ungleichheit behandelt, die durch politische Akteure wenig beeinflusst werden können, wie der Wandel des Arbeitsmarktes oder der sozialen Distinktionen. Es wird hierbei davon ausgegangen, dass der Kapitalismus nicht immer nur die gleichen Verschärfungen der sozialen Ungleichheit hervorbringt, sondern selbst in der relativ kurzen Zeitspanne des 20. Jahrhunderts ganz unterschiedliche Wirkungen auf die soziale Ungleichheit besaß, sie teils verschärfte, teils aber auch abmilderte.

Was meint soziale Ungleichheit?

Mit sozialer Ungleichheit sind hierarchische Unterschiede in den Lebenschancen, vor allem in den Einkommen und Vermögen, im Konsum und Wohnen, in der Bildung und in der Gesundheit, aber auch die Wahrnehmung dieser hierarchischen Unterschiede und der über sie geführten Debatten gemeint. Sehr oft wird dabei an Unterschiede zwischen ganzen sozialen Gruppen, oft zwischen sozialen Milieus, häufig auch zwischen Frauen und Männern, zwischen ethnischen Gruppen, zwischen Einwanderern und Indigenen gedacht. Besonders bei Einkommen und Vermögen, aber auch bei Bildung und Wohnen sind allerdings oft auch Ungleichheiten zwischen Individuen gemeint.

Bei der Beschäftigung mit der Geschichte sozialer Ungleichheit stehen drei Fragen im Mittelpunkt. Die erste Frage betrifft die sozialen Gruppen, zwischen denen soziale Ungleichheit besteht. Diese sozialen Gruppen sind nicht stabil, sondern wandelten sich im 20. Jahrhundert grundlegend. Nur ein Beispiel: Wer die Bildungschancen des Bürgertums und der Arbeiter im späten Kaiserreich und im heutigen Deutschland vergleicht, der muss sich vergegenwärtigen, dass sich diese beiden Sozialmilieus völlig wandelten: Im Kaiserreich standen sich ein zahlenmäßig schmales, aber in sich sehr homogenes und verflochtenes, selbstbewusstes und politisch einflussreiches Bürgertum von einem bis zwei Prozent der Bevölkerung und eine weit größere, von der übrigen Gesellschaft weitgehend abgeschlossene, oft klassenbewusste Industriearbeiterschaft von 30 bis 40 Prozent der damaligen Gesellschaft gegenüber. Heute dagegen geht es um eine heterogene Akademikerschicht von wenigstens 30 Prozent und eine heterogene, ihrer selbst nicht bewusste Arbeiterschicht aus Indigenen und Zuwanderern, abgesicherten Arbeitern und Armen, die ebenfalls rund 30 Prozent der Bevölkerung stellen. Dieses Beispiel mag verständlich machen, warum man sich nicht einig darüber ist, zwischen wem soziale Ungleichheit zu untersuchen ist – weiterhin zwischen den klassischen sozialen Klassenmilieus, wofür nur noch eine Minderheit der Forscher eintritt; zwischen einer neuen Variante von klassischen Milieus, die in ihrem Lebensstil alle tief gespalten sind in konservative und nonkonformistische Milieus; oder zwischen ganz anderen sozialen Gruppen, religiösen und ethnischen Gruppen, Männern und Frauen, Immigranten und Indigenen. Eine weitere Untersuchungsoption bezieht sich auf eine grundsätzliche Ablösung der Bindung an solche Gruppen seit den 1970er Jahren und damit eine viel diffusere, kompliziertere Art von sozialer Ungleichheit, in der der Einzelne je nach Dimension der sozialen Ungleichheit unterschiedlich positioniert sein kann.

Die zweite Frage betrifft die Stellung der Sozialwissenschaften zur sozialen Ungleichheit. Sozialwissenschaftler sind ebenso wie die Leser ihrer Bücher nicht in einer neutralen Beobachterstellung, sondern nehmen selbst eine Position in der sozialen Hierarchie ein und können sich davon nicht völlig lösen. Sie untersuchen keine Maikäfer, sondern können als Experten oder als Politikberater sogar Einfluss auf die Entwicklung der sozialen Ungleichheit nehmen. Der Blick der Sozialwissenschaftler und Historiker auf soziale Ungleichheit hat sich im Verlauf der letzten hundert Jahre ebenfalls stark verändert. Nicht mehr um den Blick von oben aus der gesicherten bürgerlichen Warte auf ein fremdes Phänomen weit unten in der eigenen Gesellschaft handelt es sich, sondern eher um eine Perspektive aus der Mitte der Gesellschaft, da heutige Wissenschaftler durch Zeitverträge ganz unterschiedliche soziale Lagen und Erfahrungen sozialer Ungleichheit am eigenen Leib erleben. Sie verwenden auch eine andere Sprache. Der Ausdruck soziale Ungleichheit, der diesen neuen Blick wiedergibt, wurde in den großen europäischen Sprachen noch bis weit ins 20. Jahrhundert wenig benutzt und verbreitete sich erst seit den 1970er Jahren. Diese Selbstreflektion der eigenen Stellung des Forschers ist von großer Bedeutung.

Die dritte Frage der Beschäftigung mit sozialer Ungleichheit, eine Kernfrage, betrifft den moralischen Unterton des Ausdrucks »soziale Ungleichheit«. Man sollte den Ausdruck der sozialen Ungleichheit auch im Titel dieses Buches nicht missverstehen. Die Sozial- und Geschichtswissenschaften gehen in aller Regel davon aus, dass komplexe Gesellschaften jenseits kleiner Jäger- oder Sammlerstämme nicht ohne soziale Hierarchien funktionieren und von ihren Angehörigen die notwendigen Leistungen erhalten können. Dem folgt auch dieses Buch. Soziale Ungleichheit zu untersuchen heißt daher nicht, zu erwarten, jenseits der politischen, rechtlichen und menschenrechtlichen Gleichheit der Bürger könne auch eine völlige soziale und wirtschaftliche Gleichheit erreicht werden. Die Geschichte der sozialen Ungleichheit zu untersuchen heißt vielmehr herauszufinden, wo die Grenze zwischen den unverzichtbaren Hierarchien und den unnötigen sozialen Disparitäten lag und liegt. Diese Grenze ist sicher nicht leicht zu bestimmen und auch keineswegs unstrittig. Aber der Vergleich mit der jüngeren Geschichte nicht nur des eigenen Landes, sondern auch im internationalen Kontext ist dabei eine sehr große Hilfe. Wenn wir in der Geschichte und der jüngeren Gegenwart auf gut funktionierende, freiheitliche Gesellschaften treffen, die erheblich weniger Ungleichheit besaßen, müssen wir darüber nachdenken, wie das Übermaß an Ungleichheit in unserer Gesellschaft aussieht und was die genauen Ursachen dafür sind. Es ist dabei ganz entscheidend, solche Gesellschaften mit wenig sozialer Ungleichheit auch immer in den historischen Kontext zu rücken. Wurde ein Weniger an sozialer Ungleichheit mit politischem Terror wie in der stalinistischen oder maoistischen Gesellschaft oder mit bitterer Not wie im Zweiten Weltkrieg bezahlt, hilft uns das nicht weiter, weil die Kosten für soziale Ungleichheit zu hoch und zu schmerzhaft sind.

1. Soziale Ungleichheit vor 1914 – der ungeregelte Industriekapitalismus

Die Zeit der Industrialisierung Kerneuropas von der Mitte des 19. Jahrhunderts bis 1914 ist für die Geschichte der sozialen Ungleichheit äußerst wichtig, da sich mit dem neuen Industriesektor, mit der Modernisierung der Landwirtschaft, mit dem Aufbau des neuen Verkehrssystems der Eisenbahn und der neuen Kommunikation durch Telegrafie und Telefon, mit dem enormen Wachstum der Städte, mit der Ausweitung des Wirtschaftsbürgertums und mit der Zunahme von Industriearbeitern und Angestellten, mit einer langsamen Verbesserung des Lebensstandards, aber auch mit der neuen städtischen Armut die Voraussetzungen von sozialer Ungleichheit massiv änderten. An dieser Epoche ist zu studieren, wie sich die soziale Ungleichheit in Europa im Industriekapitalismus mit wenig staatlicher Regulierung der Wirtschaft und Gesellschaft, aber auch ohne lange Kriege und ohne tiefe Wirtschaftskrisen entwickelte. Das soll hier nur knapp geschehen.

Die europäischen Regierungen griffen, verglichen mit heute, nur wenig in die Gesellschaft ein. Die drei klassischen Instrumente des Staates zur Abmilderung der sozialen Ungleichheit, Steuer- und Lohnpolitik, das Konzept des Wohlfahrtsstaates und die Bildungspolitik, waren den europäischen Regierungen vor 1914 sicher nicht fremd, wurden aber nur zögernd, begrenzt oder noch gar nicht eingesetzt. Größere Kriege blieben Europa erspart. Die zahlreichen Kolonialkriege besaßen keine erkennbaren Auswirkungen auf die sozialen Ungleichheiten in Europa. Die einzige größere Wirtschaftskrise, die Gründerkrise ab 1873, lief vergleichsweise mild ab und führte zu keinem so tiefen Einbruch des Wirtschaftswachstums wie die Weltwirtschaftskrise ab 1929 oder wie die jüngste Krise 2008–2012. Auch spürbare Verschärfungen der sozialen Ungleichheit sind bisher nicht bekannt.[1] In dem am besten dokumentierten Fall, in Sachsen, gingen die Einkommensunterschiede zwischen 1874 bis 1878 sogar zurück.[2] Insgesamt wurde diese Epoche der Industrialisierung in der Erinnerung vieler Europäer während der Zwischenkriegszeit und nach dem Zweiten Weltkrieg zu einer Glanzzeit erhoben.

Der Industriekapitalismus, der sich ab der Mitte des 19. Jahrhunderts in Kerneuropa durchzusetzen begann, produzierte allerdings wachsende soziale Ungleichheit. Viele Anzeichen in allen Dimensionen der sozialen Ungleichheit sprechen für diese verbreitete These, sehr wenige Untersuchungsergebnisse dagegen für das Gegenteil. Wie entwickelte sich die soziale Ungleichheit in ihren wichtigsten Dimensionen, also Vermögen und Einkommen, Bildung, Wohnen, Gesundheit, soziale Distinktion und Aufstiegsmobilität?

Die Vermögen konzentrierten sich vor 1914 in Europa immer stärker. Zumindest für Frankreich, England, Schweden und Preußen, also für einen großen Teil des industrialisierten Europa, daneben auch für die USA ist das belegt. Allerdings war damals die Vermögenskonzentration in den USA erheblich geringer als in Europa. Schon in dieser Hinsicht war Europa noch der Kontinent der sozialen Ungleichheit (vgl. Tabelle 1).[3]

Die Einkommensunterschiede vergrößerten sich ebenfalls meistens. Das ist zumindest für England ab 1800, für Finnland seit den 1880er Jahren, für die schwedische Industriestadt Eskilstuna seit den 1870er Jahren, für Italien zwischen 1894 und 1922, für Preußen ab den 1850er Jahren, für Sachsen mit seiner besonders dichten Einkommenssteuerstatistik seit den 1870er Jahren, für Württemberg seit den 1880er Jahren und daneben auch für einzelne deutsche Städte nachgewiesen worden. Nur eine einzige Untersuchung zu acht norwegischen Provinzstädten zwischen 1850 und 1920 kommt zu eindeutig gegenteiligen Ergebnissen.[4] Auch die Einkommensdisparitäten waren in den USA damals etwas weniger groß als in Europa. Die obersten zehn Prozent der Einkommensempfänger besaßen in den USA um 1910 18 Prozent des Volkseinkommens, in Großbritannien dagegen 22 Prozent, in Frankreich, Dänemark und Schweden sogar um 20 Prozent, in Deutschland dagegen nur 17 Prozent.[5]

Tabelle 1: Vermögensverteilung in Europa, 1900–2010

1a: Vermögensanteil des obersten Prozents der Vermögensbesitzer (in Prozent)

Jahr	DK	SF	F	NL	N	S	CH	UK
1910	46	37	61	55	37	54	–	69
1920	37[a]	–	49	50	–	52	36[a]	61
1930	39[a]	30[a]	47	48	38	50	42	58[a]
1940	42	–	36	45	–	43[a]	40	55[a]
1950	30	–	33	34	35	32	38	46
1960	26	32	38	26	–	42[a]	34	–
1970	25	19[a]	22	31	22[a]	20	42[a]	30
1980	–	–	22	–	19[a]	17[a]	33[a]	19
1990	27[a]	15	22	22[a]	19	21	34[a]	18
2000	–	21	24	22	20	22	35[a]	22
2010	–	23[a]	24	22	19	19[a]	–	–

1b: Vermögensanteil der obersten zehn Prozent der Vermögensbesitzer (in Prozent)

Jahr	DK	SF	F	NL	N	S	CH	UK
1910	87[a]	71[a]	89	–	76c	86[a]	85[a]	92[a]
1920	81	65[a]	82	–	–	92	77[a]	89
1930	–	68[a]	80	–	85	90	77[a]	87
1940	84[a]	–	76	–	–	84[a]	81	85[a]
1950	71	–	73	–	78[a]	77	79[a]	–
1960	65	70	66	–	–	80[a]	72	–
1970	63	62[a]	62	–	59[a]	58	79[a]	69
1980	68[a]	–	62	–	58[a]	55[a]	70[a]	50
1990	73[a]	50	61	–	56	59	70[a]	47
2000	–	53	62	–	53	60	71[a]	56
2010	–	54[a]	62	–	51	57[a]	–	54[a]

(a) Für die genannte Jahreszahl fehlen Angaben. Die markierten Werte liegen bis zu vier Jahre vor oder nach der angegebenen Jahreszahl. Bei den nächstliegenden Jahren, für die Angaben vorliegen, wurde immer der niedrigste Wert gewählt.

Quelle: Zusammengestellt aus Jesper Roine/Daniel Waldenström (2015), »Long run trends in the distribution of income and wealth«, in: Anthony B. Atkinson/François Bourguignon (Hg.), Handbook of Income Distribution, Bd. 2, Amsterdam, Tab. 7.A2 und 7.A4.

Vermögens- und Einkommenssteuern hätten die Vertiefung der sozialen Ungleichheit dämpfen können. Sie wurden in einer Reihe von europäischen Ländern eingeführt, blieben verglichen mit heute jedoch minimal und tangierten die hohen Einkommen und Vermögen wenig. Die Vermögenssteuer war noch sehr niedrig angesetzt und lag beispielsweise in Preußen seit 1893 bei einem halben Promille der besteuerten Vermögen. Die Einkommenssteuern machten in den Ländern, in denen sie eingeführt wurden, ebenfalls nur einen Bruchteil der heutigen Steuern aus. Sie lag am Vorabend des Ersten Weltkriegs für die Spitzeneinkommen bei 5 Prozent in Großbritannien, Österreich und Sachsen, bei 4 Prozent in Preußen, bei geplanten 2 Prozent in Frankreich, bei 12 Prozent in Italien und bei 7 Prozent in den USA.[6]

Wohlfahrtsstaatliche Instrumente hätten zu einem größeren Anteil der unteren Einkommen am Volkseinkommen führen und damit ebenfalls die soziale Ungleichheit abmildern können. Ihr Beitrag war jedoch noch zu schmal. Zwar wurden von der Bismarck'schen Sozialgesetzgebung der 1880er Jahre bis zum Ersten Weltkrieg in fast allen europäischen Ländern die klassischen staatlichen, obligatorischen oder freiwilligen Sozialversicherungen für Krankheit, Invalidität und Alter eingerichtet. Aber die Sozialausgaben und damit auch die Transfers an die untersten Einkommen waren sehr niedrig. Selbst in den ausgabefreudigen Ländern Großbritannien, Schweden und Deutschland lagen sie um 1910 höchstens bei 4 Prozent des Sozialprodukts. Sie blieben damit weit hinter dem Niveau nicht nur von heutigen europäischen Sozialstaaten, sondern auch von heutigen Schwellenländern zurück.[7] Wie viel von diesen begrenzten staatlichen Wohlfahrtsausgaben an die Armen ging, ist noch nicht geschätzt worden.

In einer anderen Dimension der sozialen Ungleichheit, im wenig regulierten Wohnsektor, waren die Unterschiede ebenfalls krass und verschärften sich eher noch. Die sozialen Disparitäten in den Belastungen mit den Wohnkosten wuchsen, weil die Belastung der Haushalte mit Wohnausgaben anstieg und dadurch die besonders hohe Belastung der unteren Einkommen durch Mieten in den Haushaltsbudgets immer stärker wog. Das zentrale Problem war der Mangel an preiswerten kleineren Wohnungen. Dieses Problem entstand aus verschiedenen Gründen. Die Zuwanderung in die Städte war in vielen europäischen Ländern ähnlich massiv wie in heutigen Schwellenländern. Die Zuwanderung von Armen überwog. Sie benötigten vor allem preiswerte, kleinere Wohnungen. Der Bau solcher Wohnungen reichte aber meist nicht aus, weil andere Optionen für die Investoren oft mehr Gewinn abwarfen und der Wohnungsbau wegen der heftigen Bauzyklen überhaupt riskant war. Der Staat schuf damals noch keinen Ausgleich. Stadtplanung setzte zwar ein, beschränkte sich aber meist auf Gebäudehöhe, Hinterhöfe und die Linienführung der Straßen und Plätze. Stadtplanung als soziale Wohnungs- und Städtebaupolitik war noch äußerst selten. Private Stiftungen und gemeinnützige Baugenossenschaften für Mieter und Eigenheimbesitzer wurden nur allmählich gegründet. In Deutschland befand sich am Vorabend des Ersten Weltkriegs nur rund ein Prozent der Wohnungen in genossenschaftlichem Eigentum. Sie waren nicht preiswerter, und die Mieter waren nur vor Kündigungen sicherer. Ein weiterer Grund für die Knappheit preiswerter kleiner Wohnungen resultierte aus dem Umstand, dass die ärmeren Städter sehr häufig umzogen und nicht unbedingt die besten Mietzahler waren. Auch deshalb waren die Mieten für preiswerte, kleinere Wohnungen besonders hoch.

Soziale Ungleichheiten verstärkten sich auch im Zusammenleben im städtischen Raum. Um die Mitte des 19. Jahrhunderts lebten in den großen Städten die verschiedenen sozialen Milieus oft noch im selben Haus zusammen, wenn auch säuberlich getrennt nach guten und schlechten Stockwerken. Am Ende des 19. Jahrhunderts vertiefte sich die Trennung. Man lebte nun in verschiedenen, guten und schlechten Stadtvierteln. Viele Städte Europas waren darüber hinaus durch die Aufteilung in getrennte ethnische Viertel geprägt. Vor allem eine technisch anmutende Neuerung, der Bau der städtischen Verkehrssysteme Bus, U-Bahn, Straßenbahn und Regionalbahn, ermöglichte diese Verschärfung der sozialen Ungleichheit.[8]

Eine weitere Dimension der sozialen Ungleichheit, der Gesundheitssektor, war damals ebenfalls noch wenig staatlich geregelt. Auch in den sozialen Unterschieden vor Krankheit und Tod gab es Tendenzen zur Verschärfung. Sicher schlugen nicht alle Krankheiten und Todesursachen sozial unterschiedlich zu. Die sozialen Disparitäten waren besonders groß in der Säuglingssterblichkeit und bei den Volkskrankheiten Typhus und Tbc, während sie bei der Cholera umstritten sind.

Die sozialen Unterschiede vor Krankheit und Tod hingen auch nicht allein mit der wachsenden Ungleichheit der Einkommen und der Bezahlbarkeit von Medizin zusammen. Vielmehr spielten die massiven Unterschiede in den Einstellungen und dem Wissen über Neuerungen in der Medizin, der Ernährung und der Hygiene eine wichtige Rolle. Diese Neuerungen wurden in den höheren und mittleren sozialen Schichten oft rascher übernommen und in die Lebensführung integriert. Sie verlängerten daher in den höheren und mittleren Rängen der Gesellschaft das Leben stärker. Die Durchsetzung von Neuerungen wurde von den unteren Schichten oft als Einengung ihrer Freiheitsräume und als soziale Kontrolle aufgefasst und deshalb verweigert.

Ein Beispiel für die sich verschärfende soziale Ungleichheit vor dem Tod durch raschere Übernahme von Neuerungen in höheren und mittleren Schichten war die Säuglingssterblichkeit in Deutschland. Dabei war Deutschland damals sicher ein Extremfall, was das Ausmaß der Säuglingssterblichkeit angeht: Um 1880 starben in Deutschland in Familien der öffentlichen Beamten und Angestellten 18 Prozent der Säuglinge, eine heute unvorstellbar hohe Quote. In Familien ungelernter Arbeiter lag die Säuglingssterblichkeit damals nur vier, in Familien von Dienstboten allerdings gleich elf Prozentpunkte höher. Diese Unterschiede verschärften sich erheblich. Um 1912 war die Säuglingssterblichkeit in Familien von öffentlichen Beamten und Angestellten sehr erfolgreich auf 8–9 Prozent abgesenkt worden, viel rascher als in den unteren sozialen Schichten. Die Säuglingssterblichkeit in Familien ungelernter Arbeiter überstieg diesen Anteil um 8–9 Prozentpunkte, in Dienstbotenfamilien sogar um 13–14 Prozentpunkte.[9] Allerdings ist zu berücksichtigen, dass diese Verschärfung der sozialen Ungleichheit vor dem Hintergrund einer verlängerten Lebenserwartung stattfand. Die Lebenserwartung stieg zwischen 1875 und 1910 für 20-jährige Männer und Frauen im europäischen Durchschnitt um rund vier Jahre, für männliche Neugeborene sogar um rund zehn Jahre. Freilich entstanden erhebliche Unterschiede zwischen England, Italien und Deutschland mit besonders rascher Erhöhung und Frankreich, der Schweiz und Norwegen mit besonders langsamer Erhöhung der Lebenserwartung. Die Skandinavier lebten schon damals weit länger, die Bewohner des Zarenreichs und der Habsburger Monarchie weitaus kürzer als der europäische Durchschnitt.[10]

In einer noch anderen Dimension der sozialen Ungleichheit, der Bildung, waren die Unterschiede ebenfalls enorm. Die große Masse der Bevölkerung – in Preußen beispielsweise um 90 Prozent – besaß nur eine Elementarschulausbildung von acht oder weniger Jahren oder waren sogar Analphabeten. Nur ein verschwindend kleiner Teil kam an eine mittlere Schulausbildung oder an eine Hochschulausbildung heran. In der zweiten Hälfte des 19. Jahrhunderts verschärfte sich diese Ungleichheit eher noch, da Elementarschulabsolventen so zahlreich wie zuvor blieben, aber die Hochschulabsolventen deutlich zunahmen, auch wenn ihre Zahl verglichen mit heute minimal blieb. Zudem fielen die Frauen in ihrem Bildungsniveau in der Regel hinter die Männer auf allen Ebenen – von der Alphabetisierung bis zur Zunahme des Hochschulstudiums – zurück. Auch die Disparitäten zwischen den Geschlechtern nahmen daher häufig zu.

Die Ungleichheit der Bildung wurde durch einen zunehmend schärferen Wettbewerb um Bildungschancen geprägt, weil die Bildungsabschlüsse für gut bezahlte und prestigereiche Berufskarrieren immer wichtiger wurden, für die Spitzen der Verwaltung und Rechtsprechung ebenso wie für die Spitzen der Unternehmen und der Kultureinrichtungen wie für die Leitungspositionen der expandierenden naturwissenschaftlichen und technischen Forschung. Eine Hochschulausbildung zu haben, zahlte sich immer mehr aus. Alte und neue Eliten konkurrierten mit den Mittelschichten um den Zugang zu den Universitäten, der sich daher immer mehr formalisierte. Wer arm, aber begabt war, hatte im 18. Jahrhundert eher eine Chance, von Geistlichen, Lehrern oder Mäzenaten gefördert zu werden als nach der Mitte des 19. Jahrhunderts. Als Ergebnis dieser wachsenden Konkurrenzsituation engten sich in den ersten Teilen des 19. Jahrhunderts die Bildungschancen an den Sekundarschulen und den Hochschulen eher ein, weil damals die Zahlen der Schüler an Sekundarschulen und der Studenten an Hochschulen zwar schwankten, aber nicht langfristig zunahmen. Das änderte sich erst in den letzten Jahrzehnten vor 1914. Die Konkurrenzsituation milderte sich etwas ab, weil sich die Sekundarschüler- und Studentenzahlen erhöhten und die Bildungschancen erweiterten. Die Bildungschancen von Söhnen aus den städtischen Mittelschichten, aus dem Kleinbürgertum und aus Angestelltenfamilien, verbesserten sich etwas. Die Verlierer war allerdings die große Masse der ländlichen und städtischen Arbeiter, der Dienstboten und der damals noch gewichtigen ländlichen Mittelschichten. Ihre Bildungschancen nahmen auch nicht erkennbar zu, als das Bildungssystem expandierte. Für sie verschärfte sich eher die Ungleichheit des Zugangs zur höheren Bildung und damit zu vielen gut bezahlten, angesehenen höheren Positionen in der Gesellschaft. Das Ergebnis dieser Konkurrenz um Bildungschancen sah allerdings in Europa nicht einheitlich aus. In Schweden, Schottland und Deutschland waren die Hochschulen und Sekundarschulen gegenüber den Mittelschichten etwas offener als in England und meist auch in Frankreich. Für Frauen waren umgekehrt die Hochschulen in Frankreich und England etwas offener als in Preußen.[11]

Der Staat griff in die soziale Verteilung der Bildungschancen in der Regel nicht ein. Er beschränkte sich darauf, die Expansion der Universitäten zu finanzieren, den Zugang zur Bildung zu formalisieren, die Qualität der Ausbildung und Forschung zu sichern und diese an die neue Industriegesellschaft anzupassen. In der Öffentlichkeit begannen zwar die Debatten über die soziale Ungleichheit beim Zugang zu den Sekundar- und Hochschulen. Die Bildungsstatistiker begannen genauer zu beobachten, aus welchen sozialen Schichten die Sekundarschüler und Studenten stammten. Aber in eine Politik der sozialen Öffnung des Bildungssystems mündeten diese Debatten noch selten. Großbritannien war das einzige größere Land, in dem die Regierung am Beginn des 20. Jahrhunderts eine soziale Öffnungspolitik mit Stipendien für einkommensschwache Studenten versuchte.[12]

Schließlich wurden auch die sozialen Trennlinien zwischen den verschiedenen Sozialmilieus in Europa zunehmend schärfer gezogen. Der Adel versuchte sich, wenn er keinen ökonomischen Aufstieg wie etwa in England erlebte, gegenüber dem wachsenden neuen Reichtum des Großbürgertums durch einen eigenen, oft ländlichen Lebensstil abzusetzen oder sich in die Fluchtburgen des Adels, in die hohen Ränge der Armee und der Diplomatie zu retten und abzuschotten. Das reiche Großbürgertum grenzte sich in seinem Lebensstil, seinen Villen, seinen Reisen, seinen Heiratsnetzwerken und seiner Ausbildung immer stärker von den mittleren Unternehmern und dem Bildungsbürgertum ab. Das Kleinbürgertum, das sich zunehmend wirtschaftlich von den Großunternehmen bedrängt fühlte, verschärfte als Kompensation die Trennlinien gegenüber den städtischen Arbeitern, wenn es ihm nicht gelang, zu Unternehmern aufzusteigen. Die Angestellten versuchten sich ebenfalls in ihrem Lebensstil und Konsum, in ihrem Berufsverständnis und ihren Heiratsnetzen gegenüber den Arbeitern abzugrenzen. Soziale Trennlinien nach oben und nach unten erschienen oft noch als naturgegeben.

Eine große Hoffnung des liberalen Europas im 19. Jahrhundert war es, die sozialen Ungleichheiten durch eine Öffnung der europäischen Gesellschaften und durch mehr sozialen Aufstieg auszugleichen. Diese Hoffnung stellte sich als trügerisch heraus.[13] Zwar waren die europäischen Gesellschaften des 19. Jahrhunderts durchaus nicht geschlossene Formationen. Sozialer Aufstieg von unten in die Mitte und aus der Mitte in die Spitze der Gesellschaft war in Grenzen durchaus möglich. Aber eine Zunahme der sozialen Aufstiegswege im Zuge der Industrialisierung ließ sich nicht beobachten. Wir überblicken zwar noch nicht voll und ganz, wie sich die sozialen Aufstiegswege in die mittleren Schichten, vor allem in das selbständige Handwerk und den Kleinhandel, veränderten. Die höheren Schichten und die Eliten öffneten sich jedoch, anders als man erwarten mag, während der Industrialisierung nicht weiter. Aufstiege in die höheren Schichten gab es, aber sie wurden im Ganzen nicht häufiger. Die Unternehmer, Symbol des aufsteigenden Industriekapitalismus, stammten um 1914 ähnlich überwiegend aus den höheren Schichten und zudem ähnlich häufig aus dem eigenen Unternehmermilieu wie um die Mitte des 19. Jahrhunderts. Aufsteiger blieben selten. Auch im Bildungsbürgertum und in den höheren Rängen der Verwaltung vermehrten sich die Aufsteiger nicht.[14] Die Verschärfung der sozialen Ungleichheit wurde daher nicht durch mehr soziale Aufstiege abgemildert oder gar ausgeglichen.

Insgesamt stützt diese Epoche daher größtenteils die klassische These, die auch in den heutigen Schwellenländern zu gelten scheint: Wirtschaftswachstum und soziale Ungleichheit hängen in der Zeit der Industrialisierung eng miteinander zusammen. Industrialisierung muss mit zunehmender sozialer Ungleichheit bezahlt werden. Dazu gehörte auch, dass die europäischen Regierungen vor 1914 noch wenig in die Entwicklung der sozialen Ungleichheit eingriffen; sie milderten deshalb insgesamt die soziale Ungleichheit noch kaum ab und hatten auch nicht diese Absicht.

Überhaupt stand in der öffentlichen politischen Debatte soziale Ungleichheit, wie wir sie heute verstehen, noch nicht im Blickpunkt. Gleichheit war der damaligen Zeit zwar kein fremdes Konzept, denn sie war eine der Forderungen der Französischen Revolution gewesen. Unter Gleichheit verstand man aber vor allem die religiöse Gleichheit vor Gott, die Gleichheit der Marktteilnehmer bei Verträgen oder die Gleichheit der politischen Bürger bei Wahlen oder bei politischen Versammlungen, als Folge vielleicht auch die Gleichheit im sozialen Umgang, nicht aber die Gleichheit der sozialen Lage und der Bildungs- und Berufschancen. Man übersah die Unterschiede der sozialen Lagen nicht, aber Optimisten gingen davon aus, dass die Ungleichheiten der sozialen Lage durch religiöse, wirtschaftliche und politische Gleichheit abgebaut oder kompensiert werden würden.[15] Vom Staat wurde deshalb keine umverteilende Rolle erwartet. Erst am Ende des 19. Jahrhunderts änderte sich dies teilweise.

Allerdings stützt das Europa zwischen 1850 und 1914 die These vom engen Zusammenhang von ungeregeltem Industriekapitalismus und sozialer Ungleichheit nicht widerspruchslos. In zwei wichtigen Aspekten ist sie einzuschränken.

Wichtige soziale Trennlinien, die die europäischen Gesellschaften prägten, entstanden nicht durch den Kapitalismus, sondern waren eher Überbleibsel des »Ancien Régime«, die unter den neuen Bedingungen des Industriekapitalismus heftig verteidigt wurden und sich dabei auch änderten. Das gilt vor allem für die Trennlinien, die der Adel nach unten zog und die teilweise vom Bürgertum übernommen wurden, aber auch für die Trennlinien, die das Kleinbürgertum gegenüber der Arbeiterschaft zog, und teilweise auch für die Grenzen, die die Angestellten nach unten markierten und die sich an dem traditionellen Modell des Beamten ausrichteten. In der Gesellschaft der USA besaßen alle diese Trennlinien des europäischen »Ancien Régime« keine Bedeutung. In dieser Gesellschaft des puren Kapitalismus war die soziale Ungleichheit daher damals milder als in den europäischen Gesellschaften. Deswegen wurden sie auch von damaligen liberalen Europäern bewundert. »Ein Charme des amerikanischen Lebens, über den einige Europäer lächeln werden, ist die soziale Gleichheit [...] Die Menschen begegnen sich in einfacher und natürlicher Weise, mit mehr Offenheit und Unkompliziertheit als es in [europäischen] Ländern möglich ist, in denen jeder zum anderen hinauf- oder auf ihn herabsieht«, schrieb 1888 der britische Jurist und liberale Politiker James Bryce.[16] Freilich stützt auch die Entwicklung in den USA die Grundthese, dass im wenig geregelten Industriekapitalismus der Epoche vor 1914 die soziale Ungleichheit zunahm. Auch dort stiegen Vermögenskonzentration und Einkommensdisparitäten an.[17]

Die zweite, wichtigere Einschränkung lautet: In den letzten drei Jahrzehnten vor 1914 galt die Regel, dass Industrialisierung immer mehr soziale Ungleichheit produziert, nicht mehr uneingeschränkt.[18] In drei Dimensionen, bei den Einkommen, der Gesundheit und in der eingeschränkten, schon erwähnten Weise im Bildungssektor, verschärfte sich die soziale Ungleichheit nicht mehr überall.

Die Verstärkung der Einkommensunterschiede kam in einigen europäischen Industrieländern oder modernen Agrar- und Dienstleistungsländern entweder zum Stillstand wie in Norwegen, in Sachsen oder in niederländischen Städten, oder die Einkommensungleichheit milderte sich sogar leicht ab, wie es in Großbritannien und Dänemark irgendwann seit dem späten 19. Jahrhundert, in Deutschland und Schweden seit der Jahrhundertwende, in norwegischen Landstädten schon seit der Mitte des 19. Jahrhunderts geschah.[19] Auch die Lohnquote, also der Anteil des Volkseinkommens, das in Arbeitnehmertaschen floss, sank seit dem letzten Drittel des 19. Jahrhunderts zumindest in England und Deutschland nicht mehr ab, wenn man dabei den Anteil der Arbeitnehmer an den Erwerbstätigen berücksichtigt.[20] Es wäre daher ein Irrtum zu glauben, dass es der Katastrophe des Ersten Weltkriegs bedurfte, um die Abmilderung der Einkommensunterschiede in Gang zu bringen. Diese Abmilderung setzte schon vor dem Ersten Weltkrieg ein. Unter den genauer untersuchten europäischen Ländern finden sich nur zwei Fälle, in denen sich die Einkommensunterschiede auch am Beginn des 20. Jahrhunderts, also in den letzten beiden Jahrzehnten vor 1914, kontinuierlich verschärften: Italien, das sich spät industrialisierte, und Finnland, das damals noch Teil des Zarenreichs war und ebenfalls noch wenig industrialisiert war.[21]

Wie konnte es schon am Ende der Industrialisierung zu dem Tendenzumbruch in der Einkommensverteilung kommen? Es bieten sich drei Erklärungen an, eine wirtschaftliche, eine soziale und eine politische Erklärung.

Die erste Erklärung lautet: In den Industrieunternehmen gingen die scharfen Einkommensunterschiede zwischen den ursprünglich sehr privilegierten Angestellten, den gelernten Arbeitern und den besonders schlecht bezahlten ungelernten Arbeitern aus unterschiedlichen Gründen etwas zurück. Die Angestellten verloren etwas von ihrem Einkommensvorsprung durch die Bürokratisierung der Unternehmen und die starke Zunahme von Routinearbeit in den Unternehmensverwaltungen. Die ungelernten Arbeiter konnten ihren Einkommensrückstand etwas aufholen, da sie in den stärker routinisierten Arbeitsabläufen eher angelernt werden konnten, dann auch mehr verdienten als ungelernte Tagelöhner und sich einen etwas besseren Lebensstil leisten konnten.

Zweitens erreichten in den beiden Jahrzehnten vor dem Ersten Weltkrieg die Gewerkschaftsbewegungen in Europa einen entscheidenden Durchbruch. Die Gewerkschaften stiegen zu großen gesellschaftlichen Organisationen mit mehreren Millionen Mitgliedern am Vorabend des Ersten Weltkriegs auf. Eines ihrer zentralen Ziele war die Einkommensverbesserung der Arbeiter. Ihr wichtigstes Instrument war der Streik, der in Europa in den letzten Jahrzehnten vor 1914 ebenfalls dramatisch zunahm und sie zu den streikintensivsten Jahrzehnten der jüngeren europäischen Geschichte neben den 1920er, den späten 1940er und den 1970er Jahren werden ließen. Auch dadurch verbesserten sich die Einkommen der unteren Gesellschaftsschichten.[22]

Als dritte Erklärung ist der Aufbau der europäischen Wohlfahrtsstaaten seit den 1880er Jahren zu nennen. Die staatlichen obligatorischen und freiwilligen Sozialversicherungen wurden schon erwähnt. Die Wohlfahrtsstaatsausgaben begannen nicht nur für die soziale Sicherung, sondern auch für Bildung und für Gesundheit zu steigen. Direkt zu den unteren Einkommensbeziehern floss allerdings nur ein kleiner Bruchteil dieser staatlichen Ausgaben. Vor allem die Zahlungen für die Alters- und Invalidenrenten stärkten die unteren Einkommen und milderten die Einkommensunterschiede etwas ab.[23]

Insgesamt wurde diese Abmilderung der Einkommensunterschiede durch eine Mischung von Veränderungen in den Unternehmen, in den Sozialkonflikten und bei den staatlichen Interventionen zur Abmilderung der Fehlentwicklungen des Industriekapitalismus herbeigeführt.

In einer weiteren Dimensionen fanden sich ähnliche Abmilderungen: Die sozialen Unterschiede vor Krankheit und Tod milderten sich in den letzten Jahrzehnten vor 1914 etwas ab, da die Innovationen der Medizin, der Hygiene und der Ernährung nicht mehr nur von den Eliten, sondern auch vom Großteil der Bevölkerung, von den Mittelschichten und von den gelernten Arbeitern genutzt wurden. Die Medikalisierung, die Übernahme von Gesundheitsstandards in der Bevölkerung, setzte sich immer mehr durch. Der Medikalisierungsprozess wurde in erheblichem Maß durch staatliche und kommunale Stellen, durch Schulen, Krankenversicherungen und Gesundheitsämter, aber auch durch private Ärzte und Krankenschwestern vorangetrieben. Die Gesundheitsstandards erhöhten sich und die sozialen Unterschiede reduzierten sich in den letzten Jahrzehnten vor 1914. Vor allem konnten Krankheiten, in denen die soziale Ungleichheit stark ausgeprägt war, wie Pocken, Tbc, langsam auch Typhus und später ab der Zwischenkriegszeit auch Keuchhusten, zurückgedrängt werden. Auch die Verbesserung des Lebens- und Wohnstandards in den Jahrzehnten vor 1914 war eine wichtige Voraussetzung für den Rückgang der sozialen Unterschiede. Dadurch wurde die soziale Ungleichheit vor dem Tod außerhalb des speziellen Bereichs der Säuglingssterblichkeit etwas abgeschwächt. Es kommt hinzu, dass ein wesentlicher Geschlechterunterschied, die Übersterblichkeit von Frauen im Alter von 25 bis 40 Jahren, schon in den Jahrzehnten vor dem Ersten Weltkrieg zurückging. Auch diese schwere Benachteiligung der Frau ging nicht allein auf die medizinische Innovation der größeren Hygiene bei der meist häuslichen Entbindung, sondern auch auf bessere Ernährung und höheren Lebensstandard zurück. Allerdings war die soziale Ungleichheit vor Krankheit und Tod nicht überall gleich scharf: In Deutschland beispielsweise war sie recht ausgeprägt, in England dagegen recht schwach.[24]

Dahinter stand auch ein Wandel der Vorstellungen von sozialer Ungleichheit. Disparitäten der sozialen Lagen wurden stärker in den Vordergrund gestellt. Sie wurden vor allem an Unterschieden zwischen den großen sozialen Klassen gemessen, seltener an Individuen. Die Rolle des Staates wurde dadurch neu definiert, er bekam nun neue Aufgaben zugeschrieben. Die Einführung von dauerhaften Einkommens- und Vermögenssteuern, der

Aufbau des Wohlfahrtsstaats und der staatliche Schutz der Arbeit und die einsetzenden Debatten über die Verteilung der Bildungschancen waren von einem anderen Verständnis von sozialer Ungleichheit begleitet und bedingt.[25] Allerdings war die redistributive Wirkung der Politik der Regierungen vor 1914 noch schwach, die daher keinesfalls überschätzt werden sollte.

Deshalb kam es auch nicht zu einem durchgängigen Trendumschwung der sozialen Ungleichheit. Abmilderungen in anderen Dimensionen der sozialen Ungleichheit lassen sich nicht finden. Die Vermögenskonzentration schwächte sich nicht erkennbar ab.[26] Die soziale Ungleichheit des Wohnens, vor allem der Mietbelastung, ging nicht erkennbar zurück, und auch die Ungleichheit der Bildung blieb scharf. Die Bildungschancen verbesserten sich zwar für die städtischen Mittelschichten, aber für den großen Teil der Bevölkerung verschärfte sich die Ungleichheit der Bildung dadurch eher. Die sozialen Distinktionen blieben überwiegend weiterhin scharf gezogen. Die Aufstiegsmobilität nahm auch in den Jahrzehnten vor 1914 nicht zu. Im Ganzen blieben die vom Industriekapitalismus erzeugten sozialen Ungleichheiten scharf und vertieften sich sogar noch.

Allerdings wurde die Erfahrung der sozialen Ungleichheit in den letzten Jahrzehnten vor 1914 durch die Verbesserung des Lebensstandards verändert. Die Qualität des Wohnens, der Gesundheit und der Bildung verbesserte sich. Die Zahl der Wohnungen stieg, und der Raum für den Einzelnen in der Wohnung wurde größer. Die Überfüllung der kleinen Wohnungen sank auf diese Weise etwas ab. Kellerwohnungen und Hinterhofwohnungen wurden etwas seltener. Unmittelbar vor 1914 lässt sich diese Entwicklung zumindest für Österreich, Dänemark, Finnland, Frankreich, die Niederlande und Schottland nachweisen.[27] Die Qualität des Wohnens stieg auch durch die Entwicklung der städtischen Versorgungsleistungen, den Aufbau neuer städtischer Verkehrssysteme und das Aufkommen von U-Bahnen, Straßenbahnen und Bussen, aber auch durch die Durchsetzung von Frischwasser, Kanalisation und Elektrizität, die damals zu einem erheblichen Teil von privaten Unternehmen vorangetrieben wurde. Die Gesundheitssituation wurde ebenfalls ein Stück erträglicher. Die Lebenserwartung stieg zwischen 1875 und 1910 im europäischen Durchschnitt und ausnahmslos in jedem einzelnen europäischen Land für Männer wie für Frauen, soweit dies bisher dokumentiert ist. Das Bildungsniveau erhöhte sich ebenfalls etwas. Sekundarschüler und Studenten nahmen in den meisten Ländern zu, die Zahl der Analphabeten etwas ab.[28] Die soziale Ungleichheit erschien nicht mehr ganz so belastend, weil ein größerer Teil der Bevölkerung am Wohlstand beteiligt war.

Zusammenfassung

War der ungeregelte Industriekapitalismus in seinem Höhepunkt zwischen der Mitte des 19. Jahrhunderts und dem Ersten Weltkrieg ein Motor der sozialen Ungleichheit? Die Geschichte gibt uns zwei Antworten:

In der Epoche der Industrialisierung Kerneuropas nahm die soziale Ungleichheit in Europa zu. In allen Dimensionen der sozialen Ungleichheit verschärften sich die Disparitäten: in den Vermögen, in den Einkommen, in der Bildung, im Wohnen, in der Gesundheit und in den sozialen Distinktionen. Diese Zunahme der sozialen Unterschiede wurde auch nicht durch mehr soziale Aufstiege ausgeglichen. Wie in heutigen Schwellenländern wurde auch damals die Industrialisierung in Europa mit mehr sozialer Ungleichheit bezahlt. Damit bestätigt sich die Einschätzung, die erst vor ein paar Jahren wieder von dem mit dem Nobelpreis ausgezeichneten Ökonomen Angus Deaton vortragen wurde: Wirtschaftlicher Fortschritt erzeugt Ungleichheit, »progress creates inequality«.[29] Diese Entwicklung wurde in den letzten Jahrzehnten vor 1914 durch die allgemeine Verbesserung der Lebenslagen entschärft, aber nicht grundsätzlich geändert. Das damalige Europa hatte im Übrigen für diese wachsende soziale Ungleichheit wenig Gespür, nicht nur weil es die heutigen Statistiken nicht kannte, sondern weil es auch meistens andere Prioritäten setzte. Ungleichheit abzumildern hieß im damaligen Europa vor allem, mehr Aufstiegsmöglichkeiten zu schaffen.

Neben dieser Hauptantwort lautet die zweite Antwort: Diese These bestätigt sich nicht vollständig. In zwei wichtigen Dimensionen der sozialen Ungleichheit, in den Einkommen und in der Gesundheit, teilweise auch in der Bildung, nahm die soziale Ungleichheit in den beiden letzten Jahrzehnten vor 1914 nicht mehr zu, sondern schwächte sich teilweise sogar wieder ab. Für die Industrieländer England und Deutschland, aber auch für das moderne Agrarland Dänemark sind leichte Abmilderungen der Einkommensunterschiede nachgewiesen worden. Für Deutschland ist die Abmilderung der sozialen Unterschiede in der Sterblichkeit belegt. In einer ganzen Reihe von Ländern verbesserten sich die Zugangschancen der Mittelschichten zur Hochschulausbildung. Damit ist die These von der sozialen Ungleichheit durch Industrialisierung nicht widerlegt. Aber es waren offensichtlich nicht katastrophale Ereignisse wie die Weltkriege nötig, um soziale Ungleichheit abzumildern. Ohne Kriege oder Wirtschaftskrisen gingen soziale Disparitäten zurück.

Man kann allerdings diese Abmilderung der sozialen Unterschiede nicht einfach auf mehr staatliche Regelungen im Kapitalismus zurückführen. Der Staat begann in die Wirtschaft und die Gesellschaft zwar schon vor 1914 einzugreifen, etwa mit Vermögens- und Einkommenssteuern, mit der Politik des Wohlfahrtsstaates und mit der Politik der Bildungsexpansion. Aber sie waren damals weit schwächer als heute und zu schwach, um diese Abmilderung der sozialen Ungleichheit allein zu erklären.

Zwei andere wirtschaftliche und soziale Gründe waren für diese Abmilderung ebenfalls wichtig. Die Einkommensunterschiede in den Unternehmen änderten sich, weil die Angestellten weniger herausgehoben waren und gleichzeitig eine neue Gruppe von angelernten Arbeitern entstand. Die scharfen Einkommensunterschiede in den Industrieunternehmen wurden dadurch abgemildert. Darüber hinaus änderten sich die Einstellungen der Bevölkerung gegenüber gesellschaftlichen Neuerungen in der Medizin, in der Ernährung und in der Hygiene. Diese Neuerungen wurden zuerst nur in den höheren mittleren Schichten übernommen und dadurch soziale Unterschiede verschärft. In den letzten Jahrzehnten vor 1914 übernahm häufig auch die große Masse der Bevölkerung diese Neuerungen und baute damit soziale Unterschiede bei der Gesundheit und Lebenserwartung ab.

Die Entwicklung der sozialen Ungleichheit lässt sich in dieser Epoche also nicht verstehen, wenn man in simplen »Entweder-Oder«-Kategorien denkt. Es gab nicht nur entweder ungeregelten Industriekapitalismus mit viel sozialer Ungleichheit oder staatlich geregelten Kapitalismus mit abgemilderter sozialer Ungleichheit. Auch wirtschaftliche Faktoren wie Veränderungen der Betriebshierarchien und des Arbeitsmarkts oder gesellschaftliche Faktoren wie die veränderten Einstellungen in der Lebensführung der Masse der Bevölkerung haben die soziale Ungleichheit erheblich beeinflusst.

Trotz dieser bedeutsamen Einschränkungen blieb es für die Zeitgenossen bei der grundlegenden Erfahrung, dass die Industrialisierung die Ungleichheit der Vermögen und Einkommen, der Lebenserwartung, des Wohnens und der Bildung verschärfte und in dieser liberalen Epoche der Staat dagegen nur wenig unternahm. Noch 1955 ging der amerikanische Ökonom und Nobelpreisträger Simon Kuznets von dieser Vorstellung aus, als er schrieb, dass es eigentlich »rätselhaft sei, wie in einer modernen Gesellschaft sich die Einkommensunterschiede abmildern könnten«.[30]

2. Soziale Ungleichheit in der Zeit der Kriege und der Weltwirtschaftskrise zwischen 1914 und 1945 – eine Phase des Rückgangs?

Die Kriegs- und Zwischenkriegszeit gilt im Allgemeinen als eine der finstersten Epochen der europäischen Geschichte. Zwei Weltkriege mit vielen Millionen von Toten, die schlimmste Weltwirtschaftskrise der modernen Welt und mörderische Diktaturen, die Millionen von Menschen in Lager steckten und umbrachten, prägten diese Epoche. Der englische Historiker Eric Hobsbawm hat diese Epoche in einer massiven Untertreibung als »exzentrische Epoche« bezeichnet.

Für die Geschichte der sozialen Ungleichheit wird diese Epoche allerdings in jüngster Zeit anders gedeutet. Besonders Thomas Piketty sieht die Kriegs- und Zwischenkriegszeit als eine Ära des einzigartigen Rückgangs der sozialen Ungleichheit, vor allem der Vermögensungleichheit, und als eine singuläre Unterbrechung des Trends der kapitalistischen Wirtschaft zu immer größerer Ungleichheit des Vermögens. Er beschönigt die Gründe für diese Abmilderung der sozialen Ungleichheit nicht. Entscheidend waren die großen Vermögenszerstörungen, aber auch der tiefe Schock, der durch die beiden Kriege und die Weltwirtschaftskrise ausgelöst wurde und der die Wirtschafts- und Sozialpolitik der Nach- und Zwischenkriegszeit stark beeinflusste. Die katastrophale Kriegs- und Zwischenkriegszeit besaß daher in seinen Augen positive Folgen für die soziale Ungleichheit.[1] Allerdings darf man diese Ausführungen Pikettys nicht verabsolutieren, da diese These in seinem Werk nicht völlig beherrschend ist und es auch andere Ansätze enthält. Abmilderung von sozialer Ungleichheit ist für ihn im Kapitalismus auch jenseits von Krisen durch Politik denkbar. Seine zentrale Forderung nach einer globalen Vermögenssteuer, um dadurch die weitere Vermögenskonzentration zu stoppen, weist in diese ganz andere Richtung.

Ist die Abmilderung der Einkommens- und Vermögensdisparitäten wirklich eine beherrschende Entwicklung in dieser Epoche, ausgelöst durch die beiden Kriege und die Weltwirtschaftskrise? Um eine Antwort zu versuchen, gehen wir die wichtigsten Zeitabschnitte durch: zuerst die Ausnahmesituation des Ersten Weltkriegs, dann die eher normalen 1920er Jahre mit ihrem nur kurzen Demokratiefrühling, danach die Ausnahmesituationen der Weltwirtschaftskrise ab 1929 und dann des Zweiten Weltkriegs.

Der Erste Weltkrieg

Auf den ersten Blick scheint der Erste Weltkrieg die These von der Abmilderung sozialer Ungleichheit durch Krieg und Krise zu bestätigen. Die Vermögenskonzentration in den Händen des reichsten Prozents und oft auch der reichsten zehn Prozent der Vermögensbesitzer ging tatsächlich in den kriegführenden und kriegsbetroffenen Ländern Frankreich, Großbritannien, Finnland, den Niederlanden und auch in den Vereinigten Staaten spürbar zurück, vermutlich weil in der zurückgedrängten, schrumpfenden Friedenswirtschaft viele Unternehmen zurückgebaut oder geschlossen und damit Vermögen abgewertet oder zerstört wurden. In Schweden und Norwegen, die nicht am Ersten Weltkrieg beteiligt waren, blieb dieser Rückgang der Vermögenskonzentration aus, allerdings nicht in der Schweiz. Ohne Krieg, so könnte man zumindest aus dem schwedischen und norwegischen Fall schließen, ergibt sich kein Rückgang der Vermögenskonzentration.[2]

Doch auf den zweiten Blick werfen die von Thomas Piketty zusammengestellten, bewundernswert langen Zeitreihen Fragen auf. Man fragt sich vor allem, warum sich viele Abmilderungen von Vermögensunterschieden auch außerhalb von Kriegszeiten beobachten lassen – etwa im besonders dicht untersuchten Fall Frankreichs schon vorher zwischen 1830 und 1840 und zwischen 1860 und 1870, nach dem Ersten Weltkrieg in den untersuchten kriegführenden Ländern Frankreich, Großbritannien und USA ebenso wie in dem am Kriege nicht beteiligten Schweden. Hatte der Erste Weltkrieg wirklich eine so einzigartige Wirkung auf die Dekonzentration der Vermögen?

Die Zweifel steigen noch, weil sich in der Einkommensverteilung für den Ersten Weltkrieg die These von der Abmilderung der sozialen Ungleichheit durch Krieg nicht bestätigt. Auch die Einkommensdisparitäten hätten sich in den kriegführenden Ländern abmildern müssen. Sie hätten sich gleichzeitig in den nicht am Krieg beteiligten Ländern verschärfen müssen, weil dort der Industriekapitalismus die sozialen Ungleichheiten weiter vorantrieb.

Die tatsächliche Entwicklung war aber eine ganz andere und verlief völlig in die entgegengesetzte Richtung. In drei zentralen, kriegführenden oder in den Krieg hineingezogenen Ländern, für die die Einkommensverteilung dokumentiert ist, nämlich in Deutschland, Frankreich und den Niederlanden, verschärften sich die Einkommensunterschiede. In Deutschland stieg der Einkommensanteil der Spitzeneinkommen, des obersten Prozents, von 18 Prozent 1914 auf 22 Prozent 1918. In der am besten dokumentierten Region Deutschlands, in Sachsen, stieg der Anteil des einkommensstärksten Prozents am Volkseinkommen von 8 Prozent 1913 auf 11 Prozent 1917. Nur im sächsischen Fall wissen wir auch, was mit den unteren Einkommensgruppen geschah: Der Einkommensanteil der unteren Hälfte der Einkommensempfänger sank von 20 Prozent 1913 auf 15 Prozent 1917. In Frankreich kletterten die Anteile der Spitzeneinkommen, des obersten Prozents, ebenfalls während des Kriegs von 1915 (dem Jahr, von dem an die Einkommensverteilung erst berechnet wurde) bis 1917 von 18 Prozent auf 20 Prozent, fielen dann 1918, im Jahr der Beendigung des Krieges, ungefähr auf das Niveau von 1915. In den Niederlanden stieg der Anteil des obersten Prozents gleichfalls stark von 16 Prozent 1914 auf 21 Prozent 1917, um dann 1918 ähnlich wie in Frankreich auf 17 Prozent abzufallen. In allen diesen Ländern gewannen nicht nur die Spitzeneinkommen, sondern auch die breiteren obersten 10 Prozent der Einkommensempfänger höhere Anteile am Volkseinkommen.[3] Nur in Großbritannien verschärfte sich, folgt man Anthony B. Atkinson, die Einkommensungleichheit nicht. Der Einkommensanteil des obersten Prozents veränderte sich zumindest zwischen 1915 und 1920 nur wenig: Er lag 1915 bei 18,3 Prozent und 1920 bei 17,9 Prozent. Der Einkommensanteil des obersten Promilles sank sogar von 10,7 Prozent (1914) auf 8,7 Prozent (1918). Außerhalb Großbritanniens sieht freilich auch Atkinson keinen Trend zur Abmilderung der Einkommensungleichheit im Ersten Weltkrieg.[4]

In den beiden nicht kriegführenden skandinavischen Ländern Dänemark und Schweden veränderten sich die Einkommensunterschiede nicht auf gleiche Weise, wie man erwarten mag, sondern ganz unterschiedlich. Die Entwicklung in Dänemark verlief wie in den kriegführenden Ländern. Der Anteil des obersten Prozents schnellte ähnlich wie in den kriegführenden Ländern zwischen 1915 und 1917 stark von 14 Prozent auf 28 Prozent in die Höhe, fiel zwar 1918 ab, blieb aber mit 16 Prozent über dem Niveau von 1915. Ähnlich wie in den anderen Ländern gewannen auch die breiteren höheren Schichten an Einkommensanteilen.[5] In Schweden, also ausgerechnet in diesem am Krieg nicht beteiligten Land, nahmen dagegen die

Einkommensunterschiede nicht zu. Ganz im Gegenteil gingen die Einkommensunterschiede im Ersten Weltkrieg deutlich zurück. Das oberste Prozent der Einkommensempfänger erhielt in Schweden 1912 noch 21 Prozent, dagegen 1919 nur noch 16 Prozent des Volkseinkommens.[6] Die Vermögenskonzentration ging in Schweden zwar nicht zurück, aber doch die Einkommenskonzentration. Insgesamt fehlen deshalb bislang für die These von der Abmilderung der sozialen Ungleichheit durch den Ersten Weltkrieg im Feld der Einkommensverteilung durchgehend handfeste Anzeichen.

Auch in anderen Dimensionen milderte sich die soziale Ungleichheit im Ersten Weltkrieg keineswegs ab, sondern nahm in der Regel zu. Die Disparitäten des Konsums verschärften sich, da in den meisten Ländern die Inflation wegen der enormen Nachfrage der Armeen stieg und damit die Reallöhne sanken. Die Inflation traf vor allem die mittleren und unteren Haushalte, weil sie mit Konsumausgaben für Nahrung, Kleidung, Wohnen und Heizung besonders stark belastet waren. Gleichzeitig waren die Entschädigungen und Renten der Kriegerwitwen, soweit sie nicht auf Vermögen zurückgreifen konnten, überall nicht nur äußerst schmal. Sie verloren zudem an Kaufkraft, weil sie nicht an die Inflation angepasst wurden. In Deutschland, Österreich, Italien und Russland verschlechterte sich zudem anders als in England oder Frankreich die Ernährungslage, da die Nahrungsmittel wegen der Kriegsblockade und der ausbleibenden Importe aus Übersee, aber auch wegen der kriegsbedingten Schrumpfung der eigenen Landwirtschaft und dem Abzug der Bauern an die Front immer knapper wurden. Auch das traf die unteren und mittleren Einkommen besonders stark.[7] Der Hunger war auf dem Vormarsch. Eine Australierin, die in Leipzig lebte, beschrieb den Hungerwinter 1917 so: »Keine Kohle, das elektrische Licht abgestellt, Gas herunter gedreht [...] und praktisch nichts zu essen. Es scheint keine Kartoffeln mehr zu geben [...] Es übersteigt mein Fassungsvermögen, wie die Armen hier zurechtkommen.«[8]

Die Wohnungssituation dürfte sich ebenfalls verschlechtert haben. Die öffentlichen Ausgaben für Wohnen und die viel wichtigeren privaten Investitionen in den Wohnungsbau gingen angesichts der anderen Prioritäten der Kriegswirtschaft zurück. Zumindest für Belgien und Frankreich ist belegt, dass die Überfüllung der Kleinwohnungen zunahm.[9] Die Ausbildung litt unter dem Abgang vieler Lehrer an die Front, unter der Kürzung der Bildungsausgaben, unter der schlechten Ernährung und den Krankheiten der Schüler. Allerdings scheinen sich die Bildungschancen nicht erkennbar verschlechtert zu haben. Die Zahl der Sekundarschüler nahm jedenfalls in fast allen Ländern, in denen sie dokumentiert sind, zu, oft rascher als jene der Primarschüler.[10]

Die soziale Ungleichheit vor dem Tod nahm während des Krieges wieder zu. Ein zentraler Indikator für die gesundheitliche Lage, die Säuglingssterblichkeit, erhöhte sich während des Kriegs überall in den kriegführenden Ländern wieder. Die sozialen Disparitäten, die in der Kindersterblichkeit weiterhin hoch waren, erhielten dadurch wieder mehr Gewicht. In vom Krieg verschonten Ländern, in der Schweiz, in Schweden, in Dänemark, in Norwegen und in Irland, sank dagegen die Säuglingssterblichkeit weiter.[11]

Der Krieg wird nicht selten als Motor beim Abbau der Ungleichheit zwischen den Geschlechtern angesehen. In Wirklichkeit veränderte sie sich nicht spürbar. Frauenarbeit nahm nur wenig zu, verschob sich vor allem aus der schrumpfenden Friedenswirtschaft, aus der Landwirtschaft und den Dienstleistungen, in die Kriegswirtschaft, endete nach dem Krieg aber meist abrupt. An den Universitäten nahm der Anteil der Studentinnen zu, von 1910 bis 1915 in Deutschland von 4 Prozent auf 9 Prozent, in Italien wahrscheinlich sogar von 9 Prozent auf 18 Prozent, in Frankreich zwischen 1914 und 1920 immerhin von 10 Prozent auf 13 Prozent. Nach dem Ende des Kriegs, als die überlebenden Männer zurückkamen, lag der Anteil der Studentinnen freilich in den meisten Ländern kaum höher als am Vorabend des Kriegs. In den vorangegangenen Friedensjahren war der Anteil der Studentinnen in den besonders gut dokumentierten Fällen Frankreich und Deutschland zudem rascher oder ebenso rasch gestiegen. Auch in der Zwischenkriegszeit belebte sich das Wachstum des Anteils der Studentinnen.[12] In der Armee, damals eine unbezwingbar erscheinende Männerdomäne, blieben die Geschlechterrollen sehr verschieden. Nur im Bereich der Armeeschreibstuben und Lazarette drangen Frauen vor, kamen dort aber nur in untergeordneten Stellen als Sekretärinnen und Krankenschwestern unter. Ärztinnen blieben an der Front äußerst selten.[13] Es gibt starke Anzeichen dafür, dass die Erwartungen der Frauen hinsichtlich mehr Gleichheit zwischen den Geschlechtern stiegen. Aber sie waren auch schon vor dem Krieg und damit ohne Krieg angewachsen. Die Blockaden in der Ungleichheit zwischen den Geschlechtern wurden durch den Krieg zwar nicht verschärft, aber auch nur wenig gelockert.

Vieles spricht hingegen dafür, dass sich die soziale Ungleichheit entlang der Klassengrenzen im Ersten Weltkrieg verschärfte. Allerdings hatte diese Verschärfung je nach Land eine sehr unterschiedliche Bedeutung. Jürgen Kocka hat für die damals noch recht neue Industriegesellschaft Deutschland gezeigt, dass die Tendenzen zur Klassengesellschaft im Ersten Weltkrieg deutlich zunahmen. Die Gewinne vor allem in Rüstungsindustrien stiegen an, während umgekehrt die Reallöhne der Arbeiter absanken. Innerhalb der Arbeitnehmerschaft gingen die Unterschiede zwischen Angestellten und Arbeitern sowie auch zwischen gelernten und ungelernten Arbeitern zurück. Auch unter den Arbeitgebern, von Großunternehmern bis hin zu handwerklichen Arbeitgebern, schliffen sich Unterschiede ab. Jürgen Kocka hat freilich auch kriegsbedingte Gegentendenzen beobachtet: Die Spannungen zwischen Stadt und Land, zwischen Produzenten und Konsumenten verstärkten sich angesichts der schlechten Ernährungslage. Die neuen Spannungen zwischen Rüstungswirtschaft und klassischer Friedenswirtschaft nahmen unter Arbeitgebern wie unter Arbeiternehmern ebenfalls zu: Viele Unternehmer der rapide schrumpfenden Friedenswirtschaft konnten sich kaum halten und nur schwer auf Kriegswirtschaft umschalten. Sie gehörten zu den Verlierern im Weltkrieg. Unter den Arbeitnehmern waren die Beschäftigten in Rüstungsbetrieben bevorzugt. Nicht nur waren ihre Gehälter deutlich höher, auch die Gefahr, an die Front eingezogen zu werden, war erheblich geringer. Im Übrigen vergrößerte sich die Arbeiterschaft nicht, sondern schrumpfte, obwohl die Anteile der weiblichen und jugendlichen Arbeiter stark zunahmen. Eine reine Klassengesellschaft wurde Deutschland im Ersten Weltkrieg nicht, näherte sich ihr aber doch stärker an.

In anderen kriegführenden Ländern, im Zarenreich und im Habsburgerreich, nahmen die sozialen Ungleichheiten zwischen sozialen Klassen ähnlich zu. Allerdings war in diesen beiden Gesellschaften der Agrarsektor immer noch weitaus gewichtiger als in Deutschland und der Industriesektor weniger prägend als in Deutschland. In der ältesten großen Industriegesellschaft Europas, in England, waren umgekehrt die Tendenzen der Klassengesellschaft ausgeprägter als in Deutschland: Sie nahmen aber im Weltkrieg nicht mehr massiv weiter zu, auch deshalb, weil Großbritannien die sozialen Probleme des Weltkriegs, besonders die Nahrungsmittelversorgung und die Stabilisierung der Reallöhne in der Industrie, besser bewältigte als Deutschland, das Habsburger-Reich und das Zarenreich.[14]

Die soziale Ungleichheit verschärfte sich in den Kriegsgesellschaften noch aus einem anderen Grund. Die Beziehungen zwischen der einheimischen Bevölkerung und den Zuwanderern verschlechterten sich grundlegend. Die Zuwanderer aus den Ländern der Kriegsgegner erlebten eine neue Art des sozialen Ausschlusses, da sie nicht nur von Behörden, sondern auch in der öffentlichen Gerüchteküche des Krieges als Spione des feindlichen Auslandes betrachtet und angefeindet wurden. Die Zuwanderer aus den Ländern der Kriegsgegner wurden in Großbritannien und Frankreich sofort, in Deutschland wenige Monate nach Kriegsbeginn interniert. Hunderttausende erlebten diesen Ausschluss aus der Gastgesellschaft. Es gab nur wenige Ausnahmen: Die Situation für die vielen vor dem Krieg nach Deutschland zugewanderten Arbeiter aus Italien verschlechterte sich nach dem Kriegsbeitritt Italiens 1915 auf Seiten der Kriegsgegner Deutschlands nicht, da die deutsche Wirtschaft diese Arbeitskräfte brauchte. Sie wurden jedenfalls nicht interniert.[15]

Zur Kriegsgesellschaft gehörte zudem eine völlig andere Art von Zuwanderern: zahlreiche Kriegsgefangene und Zwangsarbeiter aus den besetzten Ländern. Besonders in Deutschland, im Habsburgerreich und im Zarenreich lebten viele Kriegsgefangene und Zwangsarbeiter. In Deutschland waren es 2,5 Millionen, in der Habsburgermonarchie über 900.000, in Zarenreich 2,3 Millionen, in Frankreich und Großbritannien dagegen nur 300.000 bis 400.000. Diesen Kriegsgefangenen waren nicht nur alle bürgerlichen Freiheiten genommen. Sie mussten sich auch dem rigiden Reglement der Gefangenenlager unterordnen und wurden so billig und damit oft so schlecht wie möglich mit Essen, Kleidung, Unterkünften und medizinischen Diensten versorgt. Der einheimischen Bevölkerung waren Spenden oder engere soziale Beziehungen mit Kriegsgefangenen bei Strafe verboten. In Deutschland wurden die Kriegsgefangenen in ihrer großen Mehrheit in die Wirtschaft integriert und mussten in der Landwirtschaft oder in der Industrie arbeiten, allerdings ohne Lohn. Darüber hinaus wurden Zwangsarbeiter aus den besetzten Gebieten, vor allem aus Belgien und dem besetzten polnischen Teil des Zarenreiches nach Deutschland gebracht. Sie hausten und arbeiteten in Deutschland unter so schlechten Bedingungen, dass es zu internationalen Protesten vor allem aus den USA kam. Frankreich war zum Einsatz von Kriegsgefangenen weniger gezwungen, da allein während des Kriegs rund 600.000 Arbeiter aus Europa, im Einzelnen aus Spanien, Portugal, Italien und Griechenland, zuwanderten. Aber auch in Frankreich wurden ca. 100.000 Kriegsgefangene in der Wirtschaft eingesetzt, daneben Arbeiter aus China und aus den französischen Kolonien, aus Algerien und Indochina, die unter rigider militärischer Leitung, strikt getrennt von der französischen Bevölkerung und ohne Recht auf Freizügigkeit wegen der großen Skepsis der Politik gegenüber außereuropäischen Arbeitern leben mussten. Die Kriegsgesellschaft brachte es daher zu einer neuen Schärfe der sozialen Ungleichheit, die die Friedensgesellschaften nicht kannten.[16]

Die Erfahrung der sozialen Ungleichheit wurde durch das Erlebnis der scharfen sozialen Trennlinie zwischen Offizieren und Mannschaften an der Front weiter verstärkt. Offiziere erhielten nicht nur erheblich höheren Sold, lebten in weit besseren Unterkünften, genossen eine viel bessere Verpflegung und bekamen eine bessere Versorgung der Witwen und Waisen. Anders als in gewohnten Abhängigkeiten in der Zivilgesellschaft ging es bei der Abhängigkeit der Mannschaften von den Offizieren auch oft um Leben oder Tod. Fehlentscheidungen von Offizieren, gegen die sich oft wenig unternehmen ließ, konnten den Tod bedeuten. Je unsinniger das Sterben an der Front im Verlauf des Kriegs wurde, desto schärfer trat diese Ungleichheit in das Bewusstsein der Mannschaften.[17] Nicht umsonst begannen die Revolutionen in Deutschland und in Russland in der Armee.

Die Bevölkerungen wurden sich im Verlauf des Kriegs der wachsenden sozialen Ungleichheiten vor allem in den Einkommen und im Konsum zunehmend bewusst. In den ersten Kriegsjahren wurden die sozialen Disparitäten in dem anfänglichen Kriegsenthusiasmus in den Hintergrund gedrängt, weil viele an einen kurzen Krieg glaubten und die schweren Opfer auf sich nahmen. In den letzten Kriegsjahren, in denen immer mehr Tote zu beklagen waren, ein Ende des Abschlachtens an den Fronten auch nicht abzusehen war und sich die Lebenslage der Masse der Bevölkerung verschlechterte, traten die sozialen Disparitäten stärker in den Vordergrund der öffentlichen Wahrnehmung.

Insgesamt führte der Erste Weltkrieg also nur in *einem* zentralen Bereich der sozialen Ungleichheit, in der Vermögensverteilung, zu einer leichten Abmilderung von sozialen Unterschieden. Dabei sollte nicht vergessen werden, dass nur eine Minderheit der Europäer überhaupt Vermögen besaß und deshalb diese Abmilderung nur eine Umverteilung innerhalb der höheren und mittleren Schicht darstellte. Im Ganzen gesehen war der Erste Weltkrieg dagegen überhaupt keine Zeit der Abmilderung der sozialen Ungleichheit, wenn man andere Dimensionen der sozialen Ungleichheit, also die Einkommen ebenso wie das Wohnen und die Gesundheit, betrachtet. Auch in den Beziehungen zwischen Einheimischen und Zuwanderern verschärften sich die sozialen Unterschiede noch stärker als in der Vorkriegszeit. Der Erste Weltkrieg passt daher nicht zu der These, nach der sich im Kapitalismus in den tiefen Krisen von Kriegen soziale Ungleichheit abmildert. Ganz im Gegenteil hat der Erste Weltkrieg soziale Ungleichheit noch heftiger verschärft als der liberale Kapitalismus von 1914. Eine deutsche militärische Stelle, das Magdeburger Generalkommando, schrieb 1918: »Der frühere Riss zwischen arm und reich, den die Kriegsbegeisterung der ersten Zeit ziemlich geschlossen hatte, klafft je länger desto mehr wieder auseinander. In den ärmeren Bevölkerungsschichten hat sich gegen die Reichen und namentlich gegen die sogenannten Kriegsgewinnler ein geradezu schädlicher Hass aufgestapelt, von dem man nur wünschen kann, dass er nicht doch einmal zu einer furchtbaren Entladung kommt. Veranlasst ist dieser Hass weniger durch den Besitz des Reichtums an sich, sondern weil die einzelnen Kreise der Bevölkerung bei fast unbeschränkt zur Verfügung stehenden Geldmitteln es sich ermöglichen können, sich nicht alleine auskömmlich, sondern sogar gut zu ernähren und sich mit fast jedem Luxus zu umgeben, während der größte Teil der Bevölkerung tatsächlich darben und hungern muss.«[18]

Die 1920er Jahre

Die 1920er Jahre passen ebenfalls nicht recht zu der These vom Rückgang der sozialen Ungleichheiten in Kriegs- und Krisenzeiten bzw. von ihrer Verschärfung in Friedens- und Prosperitätszeiten. Die 1920er Jahre waren eine Zeit ohne Kriege, auch wenn sie im Schatten der Katastrophe des Ersten Weltkriegs standen. Sie waren bis 1929, dem Beginn der Weltwirtschaftskrise, auch eine Zeit ohne schwere wirtschaftliche Krisen, wenn man von der Hyperinflation in einigen europäischen Ländern, vor allem in Deutschland und Österreich, absieht. Nach der These von der Ungleichheitsabmilderung durch Krisen hätte sich daher die soziale Ungleichheit in den 1920er Jahren nach der Beendigung des Ersten Weltkriegs wieder verschärfen müssen. Das geschah aber nicht, sondern die Entwicklung ging in eine ganz andere Richtung.

Die Vermögenskonzentration milderte sich in den europäischen Ländern, die bisher untersucht sind, eher ab. Der Anteil der Spitzenvermögen, also des reichsten Prozents und der reichsten zehn Prozent der Vermögensbesitzer, am nationalen Gesamtvermögen fiel in Frankreich, in Großbritannien, in den Niederlanden und in Schweden deutlich, allerdings nicht in Dänemark und der Schweiz. Er fiel übrigens auch in den USA, in denen die Vermögenskonzentration damals noch weit schwächer war als in den untersuchten Teilen Europas (vgl. Tabelle 1 in Kapitel 1).[19]

Ähnlich verhält es sich mit den Spitzeneinkommen, die eng mit der Vermögensentwicklung zusammenhingen: Zwischen 1918 und 1929 nahmen der

Einkommensanteil des obersten halben Prozents oder des obersten Prozents der Einkommensempfänger ebenfalls nirgends zu. Im Gegenteil: In Frankreich und den Niederlanden, wahrscheinlich auch in Schweden, verloren die Spitzeneinkommen nicht nur in den ersten Jahren nach dem Kriegsende, sondern während der gesamten 1920er Jahre ziemlich kontinuierlich, in Deutschland sogar dramatisch an Einkommensanteilen. In Dänemark fiel der Einkommensanteil der Spitzeneinkommen unmittelbar nach dem Ersten Weltkrieg bis 1921 stark ab und veränderte sich danach bis zur Wirtschaftskrise nur wenig, kam aber nicht mehr auf die Höhe der Disparitäten im ersten Friedensjahr 1919 zurück (vgl. auch Tabelle 2a).[20] Ganz ähnlich verlief auch die Entwicklung in den USA. Auch hier hielten nach der Einschätzung von Simon Kuznets die Spitzeneinkommen ihren Einkommensanteil im Ganzen, verloren nicht viel, gewannen aber auch nicht viel dazu.[21]

Auch die darunter liegenden Einkommen der obersten fünf oder zehn Prozent, die nicht mehr so sehr von den Vermögen abhängen, verloren seit 1919 in fast allen bisher untersuchten Ländern an Einkommensanteilen: in Dänemark, Schweden, Finnland, den Niederlanden und Deutschland. In Frankreich schwankten die Einkommensanteile dieser Schicht, lagen aber 1930 etwas niedriger als 1919.[22] In den USA nahmen sie zwischen 1919 und 1928 nur sehr leicht zu (vgl. auch Tabelle 2b).[23]

Muss man diese Abmilderungen der sozialen Ungleichheit als eine Folge des Ersten Weltkrieges ansehen? Bestätigt sich damit indirekt doch die These von der Abmilderung sozialer Ungleichheit durch Kriege? Oder sind sie das Resultat einer neuen Politik der europäischen Regierungen und neuer wirtschaftlicher Entwicklungen in den 1920er Jahren?

In den ersten Jahren nach dem Ersten Weltkrieg wird man den raschen Rückgang der Vermögenskonzentration und der Einkommensdisparitäten in den kriegführenden Ländern Frankreich und Deutschland tatsächlich als eine indirekte Folge des Krieges verstehen können. Mit der Umstellung auf die Friedenswirtschaft gingen die besonders hohen Gewinne in den Rüstungsindustrien und in den von ihren Aufträgen abhängigen Industriezweigen massiv zurück. Das dürfte sich auch in dem Rückgang der Vermögenskonzentration und der Einkommensanteile der Spitzenvermögen niedergeschlagen haben.

Aber diese Umstellung war kurz nach dem Krieg abgeschlossen. Es ist nicht erkennbar, wie die weitere Entwicklung in den zwanziger Jahren allein von den Auswirkungen des Krieges hätte bestimmt werden können. Vielmehr war für die Abmilderung der Einkommensdisparitäten ausschlaggebend, dass die Regierungen mit ihrer Steuerpolitik, ihrer Sozialstaatspolitik und ihrer Bildungspolitik in Europa in den 1920er Jahren eine Wende vollzogen und weit massiver in Gesellschaft und Wirtschaft eingriffen als in der Vorkriegszeit. Darauf sei gleich näher eingegangen. Sicher kann nicht von einem regelrechten Aufbruch der europäischen Regierungen zu einer Politik des Abbaus von sozialer Ungleichheit gesprochen. Weder in den öffentlichen politischen Debatten noch in den politischen Programmen der Regierungen lassen sich solche Intentionen in breitem Ausmaß erkennen. Aber auch ohne solche Absichten schufen die europäischen Regierungen in allen drei genannten Politikfeldern doch ganz andere politische Bedingungen für soziale Ungleichheit. Es kommt häufig vor, dass Regierungen mit ihrer Politik Wirkungen erzeugen, die sie gar nicht beabsichtigen.

Die Steuern für hohe Einkommen wurden in den 1920er Jahren weit höher gesetzt als vor dem Ersten Weltkrieg. Einige Beispiele: In Deutschland wurde die Spitzensteuer von 6 Prozent, die 1915 eingeführt worden war, 1920 auf 60 Prozent erhöht und 1925 auf 40 Prozent gesenkt, sie blieb also weit über der Spitzensteuer der Vorkriegszeit von 4 Prozent. In Frankreich wurde der Spitzensteuersatz 1919 auf über 60 Prozent, 1925 sogar auf 90 Prozent erhöht und lag seit 1927 bei rund 40 Prozent, während es vor 1914 gar keine Einkommenssteuer gab. Auch in dem am Krieg nicht beteiligten Schweden wurde der Spitzensteuersatz 1918 auf 20 Prozent erhöht. Er lag damit zwar weitaus niedriger als in den kriegführenden Staaten, aber doch weit über dem schwedischen Vorkriegsstand von 5 Prozent. Zum Vergleich seien auch die in den Spitzensätzen exzentrischen USA genannt: Sie hoben im Krieg den Spitzensteuersatz von 7 Prozent (1913) schrittweise auf 73 Prozent (1918) an und senkten ihn danach stufenweise bis auf 25 Prozent (1925) ab, blieben damit aber ebenfalls weit über dem Vorkriegsniveau.[24] Insgesamt gab es zwar eine große Variationsbreite der Spitzensteuersätze, aber doch einen ähnlichen Trend der Anhebung der Spitzensteuern in den 1920er Jahren, die für die damaligen Europäer historisch außergewöhnlich war. Der Krieg spielte dabei sicher eine indirekte Rolle. Die Steuern wurden auch mit der Begründung erhöht, dass Kriegsfolgen zu bewältigen waren. Aber entscheidend war am Ende doch, dass die Spitzensteuersätze in den 1920er Jahren keineswegs wieder auf das Vorkriegsniveau herabgesetzt, sondern ganz im Gegenteil im Ganzen noch einmal ungefähr so stark erhöht wurden wie im Ersten Weltkrieg. Die Regierungen entschieden sich für erheblich höhere Spitzensteuersätze, da sie nicht nur Kriegsfolgen zu bewältigen hatten, sondern auch ein breites Sozial- und Wirtschaftsprogramm finanzieren wollten. Dass man die höheren Spitzensteuern in den 1920er Jahren nicht allein auf den Krieg zurückführen kann, zeigt sich auch daran, dass die Steuern auch in den nicht am Krieg beteiligten Ländern heraufgesetzt wurden.[25] Sicher ist die Wirkung dieser enormen Erhöhung der Spitzensteuern auf die Einkommensverteilung kompliziert. Anthony Atkinson hat darauf hingewiesen, dass die zurückgehenden Anteile der Spitzeneinkommen auch mit der Ausnutzung von Steuervorteilen zu tun hatte und dadurch die versteuerten Einkommen zurückgingen. Nach den Berechnungen von Kenneth Scheve und David Stasavage floss aber doch ein erheblicher Teil dieser Spitzensteuern an die Finanzämter.[26]

Für die Abmilderung der Einkommensunterschiede spielte auch eine Rolle, dass in den 1920er Jahren der europäische Wohlfahrtsstaat trotz der wirtschaftlichen Schwierigkeiten ausgebaut wurde. Die allgemeinen Ausgaben für den Wohlfahrtsstaat wurden ganz erheblich angehoben. In den Spitzenländern Großbritannien und Deutschland lagen sie am Vorabend des Ersten Weltkriegs bei nur vier Prozent des Bruttosozialprodukts, bevor sie bis 1925 auf neun bis elf Prozent und bis 1929 weiter auf neun bis zwölf Prozent angehoben wurden. Dies waren zwar die Spitzenwerte in Europa, doch auch in den übrigen westeuropäischen Ländern wurden, soweit wir informiert sind, die Sozialausgaben zwischen 1920 und 1929 als Anteil des Sozialprodukts erhöht, besonders deutlich in Frankreich, Norwegen, Schweden und Österreich. Nur im faschistischen Italien wurden sie nicht erhöht.[27]

Diese groben Zahlen sagen noch nicht viel aus, da hohe Wohlfahrtsausgaben nicht immer soziale Ungleichheit reduzieren. Seit den 1980er Jahren machte Europa sogar die bittere Erfahrung, dass die Wohlfahrtsstaatsausgaben zwar stiegen, aber gleichzeitig die unteren Einkommen immer weniger von dem Volkseinkommen abbekamen und sich die Einkommensunterschiede immer weiter verschärften (vgl. Kapitel 4). Für die 1920er Jahre kann man aber doch davon ausgehen, dass ein erheblicher Teil der Wohlfahrtsstaatsausgaben als Altersrenten, als Invalidenrenten, als Kriegerwitwen- und Kriegswaisenrente, als Arbeitslosenunterstützungen und als Sozialhilfe auch unteren Einkommen zugutekam. Wie stark dabei jeweils Einkommensdisparitäten abgemildert wurden, lässt sich freilich nicht genau abschätzen. Die Veränderung der unteren Einkommen in der Einkommensverteilung ist für die 1920er Jahre sehr schlecht untersucht.[28] Von Dänemark wissen wir, dass zwar die Verteilung der Einkommen vor Steuern sehr ungleich war, der Einkommensanteil der unteren 60 Prozent der Einkommensempfänger jedoch zwischen 1922 und 1929 von 6 auf 10 Prozent zunahm.

Auch in Finnland verbesserten diese Einkommensgruppen ihren schlechten Einkommensanteil etwas. Von Deutschland wissen wir, dass sich die Einkommensanteile der Arbeitnehmer in den 1920er Jahren erhöhten.[29] Zudem wurde durch den Wohlfahrtsstaat zumindest die soziale Ungleichheit der sozialen Sicherung abgemildert, die im Alter, bei Invalidität und bei langer Krankheit nicht mehr ganz so schroff war.

Auch in anderen Dimensionen der sozialen Ungleichheit griffen die europäischen Regierungen in den 1920er Jahren oft massiv ein. Die soziale Ungleichheit milderte sich dadurch etwas ab oder blieb unverändert, sie nahm jedenfalls nicht zu.

Die Wohnungsbaupolitik der 1920er Jahre hatte auf den ersten Blick wenig mit sozialer Ungleichheit zu tun. Hauptsächlich ging es um die Linderung der Wohnungsknappheit, die durch die geringen Bauinvestitionen während des Kriegs entstanden war, und ferner darum, die Europäer durch neuartigen Wohnungsbau zu einer anderen Lebensführung anzuleiten. Mit dem massenhaften Hausbesitz sollte zudem die politische Radikalisierung eingedämmt und gleichzeitig die Beteiligung am Ersten Weltkrieg belohnt werden. Überall in Europa wurden große öffentliche Wohnungsbauprogramme aufgelegt. In vielen europäischen Ländern wurden, soweit wir das überblicken, deutlich höhere Anteile der öffentlichen Haushalte als in der Vorkriegszeit für Wohnen ausgegeben. Die Spitzenwerte waren in Frankreich 1922 fünf Prozent, in Großbritannien 1927 sieben Prozent und in Dänemark um 1929 sogar elf Prozent.[30] Der öffentliche Wohnungsbau konzentrierte sich zu erheblichen Teilen auf den Sektor, in dem schon in der Vorkriegszeit die Wohnungsknappheit am größten war und der die Ungleichheit der Wohnungssituation verschärfte: auf den Bereich der kleinen Wohnungen. Sicher wurden im öffentlichen Wohnungsbau der 1920er Jahre nicht immer preiswerte Wohnungen gebaut. Die staatliche Wohnungs- und Städtebaupolitik konnte nicht verhindern, dass die Belastung der privaten Haushaltsbudgets durch Mieten weiter stieg. Aber für Österreich, Belgien, Dänemark, Deutschland, Niederlande, England und Schottland wissen wir, dass die Überfüllung der Kleinwohnungen in den 1920er Jahren weiter zurückging. Wenigstens in dieser Dimension wurde die soziale Ungleichheit des Wohnens etwas abgemildert.[31]

Auch die Gesundheitspolitik der 1920er Jahre verfolgte nicht vorrangig das Ziel, die Ungleichheit vor der Krankheit und dem Tod abzubauen. Andere Ziele standen bei der Reform des Gesundheitssektors im Vordergrund: Teilweise sollte die Lebensqualität verbessert werden, zum Teil ging es um eine Verbesserung der Qualität der Arbeitskräfte und um eine Steigerung der wirtschaftlichen Produktivität. Teilweise war sie aber auch von Ängsten vor einer angeblichen Degeneration der europäischen Bevölkerung geleitet. Neben der Bekämpfung der verhängnisvollen Folgen des Krieges für die Gesundheit der Bevölkerung lag ein Schwerpunkt der Gesundheitspolitik auf der Bekämpfung der Säuglings- und Kindersterblichkeit. Die Gesundheitsausgaben stiegen in einer Reihe von Ländern deutlich an, am stärksten in Frankreich (1920: 3,6 Prozent, 1928: 13,2 Prozent, allerdings zusammen mit den Ausgaben für »social security«), in Großbritannien (1920: 3,1 Prozent, 1928: 6,1 Prozent), in Italien (1919: 4,7 Prozent, 1928: 6,8 Prozent, allerdings zusammen mit »social security«-Ausgaben), den Niederlanden (1919: 3,9 Prozent, 1928: 9,9 Prozent, allerdings zusammen mit »social security«-Ausgaben) und in Österreich (1923: 14 Prozent, 1928: 21 Prozent). Nur in Finnland änderten sie sich kaum (1919: 2,5 Prozent, 1928: 3,0 Prozent). In Deutschland (1913: 4,4 Prozent, 1925: 2,9 Prozent, 1928: 2,0 Prozent) und Schweden (1920: 6,9 Prozent, 1928: 5,3 Prozent) sanken sie sogar.[32] Die kommunalen Dienstleistungen, die für den Gesundheitsstandard wichtig waren, wurden weiter ausgebaut. Auch die Versorgung mit Frischwasser und die Kanalisation der Abwässer wurden erweitert. Die Gesundheitspolitik wurde durch wichtige medizinische Neuerungen wie die Arzneimittel Insulin und Sulfonamid und durch neue Konzepte der medizinischen Versorgung ergänzt. Insgesamt verbesserte sich die Gesundheitssituation in einem erheblichen Teil Europas. Die Lebenserwartung stieg in Europa in diesem Jahrzehnt dieser Zeit um beeindruckende fünf Jahre für Frauen wie für Männer.[33]

Ob diese Gesundheitsreformen und Gesundheitsausgaben in den 1920er Jahren tatsächlich in der Lage waren, die sozialen Unterschiede vor Krankheit und Tod abzubauen, ist allerdings bisher nur wenig untersucht. Nur für die Unterschiede zwischen den Geschlechtern gibt es Hinweise, dass die Übersterblichkeit der Mütter im Schwangerschaftsalter und im frühen Mutteralter weiter abnahm. Hinsichtlich der sozialen Unterschiede ist festgestellt worden, dass die Krankheiten mit besonders scharfen sozialen Disparitäten, also Typhus, Tbc und Keuchhusten, weiter zurückgedrängt wurden und Krankheiten, bei denen die sozialen Unterschiede weniger stark waren, stärker in den Vordergrund traten. Auch die Kindersterblichkeit, die – wie gezeigt – sozial sehr unterschiedlich war, wurde in Europa von 123 Toten (um 1920) um ein Viertel auf 99 Tote (um 1930) pro 1.000 Lebendgeburten um 1930 zurückgedrängt.[34] Insgesamt ist es daher unwahrscheinlich, dass die soziale Ungleichheit vor Krankheit und Tod in den 1920er Jahren zunahm und damit die These bestätigt wird, dass sich jenseits der großen Kriege und Wirtschaftskrisen im Kapitalismus die soziale Ungleichheit verschärfte.

Die Bildungspolitik setzte häufig eine Expansion des Bildungssektors in Gang und milderte damit die Ungleichheit der Bildungschancen ebenfalls ab. Wichtige Zielsetzungen der damaligen Bildungspolitik waren die Beseitigung des Analphabetismus, die Verbesserung der Qualität der Elementarschulen und der Berufsausbildung sowie die Ausweitung der Zugangschancen zu den Sekundarschulen und Hochschulen für untere soziale Schichten und für Frauen. Diese Ziele wurden in Parteiprogrammen, in politischen Reden, teilweise sogar in Verfassungen niedergelegt. Die meisten Regierungen in Westeuropa gaben in den 1920er Jahren auch erheblich mehr für Bildung aus als vor dem Ersten Weltkrieg. Für Frankreich, die Niederlande, Norwegen, Schweden und Italien wissen wir, dass der Anteil der Staatsausgaben für Bildung erheblich gesteigert wurde. Nur im Falle Deutschlands fiel er hinter die Vorkriegszeit zurück.[35] Sicher darf man die 1920er Jahre nicht überschätzen. Die Bildungsausgaben als Anteile des Bruttosozialprodukts lagen damals meist um ein Prozent, also auf einem deutlich niedrigeren Niveau als nach dem Zweiten Weltkrieg.[36] Aber die Ausweitung der Bildungsausgaben im Vergleich zur Vorkriegszeit zeigte doch Wirkung.

Die Bildungschancen wurden auf allen Ebenen verbessert und damit die Chancenungleichheiten reduziert. Es sollte dabei nicht vergessen werden, dass sich Europa zum Teil noch auf dem Stand heutiger zentralafrikanischer oder zentralasiatischer Länder befand. Der Analphabetismus war im Süden und im Osten Europas noch hoch: In Italien, Spanien und Portugal lag er um 1914 bei zwei Dritteln, in dem Balkanland Albanien sogar bei 80 Prozent. Er wurde in Italien auf ein Viertel, in Spanien auf ein Drittel, in der Sowjetunion bei niedrigem Lese- und Schreibstandard auf 10 Prozent gesenkt. In den Ländern, in denen die Schulpflicht schon lange durchgesetzt war, besuchte um 1920 immer noch ein beträchtlicher Teil der Schüler die Grundschule nicht über die vollen acht Jahre hinweg: In Frankreich und Schweden war dies grob ein Drittel, in den Niederlanden, England und Deutschland grob ein Viertel der entsprechenden Jahrgänge. Auch dieser Elementarschulbesuch wurde etwas erhöht, am stärksten in Frankreich. Der Anteil der Schüler an den sehr unterschiedlich definierten, höheren Sekundarschulen lag um 1920 bestenfalls – wie im deutschen und englischen Fall – bei 4–5 Prozent der entsprechenden Altersjahrgänge, oft nur bei einem Prozent. Er wurde in den 1920er Jahren ebenfalls für Jungen und mehr noch für Mädchen etwas gesteigert.[37] Der Anteil der Hochschüler lag nur bei 1–2 Prozent der jungen Erwachsenenjahrgänge und erhöhte sich etwas. Die Zugangschancen für Frauen an Hochschulen wurden etwas ausgeweitet, im Westen Europas im Durchschnitt von 14 Prozent auf 18 Prozent. Die Zugangschancen für Unterschichten blieben allerdings minimal und im Ganzen unverändert.[38] Trotz großer wirtschaftlicher Schwierigkeiten wurden die Unterschiede bei den Bildungschancen damit insgesamt doch etwas abgemildert.

Nicht allein politische Entscheidungen, sondern auch wirtschaftliche Entwicklungen trugen zur Abmilderung der sozialen Ungleichheit, besonders zur Abschwächung von sozialen Distinktionen, bei. Vor allem Medien besaßen in den 1920er Jahren diese Wirkung. Der Massenkonsum steckte in den 1920er Jahren in Europa noch zu sehr in den Anfängen, um soziale Distinktionen wirkungsvoll zu dämpfen. Aber die neuen Medien des Films, des Radios, der Schallplatte und des Taschenbuchs betonten nicht mehr wie das Theater, die Oper und das Konzert starke soziale Trennlinien des Bürgertums nach unten, sondern schwächten sie zumindest in den großen Städten ab. Filme sah jeder in den Kinos, Schallplatten spielte jeder zuhause, Radio hörte jeder zumindest in den Kneipen.

Entscheidend war, dass die Abmilderung der sozialen Ungleichheit in den europäischen Demokratien der 1920er Jahre mit einer größeren Gleichheit der politischen Rechte, mit einer verbesserten Sicherung der Grundrechte in den Verfassungen, die nach dem Ende des Ersten Weltkrieges durchgesetzt wurden, oft mit Frauenwahlrecht und mit der Abschaffung des Zensuswahlrechts verbunden war.[39]

Gleichzeitig gerieten die Demokratien der 1920er Jahre in Konkurrenz mit zwei nicht-demokratischen Modellen der Abmilderung sozialer Ungleichheit: im sowjetischen Modell und im faschistischen Modell in Italien. Das sowjetische Modell, das in der europäischen Öffentlichkeit heftig diskutiert wurde und viele westeuropäische Besucher anzog, schien einen klaren Vorsprung gegenüber den westeuropäischen Demokratien in viererlei Hinsicht zu haben: ein Abbau der scharfen Befehlshierarchien in den Unternehmen; eine weitgehende Gleichheit zwischen Männern und Frauen nicht nur in der Verfassung, sondern auch in der Lebenswirklichkeit; eine größere Gleichheit der Bildungschancen, der Gesundheitsversorgung und der Versorgung mit Wohnungen; sowie ein Abbau der sozialen Trennlinien zwischen den verschiedenen sozialen Milieus. Allerdings wurden in der stalinistischen Sowjetunion neue soziale Ungleichheiten geschaffen, die es in den westeuropäischen Demokratien meistens nicht gab – die scharfe soziale Ungleichheit zwischen den normal lebenden Sowjetbürgern und den Insassen der wachsenden Zahl von Lagern, in denen die Lebensqualität oft miserabel und die Gewalterfahrung bedrückend war; die enormen Unterschiede in der materiellen Situation, im Wohnen, bei der Versorgung mit Nahrungsmitteln und bei der Gesundheitsvorsorge zwischen den politischen Funktionären und der Masse der Bevölkerung; und die eher noch schärfer gewordenen Unterschiede zwischen Stadt und Land.

Ein anderes, viel diskutiertes, nicht-demokratisches Modell des Abbaus der sozialen Ungleichheit während der 1920er Jahre war das faschistische Italien. Dieses Regime kam ebenfalls durch einen Umsturz an die Macht, beseitigte allerdings weder die Monarchie noch den Kapitalismus, sondern intervenierte nur massiv in die Wirtschaft und richtete riesige Staatsunternehmen ein. Auch der italienische Faschismus setzte sich zum Ziel, über die Klassengrenzen hinweg eine neue Gesellschaft und einen neuen Menschen zu schaffen. Klassenübergreifende Sozialorganisationen und Jugendverbände mit vielen Millionen Mitgliedern wurden eingerichtet. Sie boten soziale Kontakte und Hilfe in persönlichen Lebenskrisen, dienten jedoch vor allem der Kontrolle durch die Regierung. Einen Abbau der sozialen Ungleichheit erreichte der italienische Faschismus nicht. Ganz im Gegenteil: Die Einkommensunterschiede nahmen während der 1920er und 1930er Jahre im Unterschied zu anderen europäischen Ländern spürbar zu und verschärften sich sogar noch rascher als in der liberalen Ära Italiens vor dem Ersten Weltkrieg. Auch in dem besonders gravierenden Problem Italiens, in den Gegensätzen zwischen dem Norden und Süden, verschärften sich die Disparitäten der Pro-Kopf-Einkommen.

Nur in zwei Hinsichten änderte der Faschismus gesellschaftliche Hierarchien. Die großen faschistischen Organisationen dürften soziale Trennlinien zwischen der Oberschicht und den Mittelschichten im Konsum und im Zugang zu den modernen Medien etwas abgemildert haben. Zudem verbesserten sich die Chancen in Italien in der Zeit des Faschismus in einer Hinsicht: Die Bildungschancen für Frauen stiegen erheblich. Während 1922 nur rund 5.500 Studentinnen an den Universitäten eingeschrieben waren, stieg ihre Zahl bis 1940 auf 26.000 Studentinnen. Freilich profitierte davon nur eine winzige Minderheit der Italienerinnen. Zudem war diese Öffnung der Chancen eigentlich nicht im Sinne der faschistischen Ideologie, die die Frau vor allem in der Mutterrolle sehen wollte. Es handelt sich daher nicht um eine gewollte faschistische Errungenschaft, sondern eher um ein erzwungenes Zugeständnis an die aktiven Frauen der italienischen Mittelschichten. Selbst in den faschistischen Organisationen musste das Regime hinnehmen, dass Frauen in den unteren Rängen häufig Aufgaben übernahmen.[40] Daher war auch der Faschismus in Italien kein Modell zur Abmilderung von sozialer Ungleichheit.

Insgesamt passen auch die 1920er Jahre nicht zu der These, dass sich soziale Ungleichheit im Kapitalismus nur in Krisen abmilderte. Die 1920er Jahre, in denen in Europa viele neue Demokratien entstanden, waren in Europa meist keine Zeit der Kriege und Krisen und hätten deshalb nach dieser These unter einer Verschärfung der sozialen Ungleichheit leiden müssen. Das genaue Gegenteil war der Fall. In allen Dimensionen der sozialen Ungleichheit von den Vermögen über die Einkommen bis hin zur Bildung und zum Wohnen, vielleicht sogar in der Gesundheit milderte sich die soziale Ungleichheit ab.

Die 1920er Jahre wurden ausführlicher behandelt, weil sie nicht nur einfach ein Widerhaken und ein Sonderfall der Geschichte der sozialen Ungleichheit im Kapitalismus sind, sondern weil sie auf eine grundsätzlich andere These verweisen: Im Kapitalismus konnte die soziale Ungleichheit in Demokratien außerhalb von Krisen und Kriegen durch Interventionen der Regierungen abgemildert werden. Die 1920er Jahre waren stärker als die letzten Jahrzehnte vor dem Ersten Weltkrieg ein Beispiel für neue Ansätze der Regierungsintervention in diesen fünf Politikfeldern: Die Spitzensteuersätze wurden in einer ganzen Reihe von europäischen Ländern dramatisch erhöht. Der Wohlfahrtsstaat wurde stärker als in der Vorkriegszeit ausgebaut. Die Wohnungspolitik und die Gesundheitspolitik wurden reformiert. Die Bildung expandierte und begann sich am Ziel der Chancengleichheit zu orientieren. In den 1920er Jahren gingen daher entscheidende Impulse für die Abmilderung der sozialen Ungleichheit besonders von den Regierungen in den Demokratien aus, auch wenn damit oft andere Absichten verbunden waren und kein planmäßiger Abbau sozialer Ungleichheit vorgenommen wurde. Im Nachhinein erscheinen uns die 1920er Jahre als eine kurze Blüte, deren Wirkungen rasch wieder durch die Weltwirtschaftskrise ab 1929, durch das Aufkommen von Diktaturen überall in Europa in den 1930er Jahren und dann auch weiter durch den Zweiten Weltkrieg beseitigt wurden. Trotzdem sind sie eine wichtige Epoche für die These, dass soziale Ungleichheit im Kapitalismus nicht primär durch Kriege und Krisen, sondern eher durch die Interventionen von Regierungen abgemildert werden konnte und kann.

Die Weltwirtschaftskrise

Stützt wenigstens die Weltwirtschaftskrise die These vom Abbau sozialer Ungleichheit durch Kriege und Krisen und verringerte sich zwischen 1929 und der Mitte der 1930er Jahre die soziale Ungleichheit? Diese Frage erscheint auf den ersten Blick durchaus sinnvoll. Die Weltwirtschaftskrise war in vieler Hinsicht das Gegenteil des Ersten Weltkriegs. Die Weltwirtschaftskrise warf nicht nur Arbeitnehmer, sondern auch Unternehmer, selbständige Handwerker und Händler aus der Bahn. In Deutschland gab es 1932 nicht nur sechs Millionen registrierte Arbeitslose, sondern auch viele Pleiten unter den Selbständigen. Den scharfen Kontrast zwischen den steigenden Gewinnen der Kriegsindustrie und den sinkenden Einkommen der Arbeitnehmer gab es nicht. Auch die Gewinne sanken in der Wirtschaftskrise dramatisch. Die Realeinkommen der Arbeitnehmer schrumpften hingegen nicht so stark wie im Ersten Weltkrieg, da nicht nur die Gehälter und Löhne gesenkt wurden, sondern im Unterschied zur Inflation des Ersten Weltkrieges auch die Preise für Konsumgüter fielen. Die Kaufkraft schrumpfte daher nicht immer. Man kann sich deshalb durchaus fragen, ob die Weltwirtschaftskrise tatsächlich zu einer Verschärfung der sozialen Ungleichheit führen musste oder ob sie nicht doch soziale Ungleichheit abmilderte.

Die Vermögenskonzentration sank tatsächlich seit ungefähr 1930, in Frankreich, in Großbritannien, in der Schweiz und in Schweden, auch in den Niederlanden kurzfristig, bevor sie wieder anstieg. Allerdings waren davon nur die Spitzenvermögen des obersten Prozents der Bevölkerung betroffen. Die obersten zehn Prozent unterhalb des obersten Prozents verloren dagegen meist keine Vermögensanteile. Außerhalb Europas bestätigen immerhin die USA diese These. Dort sank die Konzentration der Vermögen deutlich, wenn auch nicht deutlicher als zuvor in den 1920er Jahren. Ein breiter internationaler, europäischer oder atlantischer Rückgang der Vermögenskonzentration in der Weltwirtschaftskrise ließ sich jedenfalls bisher nur für die Spitzenvermögen belegen.[41]

Über die Entwicklung der Einkommensverteilung wissen wir mehr. Die Einkommensunterschiede milderten sich in der Weltwirtschaftskrise keineswegs rundweg ab. Es gab im Gegenteil nur wenige Länder, in denen tatsächlich die großen Einkommensbezieher Anteile am Volkseinkommen verloren und sich damit die Einkommensdisparitäten abmilderten. Nur in den Niederlanden und in Frankreich, und dort nur in den höchsten Spitzeneinkommen des obersten einen Prozents bis hinauf zum obersten 0,01 Prozent, milderten sich die Einkommensanteile deutlich ab. Das waren die Einkommen, die eng mit den Vermögen zusammenhingen. Dagegen gewannen die Spitzeneinkommensbezieher in Dänemark, in Frankreich (die obersten 5 Prozent und die obersten 10 Prozent, also nicht die eigentlichen Spitzeneinkommen) und in Irland sogar noch Anteile hinzu. Die Einkommensdisparitäten verschärften sich damit. In Deutschland und Finnland veränderten sie sich nur wenig.[42] Das Wenige, was wir über die Einkommensanteile der untersten Einkommen wissen, weist ebenfalls überhaupt nicht auf eine Abmilderung der sozialen Ungleichheit hin. In Deutschland gingen die Einkommensanteile der unteren 60 Prozent der Einkommensempfänger, in Österreich der untersten 20 Prozent in der ersten Hälfte der 1930er Jahre zurück. In Österreich, in Deutschland, in Schweden, in der Schweiz und in Großbritannien schwächte sich der Einkommensanteil der Arbeitnehmer während der frühen 1930er Jahre erheblich ab.[43] Nur in Dänemark, das von der Weltwirtschaftskrise weniger getroffen wurde, blieben die Einkommensanteile der unteren 30 Prozent der Einkommensempfänger in den frühen 1930er Jahren stabil. Die Anzeichen für eine Verschärfung der Einkommensunterschiede in der Wirtschaftskrise überwiegen demnach.

Auch in anderen Dimensionen jenseits der Vermögen und Einkommen nahm die soziale Ungleichheit wieder zu. Bei der Gesundheit verstärkten sich die sozialen Unterschiede wieder. Die Säuglingssterblichkeit mit ihren sozialen Unterschieden fiel nicht mehr kontinuierlich. Sie stieg in fast allen europäischen Ländern in manchen Jahren sogar wieder an, in den meisten Ländern am Beginn der Krise 1929, zudem nicht selten nochmals im Verlauf der Krise 1932. Überhaupt sanken die Sterberaten nicht mehr so rasch wie in den 1920er Jahren, sondern stagnierten in vielen Ländern.[44] Die alltägliche Aufmerksamkeit für Hygiene und gesunde Ernährung schwächte sich wieder ab. »Die Arbeitslosigkeit der Eltern«, stellte ein Bericht von Berliner Ärzten 1931 fest, »verursacht bei den jungen Kindern Unterernährung, Häufung der Krankheiten, Gleichgültigkeit gegenüber hygienischen Anforderungen.«[45] Ansteckungskrankheiten, die mit großen sozialen Unterschieden auftraten wie Scharlach, Kinderlähmung und Diphterie, nahmen in Deutschland während der Weltwirtschaftskrise wieder zu. Auch Lebensmittelvergiftungen, die mit der schlechten Ernährungslage zusammenhingen, häuften sich.[46]

Soziale Disparitäten verstärkten sich auch in der Bildung. Die Bildungschancen wurden nicht mehr kontinuierlich stärker genutzt. Der Besuch der Sekundarschule ging vor allem im Süden und Südosten Europas, aber auch in dem Industrieland Deutschland zeitweise zurück. In vielen europäischen

Ländern wurden sogar die Primarschulen anders als in den 1920er Jahren weniger besucht.[47] Der Anteil der Schulkinder, die bis zum 14. Lebensjahr die Primarschule gar nicht oder kürzer besuchten, stieg in vielen Ländern während der Weltwirtschaftskrise wieder an. Das ist zumindest für westeuropäische Länder dokumentiert.[48] Im Gegensatz dazu wurde fast überall in Europa die Chance, Hochschulen zu besuchen, immer stärker genutzt. Die Studentenzahlen an den Hochschulen stiegen überall in den ersten Krisenjahren an, stagnierten oder sanken erst ab 1934/35 in einigen Ländern wie Frankreich, Großbritannien, Spanien, Polen und Deutschland.[49] Die sozialen Unterschiede bei der Nutzung von Bildungschancen verschärften sich daher während der Weltwirtschaftskrise.

Warum kam es zu dieser Verschärfung der sozialen Ungleichheit in der Weltwirtschaftskrise? Die Forschung über die Weltwirtschaftskrise interessiert sich aus durchaus verständlichen Gründen vor allem für das Ausmaß und die Ursachen der Krise, viel weniger für ihre sozialen Folgen und selten für die Auswirkungen auf die soziale Ungleichheit. Man kann aber davon ausgehen, dass die Weltwirtschaftskrise aus drei Gründen zu verschärfter sozialer Ungleichheit führte. Erstens führte der enorme Anstieg der Arbeitslosigkeit, die nur teilweise registriert wurde, unter den damaligen Bedingungen der fehlenden oder zusammengebrochenen Arbeitslosenversicherungen zu einer starken Zunahme der Armut und damit auch der sozialen Ungleichheit. Sie schlug weniger in der Einkommensverteilung durch, da Arbeitslose meist kein Einkommen hatten und deshalb in der Einkommensverteilung gar nicht mehr auftauchten, sondern eher in der Bildung, in der Gesundheit und im Wohnen. Die Arbeitslosigkeit verschlechterte nicht nur die materielle Lage, sondern lähmte auch die Umsicht und Vorsorge in der Lebensführung.

Zweitens waren die damaligen europäischen Gesellschaften auf eine Wirtschaftskrise dieses Ausmaßes und auf ihre sozialen Folgen nicht vorbereitet. Die erste und damals einzige große Krise der kapitalistischen Wirtschaft, die Gründerkrise ein halbes Jahrhundert zuvor, hatte bei weitem nicht diese schweren sozialen Folgen. In dem besonders gut dokumentierten Sachsen gingen damals, wie schon erwähnt, die Disparitäten der Einkommen während der Gründerkrise sogar zurück. Durch die Gründerkrise war man daher schlecht auf die sozialen Folgen der Weltwirtschaftskrise vorbereitet. Die sozialen Folgen der Weltwirtschaftskrise überforderten dann auch die vorhandenen, unvorbereiteten sozialen Institutionen völlig. Staatliche Arbeitslosenversicherungen brachen zusammen, weil sie nicht für Millionen von Arbeitslosen ausgelegt waren. Die Armenverwaltungen der Gemeinden und die Fürsorgeeinrichtungen der Kirchen waren finanziell überfordert und besaßen keinerlei Konzepte für die notwendige Reintegration der Arbeitslosen. Die staatlichen Notstandsarbeiten halfen den Arbeitslosen ebenfalls nur wenig und trennten sie oft von ihrem gesellschaftlichen Umfeld. Die Weltwirtschaftskrise riss daher neue Gegensätze zwischen den sozial Abgesicherten, die auf Vermögen, Familie oder funktionierende Sozialversicherungen bauen konnten, und den in der Unsicherheit Treibenden auf. Diese sozialen Ungleichheiten brachen während der Weltwirtschaftskrise auch zwischen den Generationen auf, also zwischen den Älteren, die meist noch eher eine soziale Absicherung besaßen, und den jüngeren, die oft gar keine Chancen hatten, in den Beruf und damit in das System der sozialen Absicherung einzutreten.

Hinzu kommt drittens, dass die europäischen Regierungen häufig weniger von jenen politischen Instrumenten Gebrauch machten, die in den 1920er Jahren die soziale Ungleichheit etwas abgemildert hatten. Die Ausweitung der Bildungschancen, des Gesundheitssektors, des Wohnungsbaus und des Wohlfahrtsstaats blieb angesichts der schweren Wirtschaftskrise kein vorrangiges politisches Ziel. Die Ausgaben für Bildung, für Gesundheit und für Wohnen sanken entweder, weil die öffentlichen Etats gekürzt wurden oder weil in den öffentlichen Ausgaben andere Prioritären gesetzt wurden (oder beides zusammenkam).

Es gab dabei allerdings in Europa große Unterschiede, die zumindest für das westliche Europa gut dokumentiert sind. Gekürzt wurden die Staatshaushalte in Belgien, Deutschland und Norwegen, allerdings wurde zugleich der Anteil der Sozialausgaben etwas erhöht. In Deutschland, das von der Krise besonders hart getroffen wurde, kürzte die Regierung am Ende der Weimarer Republik den Staatshaushalt besonders scharf. Mit der Machtübernahme durch Hitler 1933 wurde eine andere Politik eingeschlagen: Wegen der dramatisch hochgetriebenen Rüstungsausgaben wurde der Staatshaushalt erhöht, aber die Ausgaben für soziale Sicherung, Bildung, Wohnen und Gesundheit erheblich heruntergefahren. Italien, Österreich, Finnland, zeitweise auch die Niederlande betrieben eine ähnliche Kürzungspolitik, allerdings mit anderen Motiven. Am Ende hat nur eine Minderheit von vier Ländern im westlichen Europa während der Weltwirtschaftskrise den Staatshaushalt erhöht und zusätzlich die Sozialausgaben gesteigert: Dänemark, Schweden, Frankreich und Irland. Großbritannien kam diesen Ländern am nächsten: Es hielt den Staatshaushalt insgesamt stabil und steigerte zusätzlich noch die

Sozialausgaben.[50] Ob sich mit der französischen, dänischen, schwedischen und irischen Haushaltspolitik die soziale Ungleichheit, die durch die Weltwirtschaftskrise hervorgerufen wurde, wirklich noch abmildern ließ, müsste allerdings genauer untersucht werden. In Dänemark sank immerhin der Anteil der unteren Einkommen am Volkseinkommen in der Weltwirtschaftskrise nicht.[51] Allerdings wurde Dänemark von der Weltwirtschaftskrise auch nur kurz (1931 und 1932) getroffen.[52]

Insgesamt gab es auch für die Weltwirtschaftskrise kaum Belege für eine Abmilderung der sozialen Ungleichheit. Die soziale Ungleichheit verschärfte sich ganz im Gegenteil während der Weltwirtschaftskrise überwiegend, von ganz wenigen Gegentendenzen abgesehen nicht nur in den Einkommen, sondern auch in der Bildung, in der Gesundheit und im Wohnen. Das hatte seine Gründe: Die außergewöhnlich hohe Arbeitslosigkeit in der Weltwirtschaftskrise bedeutete damals anders als heute in der Regel den Absturz in die Armut. Schon dadurch verschärfte sich die soziale Ungleichheit. Die völlige Überforderung oder sogar der Zusammenbruch der sozialen Institutionen angesichts des damals völlig unbekannten und unerwarteten Ausmaßes der sozialen Folgen der Weltwirtschaftskrise verstärkten die soziale Ungleichheit weiter, die bislang schon zwischen den sozial Abgesicherten und den in der Unsicherheit Treibenden geherrscht hatte. Schließlich wurde die Politik des Wohlfahrtsstaates, der Bildungsexpansion, des Wohnungsbaus und der Gesundheitsfürsorge der 1920er Jahre nur begrenzt fortgeführt oder sogar zurückgenommen. Die Weltwirtschaftskrise zwang die Politik oft zu Kürzungen und Rücknahmen. Die Anstöße, die von der Politik in den 1920er Jahren zum Abbau der sozialen Ungleichheit ausgingen, verloren daher in der Wirtschaftskrise in den meisten Ländern an Kraft. Die ganz außergewöhnliche Weltwirtschaftskrise verschärfte die soziale Ungleichheit überwiegend.

Der Zweite Weltkrieg

Nur der Zweite Weltkrieg belegt die These, dass Krisen Vermögen zerstören und als Folge davon die Einkommensdisparitäten zurückgehen. Die Disparitäten der Vermögen sanken in den bisher untersuchten europäischen Ländern Dänemark, Frankreich, Großbritannien, Niederlande, Schweden und die Schweiz deutlich ab, und zwar nicht nur für die Spitzenvermögen des reichsten Prozents, sondern auch für die obersten zehn Prozent der Vermögensbesitzer (vgl. Tabelle 1a und 1b in Kapitel 1). Allerdings kennen wir auch in diesen europäischen Ländern nur die groben Trends, wie sich die Vermögensunterschiede entwickelten. Dies bezieht sich auf die Zeit vor dem Krieg, manchmal auf ein paar Jahre vor dem Krieg, und auf die Nachkriegszeit. Wie sie sich in einzelnen Kriegsjahren entwickelte und wann genau die Vermögensdisparitäten im Zweiten Weltkrieg zurückgingen, konnte bisher nicht herausgefunden worden.[53]

Im Unterschied zum Ersten Weltkrieg gingen auch die Einkommensunterschiede zurück. In allen Ländern, in denen die Einkommensverteilung im Zweiten Weltkrieg untersucht wurde, verloren die Spitzeneinkommen erhebliche Anteile am Volkseinkommen, in den kriegführenden oder besetzten Ländern wie Deutschland, Finnland, Frankreich, den Niederlanden und, wenn man den lückenhaften Daten trauen kann, in Irland, Norwegen, Großbritannien und Deutschland, allerdings auch in den am Krieg nicht direkt beteiligten Ländern Irland und Portugal.[54] Die Einkommensanteile gingen nicht nur in den Spitzeneinkommen zurück, die sehr stark an den Vermögen hingen, sondern auch, soweit untersucht, bei den hohen Einkommen, die stärker auf Gehältern aufbauten. Diese Abmilderung kam auch in den unteren Einkommen an. Die Einkommensanteile der unteren Einkommen lagen in den meisten europäischen Ländern in der Nachkriegszeit etwas höher als in der Vorkriegszeit. Das ist für Dänemark, Deutschland, Frankreich, Schweden und Großbritannien, weniger zweifelsfrei für Norwegen belegt. Nur in Österreich gab es keinen Anstieg.[55]

Warum sich im Zweiten Weltkrieg die Einkommens- und Vermögensunterschiede abmilderten, ist bisher nicht gut untersucht. Simon Kuznets, der als erster direkt nach dem Zweiten Weltkrieg für die USA diese Abmilderung beobachtete, hat leider die Erklärung dafür hinausgeschoben und sich in seinem berühmten Aufsatz aus dem Jahr 1955 nur noch für langfristige strukturelle Ursachen, nicht mehr für den Weltkrieg interessiert.[56]

Der entscheidende Grund in Europa dürfte gewesen sein, dass der Zweite Weltkrieg weit stärker als der Erste Weltkrieg die zivile Gesellschaft durch Genozide, Vertreibungen und durch Bombardements der Städte zerstörte und dabei auch soziale Ungleichheiten mitriss. Millionen von Zivilisten waren dadurch betroffen. Große Vermögen wurden zerstört. Ein Teil der Eliten und des Bürgertums stieg sozial ab. Ein breiter Streifen vom Süden Englands, über den Norden Frankreichs, Belgien, die Niederlande, Deutschland, Italien, Ostmitteleuropa und die Sowjetunion wurde flächendeckend durch Bombardements physisch und oft auch sozial zerstört. Im Ersten Weltkrieg gab es sicher auch Bombardements, Genozide und Vertreibungen. Sie blieben aber doch weit stärker auf die militärischen Schlachtfelder begrenzt.

Offenbar hat die Politik der Regierungen nicht sonderlich viel zu dieser Umverteilung beigetragen, weder gezielt noch ohne eigene Absichten. Die Steuern für hohe Einkommen wurden nicht massiv erhöht. Nach den Berechnungen von Scheve und Stasavage lagen im Durchschnitt der von ihnen untersuchten westlichen, meist europäischen Länder die Spitzensteuern direkt vor dem Zweiten Weltkrieg bei 31 Prozent, direkt danach bei 49 Prozent.[57] Diese begrenzte Erhöhung des Spitzensteuersatzes kann die Abmilderungen der Einkommensunterschiede im Zweiten Weltkrieg nicht erklären. Zudem wurden die Bildungschancen und die Gesundheitsversorgung nicht verbessert. Der Wohlfahrtsstaat wurde ebenfalls nicht ausgeweitet. Auch in den kriegführenden Demokratien zwang der Krieg zu anderen Prioritäten. Selbst im Fall Großbritanniens wurden die Vorschläge des wegweisenden *Beveridge Report* von 1942 erst nach dem Ende des Zweiten Weltkriegs mittels Reformen des Wohlfahrtsstaats und der Gesundheitsversorgung umgesetzt. Nur in der Bildung wurde noch 1944 der *Education Act* beschlossen. Aber Bildungsreformen wirken gemeinhin nur sehr langsam auf Einkommensverteilung. Allerdings ist noch nicht untersucht worden, wie sich in Europa die wachsende Frauenbeschäftigung im Krieg auf die Einkommensverteilung auswirkte. Für die USA hat unter anderem der Ökonom Paul Krugman argumentiert, dass der Arbeitsmarkt des Krieges und der »New Deal« entscheidenden Anteil am Abbau der Einkommensunterschiede hatten. Man wird auch überlegen müssen, ob die *International Labor Organization* (ILO) zumindest in den USA und in Großbritannien bis 1941, bis zum Kriegseintritt der USA, eine treibende Kraft war.[58] Die meisten dieser Ursachen sind nur schwer auf das damalige Kontinentaleuropa übertragbar. Nur der Kriegsarbeitsmarkt könnte auch hier eine Erklärung sein. Wer diese Ursachen für Europa weiter untersuchen will, der wird allerdings im Auge behalten müssen, dass die Einkommensunterschiede auch in am Krieg nicht beteiligten Ländern wie Portugal und Irland sanken.

Wie stark diese Umverteilung in Europa vom Krieg abhing, lässt sich auch an der Kontrastfolie des Südens der Welt erkennen. In den außereuropäischen Ländern, die in den Zweiten Weltkrieg nicht wirklich verwickelt waren, wie etwa Argentinien oder Mauritius, nahmen die Einkommensdisparitäten während des Zweiten Weltkrieges nicht ab, sondern zu. Auch in Australien waren die Einkommensunterschiede während des Krieges zwischen 1941 und 1943 größer als davor und danach. In Neuseeland ist die Kriegszeit nicht untersucht, aber die Einkommensverteilung sah um 1950 zumindest nicht anders aus als um 1938. In den USA, die zwar am Krieg beteiligt waren, aber im Land selbst keine Zerstörungen erlebten, milderte sich zumindest die Vermögenskonzentration nicht ab. In Indien allerdings gingen die Einkommensunterschiede stark zurück. In diesem Fall könnte die Abmilderung mit dem Ende der Kolonialzeit und den Unabhängigkeitskonflikten, vielleicht auch mit der engen Bindung der indischen Wirtschaft an die britische Wirtschaft zusammenhängen.[59]

In anderen Dimensionen verschärfte sich freilich die soziale Ungleichheit besonders am Ende des Zweiten Weltkriegs. Die Ungleichheit des Wohnens nahm mit der Zerstörung der Wohnungen während der letzten Kriegsjahre in vielen Teilen Europas bisher ungeahnte Ausmaße an. Auf der einen Seite lebte ein großer Teil der Bevölkerung in den bisherigen Wohnungen ohne spürbare Einschränkungen des Wohnstandards. Auf der anderen Seite musste ein erheblicher Teil der Bevölkerung in den Städten versuchen, in Ruinen und halb zerstörten Wohnungen mit so elenden Wohnbedingungen zurechtzukommen, die es vor dem Krieg kaum einmal gegeben hat. Flüchtlinge und Evakuierte mussten in geteilten und überbelegten Wohnungen zusammenleben. Die kleinen Wohnungen waren direkt nach dem Zweiten Weltkrieg in den Ländern, in denen dies dokumentiert ist, so überbelegt wie schon lange nicht mehr in der Geschichte.[60]

Auch die soziale Ungleichheit in der Gesundheit nahm vor allem am Ende des Zweiten Weltkrieges eher wieder zu. Die Säuglingssterblichkeit, die weiterhin sozial ungleich blieb, wurde in den meisten Ländern während des Kriegs nicht kontinuierlich weiter abgebaut und stieg am Ende des Krieges 1944 und 1945 in den meisten vom Krieg betroffenen Ländern, über die wir informiert sind, wie Belgien, Bulgarien, Tschechoslowakei, Frankreich, Ungarn, Niederlande, Italien (schon 1941–1943), Österreich und Rumänien sogar wieder vorübergehend an.[61]

Die Unterschiede in den Bildungschancen verschärften sich in vielen Ländern aufgrund des Krieges. Ähnlich wie in der Weltwirtschaftskrise ging der Besuch der Primarschule, die Ausbildungsstätte der Masse der Bevölkerung, in vielen europäischen Ländern spürbar zurück. Dokumentiert ist das für Belgien, Bulgarien, die Tschechoslowakei, Dänemark, Frankreich, Italien, Norwegen, Polen, England und Jugoslawien. Es gibt keine Anhaltspunkte, dass dies mit zurückgehenden Geburtenraten zu tun hatte.[62] Allerdings lässt sich nur in Belgien und in Italien nachweisen, dass der Schulbesuch im schulpflichtigen Alter 1945 niedriger war als 1939.[63] Im Gegensatz dazu nahm der Besuch der Sekundarschulen, der meist den Mittel- und Oberschichten vorbehalten blieb, in Belgien, in Finnland, in Frankreich, in Italien, in den Niederlanden, in Polen und in England zu. Der Besuch der Universitäten stieg vom Vorabend des Zweiten Weltkrieges bis zum Ende des Zweiten Weltkrieges noch dramatischer an. 1945 besuchten in Belgien, in der Tschechoslowakei, in Dänemark, Finnland, Frankreich, Italien, in den Niederlanden, in Norwegen, Polen, Rumänien und Jugoslawien, allerdings auch in den vom Krieg nicht betroffenen Ländern wie in Portugal, Spanien, Schweden und in der Schweiz weit mehr Studenten die Hochschulen als 1939.[64] Wie sich die Bildungschancen während des Zweiten Weltkriegs im Einzelnen entwickelten, ist nicht genau untersucht. Aber 1945 waren die Bildungschancen auf jeden Fall ungleicher verteilt als 1939.

Noch stärker als im Ersten Weltkrieg verschärfte sich zudem die soziale Ungleichheit in den kriegführenden und besetzten Ländern zwischen den indigenen Bevölkerungen einerseits und den sozial ausgeschlossenen Minderheiten, den Juden, den verfolgten politischen Gegnern, den Kriegsgefangenen und Zwangsarbeitern, den Flüchtlingen und Vertriebenen. Allein schon die Zahl der Zwangsarbeiter, der Deportierten, der politisch Verfolgten und sozial Ausgeschlossenen lag weit höher als im Ersten Weltkrieg. Die durch den Holocaust sozial ausgeschlossenen, in Konzentrationslager gesperrten und umgebrachten Juden umfassten Millionen, also mehr als die Internierten des Zweiten Weltkriegs, deren Schicksal sich auch nur grob vergleichen lässt. Die Zahl der Zwangsarbeiter betrug allein in Deutschland mindestens 8 Millionen, die auch aus einer viel größeren Zahl von Ländern nach Deutschland verbracht wurden als im Ersten Weltkrieg.

Die Gruppe der Kriegsgefangenen umfasste ebenfalls Millionen von Menschen. Die Flüchtlinge, angefangen mit den polnischen, belgischen und französischen Flüchtlingen, die am Anfang des Kriegs vor den einmarschierenden deutschen Truppen flohen, bis hin zu den Deutschen, Polen und Italienern, die wegen Grenzverschiebungen am Ende des Krieges vertrieben wurden, schätzt man auf rund 30 Millionen.[65] Der noch gravierendere Unterschied zum Ersten Weltkrieg lautet: Die materielle Lage der Kriegsgefangenen, der verfolgten Juden und der politisch Verfolgten war weitaus katastrophaler als im Ersten Weltkrieg. Sie wurden nicht nur jeglicher Menschenrechte beraubt. Das NS-Deutschland plante und exekutierte den Mord von Millionen von Juden und ließ Millionen von sowjetischen Kriegsgefangenen verhungern.

Die soziale Ungleichheit der Kriegsgesellschaft war besonders hart in Deutschland: Der Gegensatz zwischen der deutschen Bevölkerung, die im Zweiten Weltkrieg anders als im Ersten Weltkrieg nicht hungerte, sondern zielgerichtet und als bewusste Lehre aus dem Ersten Weltkrieg auf Kosten der Bevölkerung in den besetzten Ländern ausreichend ernährt wurde, und den öffentlich sichtbaren Abtransporten der jüdischen Minderheit und den verhungernden sowjetischen Kriegsgefangenen war extrem. Die soziale Ungleichheit in den europäischen Kriegsgesellschaften im Zweiten Weltkrieg war daher weitaus schärfer als in den Gesellschaften der Vor- und Zwischenkriegszeit, aber auch stärker als in der Kriegsgesellschaft des Ersten Weltkriegs.

Die Abmilderung der sozialen Ungleichheit in der indigenen Bevölkerung war zudem unauflöslich verbunden mit extremem Leid, mit Millionen von militärischen und zivilen Kriegstoten, mit Vergewaltigung, mit physischer und psychischer Invalidität, mit Zerstörungen von Eigentum und Vertreibung, mit einem rapiden Rückgang der Lebensqualität durch den Krieg und unmittelbar nach dem Krieg. Diese Umverteilung der Einkommen und Vermögen war daher auch direkt nach dem Ende des Krieges für die mittleren und unteren Einkommen kein wirklicher Gewinn. Ihre Lage war angesichts der etwas ungünstigeren Einkommensverteilung vor dem Krieg meist besser. Die Kosten der neuen Einkommens- und Vermögensverteilung waren zu hoch. Diese Umverteilung der Einkommen blieb im kollektiven Gedächtnis daher auch nicht als eine Errungenschaft haften.

Zusammenfassung

War die Zeit der Weltkriege und der Weltwirtschaftskrise wirklich eine Epoche der Abmilderung der sozialen Ungleichheit und damit eine Ausnahmezeit in der Geschichte des Kapitalismus? Ist sie ein Beleg dafür, dass soziale Ungleichheit im Kapitalismus nur in Katastrophen wie Kriegen und schweren Wirtschaftskrisen reduziert wird? Fast die gesamte Epoche und die meisten Dimensionen der sozialen Ungleichheit sprechen dagegen.

Im Ersten Weltkrieg ging die Ungleichheit der Einkommen, des Wohnens, der Bildung und der Gesundheit keineswegs zurück, sondern verschärfte sich. Ohne diese Verschärfung hätte es am Ende des Ersten Weltkrieges keine Revolutionen in Mitteleuropa und Osteuropa und keine heftigen sozialen Konflikte in Frankreich und Großbritannien gegeben. Nur die Vermögen milderten sich im Ersten Weltkrieg ab. Diese Abmilderung betraf aber nur die Vermögenden, also nur eine Minderheit, keineswegs die gesamte Gesellschaft.

Auch die 1920er Jahre widersprechen dieser These, allerdings im umgekehrten Sinn. Sie hätten nach dieser These eine Rückkehr zur normalen Verschärfung der sozialen Ungleichheit im Kapitalismus sein müssen, da sie ohne ungleichheitsabmildernde Katastrophen wie Kriege und vor 1929 auch ohne schwere Wirtschaftskrisen blieben. Die soziale Ungleichheit milderte sich aber in den 1920er Jahren ganz im Gegenteil in allen Dimensionen ab. Es überzeugt nicht, diese Abmilderung einfach als Folgen des Ersten Weltkrieges anzusehen. Das mag für die allererste Zeit nach dem Ende des Ersten Weltkrieges teilweise durchaus zutreffen. Aber die entscheidenden Gründe für die Abmilderung der sozialen Ungleichheit in den gesamten 1920er Jahren lagen in der Politik, in der dramatischen Erhöhung der Spitzensteuer, im Ausbau des Wohlfahrtsstaates und in der Bildungs-, Wohnungs- und Gesundheitspolitik vor allem in den europäischen Demokratien. Die 1920er Jahre waren sogar eine Art erstes Labor der politischen Abmilderung sozialer Ungleichheit.

Sicher wurden diese vermehrten staatlichen Eingriffe in die Gesellschaften durch den Schock und die Folgen des Ersten Weltkrieges beschleunigt.Ohne den Ersten Weltkrieg hätte es weder die Russische Revolution von 1917 noch die Revolutionen in Deutschland und in der Habsburger-Monarchie von 1918 noch die Verschärfung der sozialen Konflikte in vielen anderen europäischen Ländern gegeben. Aber die Instrumente, mit denen die Regierungen in Europa überall die tiefe gesellschaftliche Krise zu überwinden versuchten, waren keine Kriegsideen, sondern wurden schon vor 1914 nicht nur in der Theorie entwickelt, sondern in sehr begrenzter Weise auch schon in der praktischen Politik angewandt. Schon vor 1914 wurden in bescheidenem Umfang Steuern für Spitzeneinkommen eingeführt, der Wohlfahrtsstaat aufgebaut und die Bildungschancen ausgeweitet. In großem Umfang wurde diese Politik dann nicht während, sondern erst nach dem Ersten Weltkrieg praktiziert. Man sollte daher den Ersten Weltkrieg als Grund für die neue Politik der 1920er Jahre nicht überschätzen. Die 1920er Jahre waren allerdings zu kurz und in einigen Ländern auch zu sehr durch die Inflation belastet, als dass die damalige Abmilderung der sozialen Ungleichheit in der kollektiven Erinnerung haften geblieben wäre.

Die Weltwirtschaftskrise milderte ebenfalls soziale Ungleichheiten nicht ab, sondern führte ganz im Gegenteil meist zu einer Verschärfung der sozialen

Ungleichheiten. Wiederum haben sich zwar die Vermögensunterschiede in der Weltwirtschaftskrise reduziert, nicht aber die anderen Dimensionen der sozialen Ungleichheit. Auch die Weltwirtschaftskrise stützt deshalb nicht die These von der Abmilderung sozialer Ungleichheit durch Krisen.

Was von der These der Abmilderung sozialer Ungleichheit durch Krisen und Kriege noch bleibt, ist der Zweite Weltkrieg. Nur im Zweiten Weltkrieg gingen die Disparitäten der Vermögen und auch der Einkommen in fast allen bisher untersuchten Fällen zurück. Diese Abmilderung beschränkte sich zwar auf Einkommen und Vermögen. Die sozialen Disparitäten im Wohnen, in der staatlichen sozialen Sicherung, in Bildung und Gesundheit dürften sich nicht abgemildert, sondern eher verschärft haben. Trotzdem bleibt die erstaunliche Abmilderung von Vermögen und Einkommen. Warum der Zweite Weltkrieg diese Wirkung hatte, ist bisher nicht gut untersucht. Der entscheidende Grund dürfte gewesen sein, dass der Zweite Weltkrieg weit stärker als der Erste Weltkrieg die zivilen Gesellschaften zerstörte und dabei auch soziale Ungleichheiten mitriss. Diese Abmilderung der sozialen Ungleichheit im Zweiten Weltkrieg war allerdings mit unmenschlich hohen Kosten verbunden. Sie kann aus diesem Zusammenhang nicht herausgelöst und als eine positive Entwicklung verbucht werden. In der Erinnerung der Europäer ist deshalb von Abmilderungen der sozialen Ungleichheit im Krieg meist nichts hängen geblieben. Der Zweite Weltkrieg ist vielmehr aus der Retrospektive ein Beispiel dafür, wie es gleichzeitig zu einem Rückgang sozialer Ungleichheit und einem rapiden Verfall des Wohlstands kommen kann.

3. Soziale Ungleichheit in den 1950er bis 1970er Jahren – eine Epoche der Abmilderung

Von den späten 1940er Jahren bis zu den 1970er Jahren entstanden in Europa ganz andere Kontexte für die Geschichte der sozialen Ungleichheit. Die Zeit der Kriege und der Weltwirtschaftskrise war beendet, und es begann eine lange Epoche des Friedens und der wirtschaftlichen Stabilität. Das erinnert auf den ersten Blick an die Zeit vor 1914 mit ihrem langen Frieden und ihrem Wirtschaftswachstum. Aber jener Kontext wiederholte sich doch nicht. Der damalige liberale Staat mit seinen niedrigen Steuern, seinem bescheidenen Wohlfahrtsstaat, seinen geringen Bildungs- und Gesundheitsausgaben und seiner Abstinenz vom Wohnungsmarkt kehrte nicht zurück.

Es bildeten sich vielmehr drei völlig neue Kontexte für die soziale Ungleichheit. Seit den späten 1940er Jahren bis in die frühen 1970er Jahre begann die europäische Wirtschaft in einem ganz außergewöhnlichen Tempo zu wachsen. Europa wurde neben Japan zu einer der am schnellsten wachsenden Wirtschaftsregionen der Welt. Das Wirtschaftswachstum in Europa lag auch über dem der USA. Vor allem aber wuchs die europäische Wirtschaft rascher als vor 1914. Man verbindet mit der Industrialisierung vor 1914 oft die Vorstellung eines dramatischen wirtschaftlichen Umbruchs und vor allem eines hohen wirtschaftlichen Wachstums wie bei den heutigen Industrialisierungsprozessen in China oder Indien mit einem Wirtschaftswachstum von über sechs Prozent. In Wirklichkeit war das Wirtschaftswachstum in Europa vor 1914 nicht sehr hoch, da es im längeren Durchschnitt bei einem bis zwei Prozent lag. Das höhere Wirtschaftswachstum von rund fünf Prozent in Europa zwischen den späten 1940er und den frühen 1970er Jahren stellte daher einen neuen Kontext für die soziale Ungleichheit dar.

Darüber hinaus formierte sich in den späten 1940er Jahren mit dem Kalten Krieg eine neue Rahmenbedingung für die soziale Ungleichheit. Beide Seiten in diesem Kalten Krieg traten mit dem Versprechen sozialer Gleichheit an. Die UdSSR versprach die Beseitigung der sozialen Ungleichheiten des Kapitalismus. Die USA versprachen die politische Gleichheit und die Gleichheit der gesellschaftlichen Chancen für alle Bürger. Politische und soziale Gleichheit wurde daher zu einem Kernthema der beiden miteinander konkurrierenden Machtsysteme im Kalten Krieg.

Drittens lagen die Steuern und Staatsausgaben in Europa weit höher als vor 1914. Das Ende der Kriegswirtschaft bedeutete keine Rückkehr zu dem Niveau der Staatsausgaben der Zwischenkriegszeit oder gar der Vorkriegszeit. Für den Wohlfahrtsstaat, die Bildungspolitik, die Wohnungspolitik und die Gesundheitspolitik, die vor 1914 in bescheidenem Ausmaß in einigen Ländern eingeführt (Kapitel 1) und dann in den 1920er Jahren weiter entwickelt worden waren (Kapitel 2), wurden nach dem Zweiten Weltkrieg in weit größerem Ausmaß öffentliche Finanzen eingesetzt. Dies hatte ebenfalls Auswirkungen auf die soziale Ungleichheit.

Auf eine Abmilderung der sozialen Ungleichheit zwischen den 1950er Jahren und den 1970er Jahren in Europa waren allerdings die Experten und die öffentliche Meinung nicht vorbereitet. Die Experten gingen davon aus, dass das Wachstum in der modernen kapitalistischen Wirtschaft im Frieden unausweichlich größere soziale Ungleichheiten mit sich bringen werde, so wie sie schon während der Industrialisierung zugenommen hatte. Man schätzte und wünschte sich zudem die Trennlinien zwischen den sozialen Milieus im Konsum, in der Bildung, in den sozialen Kontakten und den Heiratskreisen und zog sie in Europa weiterhin sorgfältig. Die zwei großen damaligen Gegenbilder von Gesellschaften mit weit schwächeren sozialen Trennlinien zwischen den Klassenmilieus, die Vereinigten Staaten und die UdSSR, blieben unter den Europäern umstritten und änderten an den sozialen Trennlinien im Großteil Europas noch nichts.

Für die Zeitgenossen kam eine entscheidende zweite Erfahrung hinzu, die heute eher vergessen ist: Die Abmilderung von Einkommens- und Vermögensunterschieden, die es in den Jahrzehnten zuvor vorübergehend durchaus gegeben hatte, stand in enger Verbindung mit den leidvollen Erfahrungen des Zweiten Weltkriegs. Man erinnerte sich, wie soeben geschildert, nicht so sehr an den Rückgang der Einkommensdisparitäten, sondern vor allem an den Verfall sozialer Distinktionen schon bei der Judenverfolgung, später im Bombardement der Städte, in der Flucht teils am Anfang des Kriegs, teils am Ende und kurz nach dem Krieg, auch beim Sturz der Nazigrößen und ihrer Entourage. Wer gerade noch mächtig und reich gewesen war, konnte in Kriegszeiten morgen schon, so die Erfahrung, am Rande der Gesellschaft leben. Die Zeitgenossen bauten also auf einer doppelten Erfahrung auf: Wirtschaftswachstum und Zunahme des allgemeinen Lebensstandards waren verbunden mit wachsender sozialer Ungleichheit. Abnehmende soziale Ungleichheit war umgekehrt in der Regel verbunden mit Kriegen und oft auch mit Not. Wirtschaftswachstum und die Abmilderung der sozialen Ungleichheit schienen deshalb nicht zusammenzugehören.

Die Entdeckung, dass hohes Wirtschaftswachstum und eine Abmilderung der sozialen Ungleichheit seit den 1950er Jahren zusammengingen und zusammenhingen, war deshalb eine große Überraschung und ein tiefer Umbruch in der Analyse der sozialen Ungleichheit. Der amerikanische Nationalökonom und Nobelpreisträger Simon Kuznets hatte dies 1955 mit seinem Konzept des »umgekehrten U« auf den Punkt gebracht. Er verwies darauf, dass die soziale Ungleichheit, für ihn vor allem Einkommens- und Vermögensungleichheit, während der Industrialisierung durchaus zugenommen hatte, aber in der jüngsten Zeit des hohen Wirtschaftswachstums abnahm.[1] Aber traf die These des Amerikaners Kuznets auch für Europa zu? Was passierte tatsächlich in den fast drei Jahrzehnten zwischen den späten 1940er und den frühen 1970er Jahren mit der sozialen Ungleichheit?

Verteilung der Vermögen und Einkommen

Die Abmilderung der Vermögens- und Einkommensunterschiede in Europa setzte sich eher noch weiter fort. Sie ist zwischen den 1950er und den frühen 1970er Jahren von der Forschung eingehend belegt worden.

Die Konzentration der Vermögen in wenigen Händen ging in Europa deutlich zurück. Das oberste Prozent und die obersten zehn Prozent der Vermögensbesitzer verloren Anteile an dem gesamten privaten Vermögen. Belegt ist das für Dänemark, Frankreich, Großbritannien, die Niederlande (erst ab den 1960er Jahren), Schweden und die Schweiz (ab den 1970er Jahren, nicht jedoch die Spitzenvermögen). In Frankreich und Großbritannien fiel der Anteil der obersten zehn Prozent der Vermögensbesitzer von über 70 Prozent aller Vermögen auf einen Anteil von über 60 Prozent, in Schweden sogar von einem Anteil von fast 80 Prozent auf einen Anteil von unter 60 Prozent. In ähnlichem Ausmaß sanken die Anteile des obersten Prozents der Vermögensbesitzer. Für Belgien und die Bundesrepublik wissen wir zumindest, dass in den 1960er oder 1970er Jahren die Vermögensverteilung ähnlich aussah wie in Frankreich, Großbritannien und Schweden und sie vermutlich auch in diesen Ländern weniger ungleich geworden war (vgl. Tabelle 1a und

1b, Kapitel 1).[2] Leider ist der Süden Europas bisher noch nicht untersucht worden.

Ganz entscheidend war, dass dieser Rückgang der Vermögensunterschiede in den bisher untersuchten Ländern Europas weiter reichte als in den USA. Die Folge: Noch um 1950 war die Vermögenskonzentration in den Händen weniger Reicher in Europa größer als in den USA. Das war schon immer seit dem 19. Jahrhundert so gewesen und schien wie in Stein gemeißelt. Um 1970 dagegen war die Vermögenskonzentration in Europa geringer als in den USA, was seitdem auch so geblieben ist.[3]

Dieser Rückgang der Vermögenskonzentration hatte teils politische, teils ökonomische Gründe. Die hohen Vermögens- und Erbschaftssteuern, die staatliche Förderung der Vermögensbildung, die Zunahme von Besitzern von Häusern, Wohnungen, Bausparverträgen und Lebensversicherungen aufgrund der außergewöhnlichen Steigerung der privaten Einkommen und der größeren Möglichkeit zum Sparen, auch das Ende der Rentiers, die allein von ihrem Vermögen lebten, waren entscheidende Gründe dafür, dass sich die Konzentration der Vermögen, wenn auch nicht der Produktivvermögen, abmilderte.[4]

Die Unterschiede der Einkommen schwächten sich ebenfalls in den meisten europäischen Ländern ab. Die Anteile der Spitzeneinkommen, des reichsten Promilles und des reichsten Prozents, am Volkseinkommen sanken in den 1950er bis 1970er Jahren in den bisher untersuchten Ländern, in Frankreich, Deutschland, Großbritannien, Schweden, Dänemark, Spanien und Irland, deutlich. Diese Abmilderung war zwar nicht immer kontinuierlich. In Frankreich nahmen die Einkommensanteile der Spitzeneinkommen des obersten Prozents in den späten 1950er und frühen 1960er Jahren vorübergehend wieder etwas zu. In der Schweiz sanken diese Einkommensanteile erst in den 1970er Jahren. Aber überall war der Einkommensanteil der Spitzeneinkommen um 1980 niedriger als um 1950 (vgl. Tabelle 2a).[5] Diese Spitzeneinkommen waren besonders eng an die Vermögen gekoppelt. Es ist daher nicht erstaunlich, dass sie Einkommensanteile verloren, wenn sich die Vermögensungleichheiten abmilderten.

Aber auch der Einkommensanteil der höheren Einkommen, der reichsten zehn Prozent der Einkommensempfänger, die stärker von Gehältern lebten, ging spürbar zurück, auch hier allerdings in der Bundesrepublik, in Frankreich und der Schweiz nicht kontinuierlich (vgl. Tabelle 2b). Diese Abmilderung der Einkommensunterschiede war für die hohen Einkommen zu verkraften, da im stürmischen Wachstum dieser Epoche das Niveau ihrer Einkommen zugleich stark anstieg.

Tabelle 2: Einkommensverteilung in Europa, Spitzeneinkommen 1890–2010

2a: Einkommensanteil des obersten Prozents der Einkommensempfänger (in Prozent)

Länder	1890	1900	1910	1920	1930	1940	1950	1960	1970	1980	1990	2000	2010
Dänemark	16	17	15	13	14	9	9	8	6[b]	5[b]	6[b]	6[b]	–
Finnland	15	14	12	8	10	10	4	10[b]	8[b]	–	–	–	–
Frankreich	–	19	18	15	13	9	10	8	8	8	8	8	–
Bundesrepublik-Deutschland	17	19	17	20	11	16	12	12	11	10	11	11	14
Niederlande	–	–	21	21	17	18	12	11	9	6	6	6	7
Norwegen	21	29	11	13	13	9	7	6	5	4	8	7	–
Schweden	–	27	20	14	14	10	8	7	6	4	4	7	7
Schweiz	–	–	–	–	10	12	10	11	11	8	9	11	11
Großbritannien	–	–	–	20	–	17	12	9	7	7	9	14[b]	14[b]

2b: Einkommensanteil der obersten zehn Prozent der Einkommensempfänger (in Prozent)

Länder	1890	1900	1910	1920	1930	1940	1950	1960	1970	1980	1990	2000	2010
Dänemark	–	42	40	41	40	39	32	32	31	26	25	25	27
Finnland	–	–	–	–	–	–	–	–	–	–	–	–	–
Frankreich	–	–	45	42	41	39	33	36	33	31	33	33	32
Bundesrepublik Deutschland	38	39	38	38	32	37	34	31	32	32	33	36	40
Niederlande	–	–	46	46	43	45	37	34	31	29	28	28	31
Norwegen	46	–	30	–	41	–	34	32	30	25	22	31	28
Schweden	–	47	44	42	38	34	30	31	29	23	23	27	28
Schweiz	–	–	–	–	31	33	32	32	33	30	30	32	34
Großbritannien	–	–	–	38	–	38	32	30	29	31	34	41b	38b

(b) Wechsel der Definition der Einkommen

Quelle: Zusammengestellt nach www.wid.world (Einkommen vor Steuern)

Es ist bedeutsam für die Einkommensverteilung, wer Gewinner jener Abmilderungen gewesen ist. Sie können sich in der Mitte oder unten befinden.

In dieser Epoche befanden sich die Gewinner tatsächlich auch am unteren Ende der sozialen Hierarchie. Die untersten 20 Prozent der Einkommen gewannen in allen untersuchten europäischen Ländern, in Dänemark, Schweden, Norwegen, Finnland, Frankreich, den Niederlanden, der Bundesrepublik, Österreich und der Schweiz, ein paar Prozent Einkommensanteil dazu. Nur in Großbritannien fiel der Einkommensanteil dieser unteren Einkommensgruppe in den 1960er Jahren (vgl. Tabelle 3).

Tabelle 3: Die unteren Einkommen in Europa 1910–1990: der Einkommensanteil der unteren 20 Prozent der Einkommensempfänger

Länder	1910	1920	1930	1940	1950	1960	1970	1980	1990
Belgien	–	–	–	–	–	–	–	4,2	4,2
Dänemark	–	1,4	0,2	0,1	4,6	4,2	3,9	–	–
Deutschland[a]	–	–	–	–	–	1,8	3,9	(10,5)	(9,6)
Finnland	–	–	–	–	0,1	3,5	2,1	4,5	4,3
Frankreich	–	–	–	–	–	2,8	3,8	3,1	3,0
Großbritannien	–	–	–	–	–	9,7	5,6	3,5	2,5
Niederlande	–	–	–	–	–	2,2	2,4	4,4	4,1
Norwegen	3,8	–	2,1	–	0,6	2,0	4,8	4,1	3,9
Österreich	–	–	–	–	4,6	4,2	4,9	–	–
Schweden	–	1,7	–	3,2	4,6	6,3	8,4	4,0	3,3
Schweiz	–	–	–	–	0,1	2,4	9,5	–	–
Nicht-europäische Staaten									
Japan	–	–	–	–	–	7,8	8,7	–	–
USA	–	–	–	4,1	3,7	3,7	3,8	2,1	1,9

(a) 1960, 1970 nur die alte Bundesrepublik

Quelle: Hartmut Kaelble (2007), Sozialgeschichte Europas. 1945 bis zur Gegenwart, München, S. 213f.

Die Einkommensunterschiede gingen in dieser Zeit auch im kommunistischen östlichen Europa zurück. Ausgerechnet dieser Teil Europas, der auf den Abbau der sozialen Unterschiede politisch so großen Wert legte, ist allerdings schlecht untersucht. Aus den relativ niedrigen Einkommensunterschieden unmittelbar nach dem Fall der Mauer kann man schließen, dass in den Jahrzehnten zuvor die Einkommensunterschiede abgebaut worden sein müssen. Der Rückgang der Einkommensunterschiede reichte erstaunlicherweise nicht viel weiter als in den westlichen Ländern, besonders nicht bei den Lohneinkommen.[6] Der Vergleich ist freilich schwierig. Einkommen hatten eine andere Bedeutung als in den westlichen Ländern, da ihre Kaufkraft weit geringer war und zudem durch Spezialläden für die Funktionärsschicht scharfe Unterschiede gemacht wurden. Aber im Vergleich zur vorkommunistischen unmittelbaren Nachkriegszeit oder gar der Vorkriegszeit gingen die Einkommensunterschiede aus anderen Gründen als im westlichen Europa erheblich zurück.

Europa entwickelte sich in dieser Epoche tendenziell nicht anders als andere Teile der Welt. Zumindest für die Spitzeneinkommen wissen wir, dass nicht nur im Norden der Welt, auch in den USA, sondern auch in der südlichen Hemisphäre, in China, Indien, Indonesien und Argentinien, die Anteile am Volkseinkommen deutlich zurückgingen, wie schwierig solche globalen Vergleiche auch wegen der Quellenlage immer sein mögen. Nur in Japan und in Südafrika behaupteten die Spitzeneinkommen in dieser Epoche ihren Anteil, freilich nach einem massiven Einbruch schon im Zweiten Weltkrieg. In großen Teilen der Welt verband sich daher stürmisches Wirtschaftswachstum mit einer Abmilderung der Einkommensungleichheit. Nirgendwo jedenfalls nahmen die Einkommensunterschiede langfristig zu.[7]

Warum milderten sich die Einkommensunterschiede zwischen den 1950er Jahren und den frühen 1970er Jahren ab? Politische Entscheidungen spielten dabei ebenso eine Rolle wie wirtschaftliche Veränderungen.[8]

Die wichtigsten politischen Entscheidungen, die die höheren Einkommen ebenso wie die untersten Einkommen beeinflussten, waren die folgenden: Der Einkommensanteil der höheren Einkommen wurde vor allem durch zwei politische Entscheidungen beeinflusst: Die hohen Spitzensteuersätze, die vom Ersten Weltkrieg über die 1920er und 1930er Jahre bis zum Zweiten Weltkrieg, also keinesfalls nur in den beiden Kriegen, immer weiter erhöht worden waren, wurden in den drei Jahrzehnten nach dem Zweiten Weltkrieg nur wenig gesenkt.[9] Sie hatten einen starken Einfluss auf die hohen Einkommen, wobei nicht die reinen Steuersätze, sondern die tatsächlich gezahlten Einkommenssteuern entscheidend waren. Als zweite Entscheidung ist zu nennen, dass der westeuropäische Hochschulsektor in der Konkurrenzsituation des Kalten Kriegs vor allem nach dem Sputnik-Schock von 1957 stark ausgeweitet wurde. Der UdSSR gelang es als erste, einen Satelliten, den Sputnik, in eine Erdumlaufbahn zu schießen. Sie löste damit im Westen Angst vor einem wissenschaftlichen Rückstand und einen Anstieg staatlicher Forschungs- und Bildungsinvestitionen aus. Dies führte zu einem hohen Angebot an Hochschulabsolventen und in der Folge ebenfalls zu einer Abmilderung der hohen Einkommen.

Politische Entscheidungen waren auch für die Stärkung der unteren Einkommen bedeutsam. Besonders wichtig war, dass der Wohlfahrtsstaat überall im westlichen Europa in den 1950er bis 1970er Jahren ausgebaut, die große Mehrheit der Bürger abgesichert, die Renten angehoben und die Arbeitslosenversicherung durchgesetzt wurden. Der Anteil der Sozialausgaben am Sozialprodukt stieg im Durchschnitt des westlichen Europa von 14 Prozent (1950) auf 22 Prozent (1970).[10] Darin waren auch Transfers in die unteren Einkommensgruppen enthalten. Darüber hinaus waren die 1950er bis 1970er Jahre die Glanzzeit der Gewerkschaften, die allein durch ihre wirtschaftliche Macht, oft ohne Streiks, Druck auf die Löhne ausüben konnten und damit nicht nur die mittleren, sondern auch die unteren Einkommen stärkten. Die Gewerkschaften hatten einen starken Einfluss darauf, dass die Lohnquote anstieg und gleichzeitig die Unterschiede zwischen den Lohneinkommen abgemildert wurden.[11] Schließlich ließen der Ausbau der elementaren Bildungssysteme, die Verbesserung der Elementarschulen und der Abbau des Analphabetismus im Süden und im Osten Europas die Zahl der extrem schlecht Qualifizierten und der extrem Einkommensschwachen schrumpfen.

Gleichzeitig hatte die Abmilderung der Einkommensunterschiede auch mit wirtschaftlichen Gründen zu tun, die zum Teil schon erwähnt wurden. Für das Anwachsen des Anteils der unteren Einkommensgruppen waren vor allem vier wirtschaftliche Gründe verantwortlich, die alle mit dem außergewöhnlichen hohen Wirtschaftswachstum zusammenhingen. Ein erster Grund war die schon erwähnte Abmilderung der Vermögensunterschiede im Zuge der wirtschaftlichen Prosperität. Dadurch wurden auch die Unterschiede in den Einkommen aus Vermögen abgemildert.[12]

Ein zweiter Grund waren die hohen privaten Bildungsausgaben, die erst infolge der wirtschaftlichen Prosperität und der außergewöhnlichen Steigerung der Einkommen möglich wurden. Viele Eltern schickten ihre Söhne und vermehrt auch ihre Töchter an die Hochschulen, weil sie sich das nun eher leisten konnten. Gleichzeitig konnten es sich auch viele bäuerliche Familien leisten, ihre Kinder nicht in der eigenen Familienwirtschaft arbeiten zu lassen und sie nicht ganz oder in frühem Alter aus der Schule herauszunehmen.

Damit sind wir bei einem dritten, speziellen Grund angelangt, nämlich der außergewöhnlichen Dynamik der Landwirtschaft, die in dieser Epoche sogar noch rascher wuchs als die bereits sehr dynamische Industrie. Die Einkommen in der Landwirtschaft wuchsen mit. Die Disparitäten zwischen ländlichen und städtischen Einkommen bauten sich dadurch ab und milderten in den westeuropäischen Gesellschaften mit ihrem meist noch gewichtigen Agrarsektor auch die allgemeine Einkommensverteilung ab.

Ein vierter Grund lautete: Auch die südeuropäischen und osteuropäischen Länder, aus denen seit dem 19. Jahrhundert viele ungelernte Zuwanderer in die frühen europäischen Industrieländer gegangen waren, begannen sich in dieser Prosperitätsphase zu industrialisieren. Das große europäische Reservoir an ungelernten, schlecht bezahlten Arbeitskräften ging in dieser Epoche zurück. Viele ungelernte Arbeitskräfte im Süden und Osten Europas blieben im Land. Die Regierungen im kommunistischen östlichen Europa mit ihren extensiven Ökonomien stoppten darüber hinaus die internationale Wanderung der Ungelernten nach Westeuropa meist sogar völlig, da sie diese Arbeitskräfte für ihre extensive Planwirtschaft benötigten. Schließlich wurden in dem Modernisierungsschub, den die europäische Wirtschaft zwischen den 1950er und 1970er Jahren erlebte, auch viele kleine, einkommensschwache, ärmliche, selbständige Existenzen im Handel und im Fuhrverkehr teils wohlhabend, teilweise aber aus dem Markt gedrängt. Auch aus diesem keineswegs immer als erfreulich erlebten Grund verbesserten sich die unteren Einkommen. Das Besondere an dem Vierteljahrhundert der Ungleichheitsabmilderung zwischen den 1950er und den 1970er Jahren war daher, dass wirtschaftliche Veränderungen und staatliche Intervention zusammen in die gleiche Richtung auf eine Abmilderung der Einkommensungleichheit wirkten.

Diese Abmilderung der Einkommensungleichheit hatte allerdings mehrere klare Grenzen. Die Ungleichheit der Einkommen zwischen den Geschlechtern in der Erwerbsarbeit ging nicht zurück. Frauen erhielten weiterhin überwiegend schlechtere Löhne und Gehälter als Männer. Die Einkommensunterschiede zwischen Zuwanderern und Einheimischen dürften sich ebenfalls noch nicht abgemildert haben. Wir wissen darüber nur wenig, aber die Zuwanderer kannten sich auf den Arbeitsmärkten in den europäischen Zuwandererländern meist nur wenig aus, sprachen oft nicht die Sprache des Zuwandererlandes, waren schlecht organisiert und dürften deshalb in der Regel schlechter bezahlt worden sein als die Einheimischen. Auch die Einkommensunterschiede zwischen den Ländern Europas bauten sich nicht spürbar ab.[13]

Die Abmilderung der Einkommens- und Armutsunterschiede zwischen den Alten und den Erwerbstätigen hatte ebenfalls ihre Grenzen. Einerseits befand sich der Abbau dieser sozialen Ungleichheit durchaus auf der Tagesordnung der Regierungen. In der Bundesrepublik setzte sich 1957 in der Rentenreform die Regierung das Ziel, »das Auseinanderfallen von Verdienenden und Nicht-Erwerbstätigen zu beseitigen und in Zukunft zu verhindern«.[14] Noch emphatischer wurde die *Labour Party* in Großbritannien 1956 während der Reform der britischen Alterssicherung: »Zu unseren sozialistischen Zielen gehört es, die krasse Ungleichheit in der gegenwärtigen Gesellschaft zu verringern.«[15] Auch in anderen europäischen Ländern wurden die Rentensysteme in dieser Epoche der wirtschaftlichen Prosperität und der sprudelnden Steuereinnahmen grundlegend reformiert. Sie folgten in vielen Ländern nicht mehr der Idee, kleine Zuschüsse an die Familien zu bezahlen, in denen die Alten wohnten, sondern zahlten Renten, von denen die Alten in einem eigenen Haushalt selbständig leben konnten. Die absolute Altersarmut, der Mangel an lebensnotwendigen Gütern und Diensten, ging zurück, und die Rentenzahlungen stiegen in vielen europäischen Ländern massiv an.[16]

Andererseits wirkten diese Reformen nur langsam oder blieben finanziell begrenzt. Das Armutsrisiko blieb im Alter und vor allem im hohen, pflegebedürftigen Alter besonders für Frauen weiterhin erheblich höher als im erwerbsaktiven Alter. Alt werden hieß weiterhin, oft mehr von Armut bedroht zu sein. Sicherlich milderte sich in manchen Ländern wie der Bundesrepublik die Kluft der relativen Altersarmut zur Gesamtbevölkerung etwas ab. Anfang der sechziger Jahre war das relative Armutsrisiko in der Bundesrepublik noch fast doppelt so hoch wie in der Gesamtbevölkerung, Ende der 1970er Jahre nur noch anderthalbmal so hoch. Aber in anderen Ländern wie Großbritannien blieb dieser Abstand unverändert.[17] In Finnland nahm das Einkommen der Erwerbstätigenhaushalte zwischen der Mitte der 1960er Jahre und dem Ende der 1970er Jahre sogar rascher zu als die Einkommen der Haushalte der nicht mehr Erwerbstätigen, also vor allem der Alten.[18] Das »goldene Rentenzeitalter« (Hans-Ulrich Wehler) brach erst später an.[19]

Überhaupt verschwanden prekäre soziale Lagen und Armut während der Prosperitätszeit nicht. Arbeit blieb prekär im Sinne der Unsicherheit der Arbeitsverträge und der Arbeitsbedingungen, der gesundheitlichen Gefährlichkeit der Arbeit, selbst des unsicheren Zugangs zu staatlicher sozialer Sicherung. In Frankreich blieben die sozialen Lagen prekär vor allem in den »Bidonvilles«, in den schnell hochgezogenen französischen Vorstädten für Zuwanderer und verarmte Franzosen. Sie gerieten schon in den 1960er Jahren in das Zentrum der öffentlichen, politischen Aufmerksamkeit. In Großbritannien verstärkten sich die Debatten über Armut ebenfalls bereits in den 1960er Jahren. Dabei setzten die Sozialwissenschaften, die zunehmend an politischem Einfluss gewannen, in der britischen Öffentlichkeit auch durch, Armut nicht mehr als absolute, sondern als relative Armut aufzufassen, was inzwischen von den internationalen Organisationen übernommen worden ist.[20]

Die große Frage lautet, ob sich diese außergewöhnliche Abmilderung der Vermögens- und Einkommensunterschiede auch in anderen Dimensionen der sozialen Ungleichheit, also im Wohnen, in der Gesundheit, in der Bildung, in den sozialen Aufstiegen und Abstiegen, in den sozialen Distinktionen und in den Vorstellungen von sozialer Ungleichheit auswirkte. Dann wären die 1950er bis 1970er Jahre in einem weit umfassenderen Sinn eine außergewöhnliche Epoche der Abmilderung sozialer Ungleichheit gewesen. Diese anderen Dimensionen sind allerdings viel weniger gut untersucht als Vermögen und Einkommen, weil vor allem Ökonomen nicht selten davon ausgehen, dass die Entwicklung der Einkommen und Vermögen auch die anderen Dimensionen der sozialen Ungleichheit bestimmte. Diese Annahme hält der historischen Wirklichkeit jedoch nicht stand. Die Forschungen über andere Dimensionen sind im Übrigen mit den Vermögens- und Einkommensuntersuchungen nicht voll vergleichbar, da sie in der Regel soziale Unterschiede zwischen sozialen Klassen und Schichten, nicht zwischen statistischen Gruppen untersuchen.

Wohnen

Die Ungleichheit des Wohnens milderte sich zwischen den 1950er Jahren und den 1970er Jahren nicht so eindeutig ab wie die Unterschiede von Einkommen und Vermögen. Sie entwickelte sich vielmehr in zwei ganz unterschiedlichen Richtungen.[21]

Auf der einen Seite gingen die enormen Unterschiede in der Wohnqualität, die noch 1950 vor allem im Süden und Osten Europas zu finden waren, zurück. Wohnen ohne Frischwasser, ohne Abwasser, ohne Elektrizität, mit gestampften Böden und mit primitiven Küchen war vor allem im Süden und Osten Europas und dort vor allem auf dem Land um 1950 häufig noch ganz üblich. Diese miserable Wohnqualität ging mit den ungewöhnlich steigenden Einkommen in dem Vierteljahrhundert der wirtschaftlichen Prosperität spürbar zurück. Ein Minimum an hygienischer Wohnungsausstattung setzte sich überall in Europa weit stärker als zuvor durch.[22] Die Ungleichheit der Wohnqualität wurde damit zwar keineswegs beseitigt, aber doch abgemildert. Etwas abgeschwächt haben sich auch die großen sozialen Unterschiede in dem Wohnraum, der dem Einzelnen zur Verfügung stand. Zumindest die Überfüllung von Kleinwohnungen ging deutlich zurück und war erheblich geringer als in der Vorkriegszeit und in der Zwischenkriegszeit, wie es für das westliche Europa dokumentiert ist.[23] Auch die Ungleichheit der Wohnsicherheit milderte sich etwas ab. Die Zahl der Eigenheimbesitzer mit ihrer großen Wohnsicherheit war von einem Land zum anderen sehr unterschiedlich, nahm aber in den meisten Ländern des westlichen Europa zu.[24] Viele Regierungen entschieden sich zudem für eine Fortsetzung der Mietkontrolle und einen besseren Kündigungsschutz für Mieter und schwächten auch damit die großen sozialen Unterschiede in der Wohnsicherheit etwas ab.[25]

Auf der anderen Seite spricht viel dafür, dass die Belastung mit Wohnkosten weiterhin sozial unterschiedlich ausfiel. Schon im 19. Jahrhundert wurde das Argument formuliert, dass der Wohnungsmarkt und die besondere Knappheit von preiswerten kleinen Wohnungen zu weit größeren Ungleichheiten des Wohnens führten, als man es von den Einkommensunterschieden erwarten würde. Die Unterschiede in der finanziellen Belastung durch Wohnkosten ließen sich auch in den 1950er und 1960er Jahren nicht einfach auf Unterschiede von Einkommen oder Vermögen zurückführen. Die unteren Einkommen verfügten nicht nur ihren Einkommen entsprechend über weniger und schlechteren Wohnraum, sondern mussten dafür auch einen erheblich höheren Anteil ihrer Einkommen aufwenden, da preiswerte Wohnungen knapp blieben. In der Prosperitätsphase zwischen den 1950er und 1970er Jahren entspannte sich der Wohnungsmarkt in vielen Städten keineswegs, da das Bevölkerungswachstum und die Zuwanderung in die Städte vom Land und aus dem Süden Europas die Nachfrage besonders nach billigen Wohnungen oft verstärkten und die große Wohnungslücke durch Zerstörungen und Wohnungsbaustopps des Zweiten Weltkriegs den Wohnungsmarkt weiterhin belastete. Die Mietpreise erhöhten sich im westlichen Europa oft, nicht nur weil die Qualität der Wohnungen stieg, sondern auch weil die Zahl der Wohnungen in den Städten meist knapp blieb. Die Belastung der Haushaltsbudgets mit den Kosten für Wohnen stieg daher häufig spürbar an.[26] Die Ungleichheit der Kosten des Wohnens erhielt dadurch sogar ein noch größeres Gewicht in den Ausgaben für den lebensnotwendigen Bedarf.

Seit der Zwischenkriegszeit versuchten Regierungen und Kommunen vor allem im nördlichen Teil Europas, mittels staatlichen und genossenschaftlichen Wohnungsbaus diese besonders scharfe Ungleichheit des Wohnens zu durchbrechen und preiswerten Wohnraum für untere Einkommen zu schaffen. Diese Wohnungsbaupolitik erwarb sich ohne Zweifel große Verdienste. Besonders in der Nachkriegszeit trug sie entscheidend zum Wiederaufbau nach den verheerenden Zerstörungen von Wohnungen durch den Zweiten Weltkrieg bei und milderte die große Wohnungsknappheit ab. Die Wohnungsnot und die miserable Qualität vieler Wohnungen der späten 1940er und frühen 1950er Jahre in den von Bombardierungen betroffenen Ländern Europas lassen sich heute nur noch schwer vorstellen. Allerdings verkleinerte diese öffentliche Wohnungsbaupolitik im westlichen Europa die soziale Ungleichheit des Wohnens auf die Dauer kaum, weil die öffentlichen Subventionen nach der unmittelbaren Nachkriegszeit meist wieder zurückgefahren wurden und weil gleichzeitig der Wohnungsmarkt in den meisten Städten, wie schon erwähnt, durch das Bevölkerungswachstum und die massive Wanderung weg vom Land meist angespannt blieb.[27]

Allerdings spielte die soziale Ungleichheit des Wohnens in den öffentlichen Debatten der Prosperitätszeit in Europa keine große Rolle. Sie wurde in den Hintergrund gedrängt durch andere Themen: durch die allgemeine Verbesserung des Wohnstandards, durch die Zunahme der Qualität der Wohnungsausstattung, durch die Erweiterung des Wohnraums, der dem Einzelnen zur Verfügung stand, und durch den Rückgang der Überbelegung der Wohnungen.[28] Das Wohnelend der Nachkriegszeit in den bombardierten Städten verschwand allmählich. Die öffentliche Aufmerksamkeit konzentrierte sich zudem mit großer Leidenschaft auf die Stadtplanung, auf den Wiederaufbau und die Ausweitung der Städte, auf die Option zwischen modernem oder traditionellem Baustil, auf die autogerechte Stadt und auf die grundlegenden Veränderungen des Wohn- und Lebensstils durch Waschmaschinen, Kühlschränke, Autos, Telefone, Transistorradios und Fernsehgeräte. In den Debatten über die Armutsviertel in den großen Städten, etwa über die französischen »Bidonvilles« und die Immigranten, trat die soziale Ungleichheit des Wohnens allerdings, wie schon erwähnt, seit den 1960er Jahren wieder in den Vordergrund.[29]

Gesundheit

Hat sich angesichts dieser sinkenden Unterschiede der Einkommen, der Vermögen und teilweise des Wohnens auch die oft zu wenig untersuchte soziale Ungleichheit der Gesundheit eindeutig abgemildert? Eine ganze Reihe von Kontexten der allgemeinen Gesundheitsentwicklung weist eigentlich in diese Richtung.

Erstens verbesserte sich die medizinische Versorgung in Europa von den 1950er bis zu den 1970er Jahren erheblich. Die wirtschaftliche Prosperität erlaubte es, mehr für Gesundheit auszugeben, weshalb die Zahl der Ärzte und Krankenschwestern in den meisten europäischen Ländern deutlich zunahm. In manchen Ländern der Europäischen Wirtschaftsgemeinschaft (EWG) wie in Frankreich oder den Niederlanden hat sich zwischen 1950 und 1975 die Zahl der Ärzte und Zahnärzte pro Kopf der Bevölkerung fast verdoppelt, in anderen Ländern wie der alten Bundesrepublik nahmen sie zumindest um die Hälfte zu. In Ungarn, um ein Beispiel aus dem östlichen Europa zu nennen, stieg die Zahl der Ärzte zwischen 1950 und 1980 sogar auf mehr als das Zweieinhalbfache. Die Europäer gaben auch weitaus mehr für Medikamente aus. Die Gesundheitsausgaben waren neben der Unterhaltung der am stärksten wachsende Ausgabenposten der privaten Haushalte. Das ist zumindest für die 1970er Jahre für die EWG belegt.[30] Es kann daher durchaus von einem Medizinboom gesprochen werden.

Darüber hinaus wurden auch die staatlichen Investitionen in den Gesundheitssektor in dieser Zeit rasch ausgeweitet, wenn auch nicht mit demselben Tempo wie die private Medizin. Die staatlichen Gesundheitsausgaben stiegen zwischen 1950 und 1975, um zwei Beispiele zu nennen, in Schweden von 0,8 Milliarden Kronen auf 19,5 Milliarden Kronen und in der Bundesrepublik von rund 1,7 Milliarden D-Mark auf rund 21,7 Milliarden D-Mark. Allerdings stieg der Anteil der Gesundheitsausgaben in den Staatshaushalten nicht an. Die Regierungen trieben die Staatsausgaben damals eher in der Bildung und im Bereich der sozialen Sicherung in die Höhe. Die Versorgung mit Krankenhäusern, die meist staatlich finanziert waren, erweiterte sich daher auch kaum. Aber sie sank damals wenigstens noch nicht ab.[31]

Drittens schließlich verbesserte sich auch die allgemeine Gesundheitssituation. Die Lebenserwartung nahm in Europa zwischen 1950 und 1970 für Frauen insgesamt um sechs Jahre, für Männer um insgesamt fünf Jahre zu. Besonders wichtig für die soziale Ungleichheit der Gesundheit war der

Umstand, dass die Säuglingssterblichkeit weiter massiv reduziert wurde. Sie fiel in Europa zwischen 1950 und 1980 zusammengenommen auf ein Drittel, von heute nicht mehr vorstellbaren 5,3 Prozent auf 1,7 Prozent. In manchen Ländern wie Finnland oder Spanien wurde sie sogar auf ein Fünftel, in Polen und Rumänien immerhin auf ein Viertel gesenkt. Am erfolgreichsten waren die skandinavischen Länder und die Schweiz. Die weiterhin höchsten Raten der Säuglingssterblichkeit wiesen Albanien, Jugoslawien und die UdSSR auf. Aber auch dort sank die Säuglingssterblichkeit auf wenigstens die Hälfte.[32] Damit wurde ein Feld der Gesundheit, in dem die soziale Ungleichheit vor dem Ersten Weltkrieg in Europa besonders hoch gewesen war (vgl. Kapitel 1), in seiner Bedeutung erheblich eingeschränkt.

Allerdings wissen wir nur wenig Konkretes über die Entwicklung der sozialen Ungleichheit der Gesundheit während der Prosperitätsphase. Das einzige internationale vergleichende Forschungsprojekt, das sich auch mit dieser Epoche befasste, wurde von dem niederländischen Gesundheitsforscher Johan P. Mackenbach geleitet. Er untersuchte mit seinen Kollegen eine erhebliche Zahl von Ländern in unterschiedlichen Teilen Europas und trug eine ganz andere These vor, als es der historische Kontext vermuten lässt. Er kommt zu dem Schluss, dass die sozialen Unterschiede der Lebenserwartung seit den 1950er Jahren zwar in den einzelnen europäischen Ländern sehr unterschiedlich aussahen, aber sich doch im Ganzen wieder verstärkten, unabhängig davon, wie stark der Wohlfahrtsstaat ausgebaut war. Für den entscheidenden Grund hält er die epidemiologische Transition, also die Verschiebung der vorherrschenden Krankheiten und Todesursachen. Die kardiovaskulären Todesursachen drangen seit den 1950er Jahren in den Vordergrund. Bei diesen Krankheiten waren die sozialen Unterschiede stark ausgeprägt, da sie in erheblichem Maße von der sozial sehr unterschiedlichen Lebensweise, vom Rauchen, vom Alkoholkonsum und von der Ernährung abhingen und abhängen. Als Folge davon sank die Sterblichkeit unterschiedlich stark. Die relativen sozialen Unterschiede verstärkten sich.[33] Folgt man der These von Mackenbach, dann verschärfte sich die soziale Ungleichheit im Gesundheitssystem während der Prosperitätszeit in klarem Gegensatz zur Abmilderung der Vermögens- und Einkommensunterschiede.

Bildung

Im Bildungssektor milderte sich auf den ersten Blick die soziale Ungleichheit von den 1950er bis 1970er Jahren ähnlich wie in den Einkommen und in den Vermögen deutlich ab. Allerdings fand diese Abmilderung nur hinsichtlich der Bildungs*chancen* an Schulen und Hochschulen statt, dagegen noch nicht in den Bildungsunterschieden der gesamten Erwachsenenwelt. Das hat damit zu tun, dass sich Veränderungen im Bildungssektor nur sehr langsam auf die Bildungsunterschiede in der gesamten Gesellschaft auswirken können. Wenn beispielsweise die Abiturienten zunehmen, dauert es Jahrzehnte, bis auch in der gesamten Gesellschaft, also auch unter den Älteren, die Gruppe mit Abiturabschluss anwächst. Diese Trägheit der Auswirkungen von Veränderungen in der Ausbildung auf den Bildungsstand der gesamten Gesellschaft prägte auch die Zeit zwischen den 1950er und 1970er Jahren.

Zuerst zu den Bildungschancen: Die soziale Ungleichheit der Bildungschancen entspannte sich in Europa im Verlauf des Vierteljahrhunderts zwischen 1950 und der Mitte der 1970er Jahre deutlich und auf allen Ebenen, da die Bildungschancen wuchsen. Der Kindergartenbesuch nahm stark zu, wenn auch mit enormen Unterschieden innerhalb Europas. Der Besuch der Elementarschulen im Süden und Osten Europas setzte sich weiter durch. Die Analphabetenraten vor allem in Südeuropa und Osteuropa sanken deutlich ab.[34] In den Sekundarschulen nahmen die Bildungschancen generell, besonders aber für Mädchen zwischen 1950 und 1975 weiter zu. Im europäischen Durchschnitt lag der Mädchenanteil um 1950 noch bei knapp über 40 Prozent, stieg bis um 1975 auf knapp die Hälfte und näherte sich damit den gleichen Chancen von Mädchen und Jungen bereits an. Allerdings verbargen sich dahinter große innereuropäische Unterschiede. Günstige Bildungschancen für Mädchen boten schon um 1950 vor allem die skandinavischen Länder sowie Großbritannien und Frankreich, aber auch die Tschechoslowakei und Portugal. Ähnlich günstige Chancen wie in Europa gab es auch anderswo, in den Vereinigten Staaten, Kanada und einer Reihe lateinamerikanischer Länder wie Kuba, Brasilien und Chile sowie in Asien in Japan, in den portugiesischen Kolonien und vereinzelten englischen Kolonien wie Singapur oder Hongkong. In den übrigen lateinamerikanischen, asiatischen und afrikanischen Ländern blieben die Bildungschancen für Mädchen deutlich niedriger.[35]

Auch die Zugangschancen zu den Hochschulen verbesserten sich in dieser Epoche nicht nur für junge Männer, sondern auch für junge Frauen.

Für Frauen wurde zwar noch keine Chancengleichheit erreicht, aber sie kamen ihr doch ein Stück näher. Um 1950 waren in Europa nur rund ein Viertel der Studenten Frauen, um 1970 hingegen fast zwei Fünftel. Dahinter standen sicher große innereuropäische Unterschiede zwischen dem dynamischen Norden und Süden und der eher zögernden Entwicklung in den Industrieländern in Mitteleuropa, in der Tschechoslowakei, in der Schweiz, in Österreich, dem Westen Deutschlands und in den Niederlanden. Aber überall verbesserten sich die Bildungschancen der Frauen an den Hochschulen sehr deutlich. Allerdings hinkte Europa als Ganzes eher hinter Nord- und Südamerika her.[36]

Die soziale Ungleichheit der Bildungschancen milderte sich insgesamt für Frauen wie für Männer ab. Eine Gruppe von Soziologen um Richard Breen und Walter Müller hat nachgewiesen, dass sich in sieben wichtigen, gut ausgewählten europäischen Ländern, in Frankreich, Italien, Irland, Großbritannien, Schweden, Polen, Ungarn, Niederlande und der Bundesrepublik, die Ungleichheit der Bildungschancen von jungen Europäerinnen und Europäern, gemessen an der sozialen Schicht und dem Bildungsniveau der Eltern, deutlich abschwächte. Zwischen den Geburtskohorten 1908–1924, die sich noch vor dem Ende des Zweiten Weltkriegs in der Ausbildung befanden, und der Geburtskohorte 1955 bis 1964, deren Angehörige in den 1970er und 1980er Jahren ausgebildet wurden, nahmen die Bildungschancen für Frauen wie für Männer in gleicher Weise fast überall kontinuierlich zu. Nur in Polen gingen sie in der letzten Geburtskohorte, also noch vor dem Fall der Mauer, zurück. Die Gruppe um Breen und Müller setzt sich damit von einer älteren, eher skeptischen Interpretation ab, die aus technisch schlechteren Datensätzen den Schluss zog, dass sich die Bildungschancen in dieser Epoche nicht verbesserten.[37]

Für die Bildungschancen von Immigrantenkindern in dieser Epoche besitzen wir bisher noch zu wenige Untersuchungen. Man muss wohl davon ausgehen, dass die Immigranten der 1950er und 1960er Jahre noch selten mit Familien kamen, sondern überwiegend junge unverheiratete Männer oder auch Frauen waren. Die wenigen Immigrantenkinder besaßen vermutlich schlechte Bildungschancen, da es sich überwiegend um eine Unterschichtzuwanderung handelte.

Insgesamt ist aber für Frauen und für Männer der einheimischen Bevölkerung eine deutliche Abmilderung von sozialer Ungleichheit der Bildungschancen im Vierteljahrhundert zwischen den 1950er und der Mitte der 1970er Jahre festzuhalten. Die Gründe für diese Verbesserung der

Bildungschancen hingen wiederum eng mit der Geschichte der sozialen Ungleichheit zusammen. Die Realeinkommen stiegen in dieser Epoche außergewöhnlich rasch an. Nicht nur die höheren und mittleren Schichten, sondern auch ein Teil der Unterschichten konnten es sich daher eher leisten, ihre Kinder an Sekundarschulen und an Hochschulen zu schicken und auf die Einkommen der jugendlichen Söhne und Töchter im Familienhaushalt zu verzichten. Dieser Verzicht wurde auch durch den Eindruck erleichtert, dass die Berufschancen von besser Ausgebildeten damals meistens sehr gut waren.

Gleichzeitig wurden auch die sozialen Trennlinien, auf die später zurückzukommen sein wird, etwas weniger wichtig genommen. Gymnasial- und Hochschulbildung wurden in den Unterschichten und den unteren Mittelschichten nicht mehr so häufig als unübersteigbare oder unantastbare soziale Barrieren, sondern eher als eine Chance wahrgenommen. »Bei seinem Leisten« und in seinem sozialen Milieu zu bleiben, wurde für nicht mehr so zwingend gehalten. Mehr Söhne und Töchter scherten aus dieser Konformitätsregel aus. Darüber hinaus haben die meisten europäischen Staaten in dieser Epoche den Bildungssektor nicht nur ausgeweitet, neue Gymnasien und Hochschulen gebaut und mehr Sekundarschullehrer und Hochschullehrer eingestellt, sondern sich auch für gezielte Schulreformen, für den Abbau der Schulgebühren und für Stipendienprogramme zur Verbesserung der Bildungschancen entschieden und auf diese Weise soziale Ungleichheiten bei den Chancen für Unterschichten und Frauen abgemildert.

Allerdings konnten sich diese Verbesserungen der Bildungschancen damals noch nicht auf die Bildungsunterschiede in den europäischen Gesellschaften auswirken, da es, wie gesagt, normalerweise Jahrzehnte braucht, bis derartige Veränderungen an den Schulen auch in der ganzen Erwachsenenwelt, also auch unter den älteren Erwachsenen, sichtbar werden. Ganz im Gegenteil blieben die scharfen Gegensätze zwischen einer kleinen Gruppe von wenigen Prozent akademisch hoch qualifizierter Europäer und der Masse der Europäer, die kaum mehr als Elementarausbildung besaßen oder in Süd- und Osteuropa sogar immer noch Analphabeten waren, zumindest bis Mitte der 1960er Jahre erst einmal erhalten. Noch um 1970 in Deutschland war unter den Erwachsenen im besten Alter, unter den Vierzigjährigen, weniger als jeder Zehnte ein Hochschulabsolvent oder eine Hochschulabsolventin. Unter allen Erwachsenen waren die Hochschulabsolventen sicher noch deutlich seltener. Erst von den damals 30-Jährigen an, also von den um 1940 Geborenen an, weitete sich der Anteil der Hochschulabsolventen spürbar aus (vgl. Grafik 1). Noch 1981 gaben nur 23 Prozent der Befragten in einer Umfrage in 15 europäischen Ländern und den USA an, dass sie mit 21 Jahren oder später ihre Ausbildung abschlossen, also überwiegend eine Fachhochschul- oder Hochschulausbildung besaßen.[38] Es wäre letztlich auch wirklichkeitsfremd zu glauben, dass sich die Veränderungen der Einkommensverteilung direkt und sofort auf die Bildungsverteilung hätten auswirken können. Verbesserte Einkommen können letztlich nur Eltern dazu motivieren, mehr in die Bildung der eigenen Kinder zu investieren, und verändern dann in einem Jahrzehnte dauernden Prozess auch die Verteilung der Bildung in der ganzen Gesellschaft.

Grafik 1: Die Veränderung der Bildungsqualifikationen in der Bundesrepublik (Geburtskohorten 1920–1980)

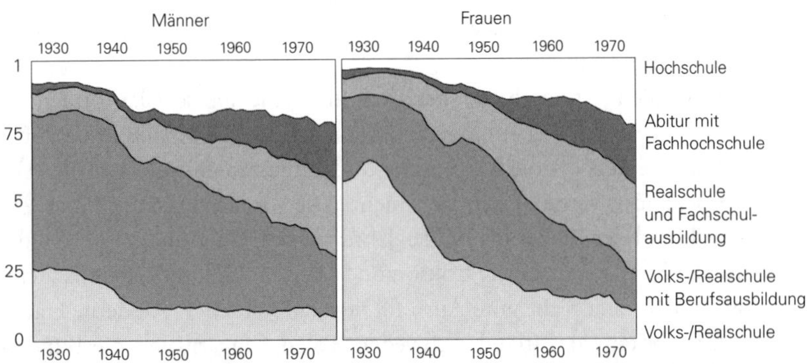

Quelle: Maarten L. Buis/Bastian Mönkedie/Steffen Hillmert (2012), »Educational Expansion and the Role of Demographic Factors: The Case of West Germany«, in: Population Review 51, Nr. 2, S. 4.

Aufstieg und Abstieg

Milderte sich die soziale Ungleichheit in den europäischen Gesellschaften zwischen den 1950er und 1970er Jahren durch wachsende Aufstiegschancen und sinkende Abstiegsgefahren noch weiter ab? Oder trübten nach wie vor unveränderte Aufstiegschancen die »Erfolgsstory« der abgeschwächten sozialen Ungleichheit doch ein?

Soziale Aufstiege und soziale Abstiege werden normalerweise kaum behandelt, wenn es um die Geschichte der sozialen Ungleichheit geht. Sie gehören aber dazu, denn eine Gesellschaft mit viel sozialer Ungleichheit und vielen Aufstiegschancen unterscheidet sich grundlegend von einer Gesellschaft mit viel Ungleichheit und wenig Aufstiegschancen. Ungleichheit erscheint viel weniger gravierend, wenn sie durch individuellen sozialen Aufstieg, sei es durch Leistung, durch Protektion oder durch Heirat, durchbrochen und überwunden werden kann oder wenn zumindest der feste Glaube an individuelle Aufstiegschancen besteht. Umgekehrt kann eine Gesellschaft, die durchaus egalitär ausgerichtet war, zunehmend inakzeptabel werden, wenn der Aufstieg in die höheren Positionen blockiert ist. Sicher sollte man nicht den umgekehrten Irrtum begehen und über die soziale Mobilität die soziale Ungleichheit völlig vergessen. Auch eine Gesellschaft, die große Aufstiegsmöglichkeiten besitzt oder zumindest fest davon überzeugt ist, kann ihre sozialen Ungleichheiten nicht verdrängen, vor allem wenn sie scharf sind.

Die sozialen Unterschiede bei den individuellen sozialen Aufstiegschancen und Abstiegsgefahren veränderten sich in den 1950er und 1960er Jahren ganz anders als die Vermögens-und Einkommensunterschiede. Die Aufstiegschancen vergrößerten sich nicht. Die sozialen Aufstiege und Abstiege während der 1950er bis 1970er Jahre wurden am gründlichsten in der klassischen Studie von Robert Erikson und John H. Goldthorpe untersucht. Sie behandeln eine recht gute Auswahl von europäischen Ländern, Frankreich, Großbritannien, Irland, Schweden, Polen, Ungarn und die Bundesrepublik, also osteuropäische und westeuropäische Länder, Industrieländer und Agrarländer, allerdings leider kein südeuropäisches Land. Sie untersuchen Europäer der Geburtsjahrgänge 1905–1950, die in ihrer Mehrheit zwischen den 1920er und den 1960er Jahren in das Berufsleben eintraten, und verfolgen ihre Lebensläufe zwischen sieben sozialen Schichten. Bedauerlicherweise behandeln sie nur Männer.

Erikson und Goldthorpe kommen zu dem Schluss, dass sich die soziale Mobilität und dabei auch die sozialen Aufstiege und Abstiege in der Gesamtheit dieser Epoche, auch in den 1950er und 1960er Jahren, nicht erkennbar veränderten. Nicht jeder Bereich und jedes Land stützen diese These voll und ganz. Aufstiege aus den bäuerlichen Milieus wurden in fast allen Ländern häufiger, wenn auch auf einem recht niedrigen Niveau. In den Agrarländern Polen und Irland nahm deshalb die soziale Mobilität insgesamt anders als in den Industrieländern spürbar zu. In der Bundesrepublik vermehrte sich die

Zahl der Aufstiege aus manuellen Berufen während der 1950er und 1960er Jahre: Sie kehrte damit allerdings nur auf das Niveau der Zwischenkriegszeit zurück und wies damit langfristig keinen Trend zu einer Verstärkung der Aufstiegsmobilität auf. Diese Ausnahmen ändern nichts an dem Gesamtbild einer konstanten sozialen Aufstiegs- und Abstiegsmobilität, des »constant flux«, wie es die beiden Soziologen ausdrücken. Die europäischen Gesellschaften waren sicher nicht immobil, da die überwiegende Mehrzahl der Männer nicht in der sozialen Schicht ihrer Väter verblieb. Aber die Mobilität nahm zwischen den 1920er und 1960er Jahren nicht weiter zu, vor allem auch nicht in den 1950er und 1960er Jahren trotz der ganz einmaligen Wirtschaftsdynamik.[39]

Grafik 2: Sozialer Aufstieg in Europa 1940–1975, Aufstiege aus manuellen in nichtmanuelle Berufe bei 30-Jährigen, Geburtskohorten 1910–1945

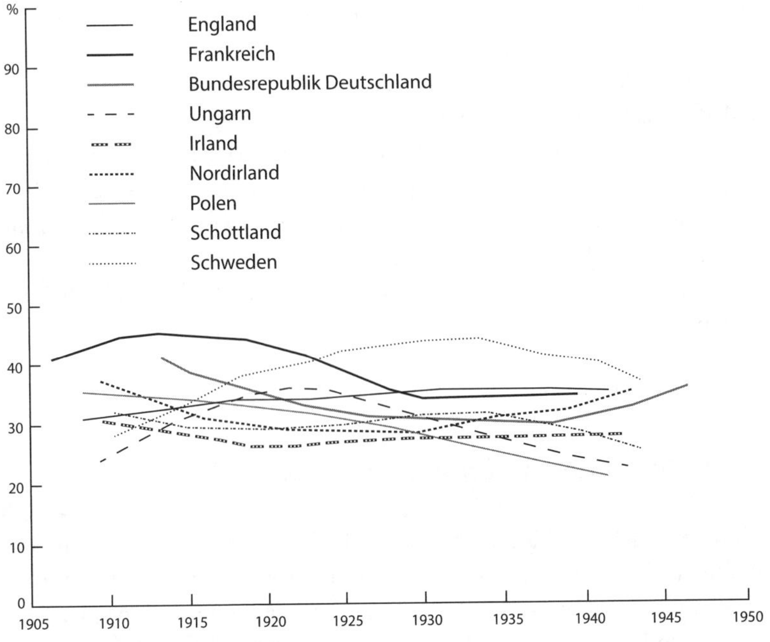

Quelle: Robert Erikson/John H. Goldthorpe (1992), The constant flux. A study of social mobility in industrial societies, Oxford, S. 80.

Ähnlich wenig veränderte sich auch der Aufstieg in die europäischen Eliten, der zwar seiner Natur nach nicht die Lebensläufe der Masse der Bevölkerung tangieren kann, aber doch eine große symbolische Bedeutung besitzt. Nirgends haben sich die Eliten im Verlauf der 1950er und 1960er Jahre zunehmend geöffnet. Vielmehr herrschten zwei andere Entwicklungen in Europa vor. Im westlichen Europa blieben die Aufsteiger in der politischen Elite und der Wirtschaftselite insgesamt weitgehend konstant. Es gab zwar vor allem in den politischen Eliten sehr große Unterschiede zwischen der breiten Dominanz des Bürgertums in der Herkunft der Spitzenpolitiker in Ländern wie Großbritannien, Frankreich oder Spanien und der weitgehenden Dominanz von Aufsteigern in die Politik in Ländern wie Schweden, Österreich oder der Bundesrepublik. Aber nirgends im westlichen Europa haben sich die Eliten während dieser Zeit gegenüber Frauen und gegenüber sozialen Aufsteigern weiter geöffnet. Im östlichen Europa dagegen wurden die politische Elite und die Wirtschaftselite in den ersten Jahren nach der Machtübernahme der kommunistischen Regime zu einem erheblichen Teil ausgewechselt. Aufsteiger waren deshalb nicht nur an den Schalthebeln der Politik, sondern auch in den Unternehmensleitungen in den Anfangsjahren der kommunistischen Regime häufig vertreten. Mit dem allmählichen Entstehen einer an das Regime angepassten, an den eigenen Hochschulen ausgebildeten Intelligenz schlossen sich allerdings die Eliten im östlichen Europa zunehmend ab.[40] Auch hier ist eine ambivalente Entwicklung der sozialen Ungleichheit zu beobachten: Die Eliten verloren zwar hinsichtlich der Konzentration von Vermögen und Einkommen in ihrer Hand, öffneten sich aber nicht gegenüber Frauen und Aufsteigern.

Soziale Distinktion in Konsum und Lebensstilen

Wohin neigt sich die Waage, wenn auch die Ungleichheit der sozialen Distinktionen verfolgt wird angesichts der abgemilderten Unterschiede der Einkommen und Vermögen, der Wohnungssituationen und Bildungschancen, der unveränderten Aufstiegschancen und der verschärften Gesundheitsunterschiede? Der Leser sollte insgesamt nicht zu viel an Rückgang sozialer Distinktionen erwarten. Die europäischen Gesellschaften der 1950er und 1960er Jahre blieben in hohem Maß von sozialen Milieus und in einigen Ländern auch von religiösen und ethnischen Milieus geprägt. Diese sozialen

Distinktionen zwischen dem Bürgertum, dem Adel, dem Kleinbürgertum, den Angestellten, den Arbeitern und den Bauern waren ein besonderes Charakteristikum der europäischen Gesellschaften des 19. und frühen 20. Jahrhunderts gewesen. Daneben waren einige Gesellschaften vor allem in Ostmittel-, Ost- und Südosteuropa auch von ethnischen Milieus gekennzeichnet. Alle diese Milieus unterschieden sich durch soziale Distinktionen des Lebensstils, des sozialen Umgangs und der sozialen Netzwerke deutlich sichtbar voneinander und wollten sich auch weiterhin unterscheiden.

Allerdings zeichneten sich doch erste, wenn auch nicht unumstrittene Abmilderungen dieser sozialen Trennlinien ab. Vier Entwicklungen schwächten die sozialen Distinktionen vor allem seit den 1960er Jahren etwas: die Veränderungen der privaten Haushaltsausgaben; die Durchsetzung des Massenkonsums; der moderne Wohlfahrtsstaat einschließlich der Bildung und des Städtebaus; und schließlich die neuen Medien. Diese Entwicklungen besaßen in ihrer Reichweite freilich immer auch ihre Grenzen.

Die schwächeren sozialen Trennlinien in den privaten Ausgaben, der *ersten* Entwicklung, hingen mit der enormen Steigerung der Realeinkommen für die Mehrheit der Bevölkerung in der Prosperitätszeit zusammen. Eine solche Steigerung gab es nicht nur während der Industrialisierung vor 1914, sondern auch in der Zwischenkriegszeit in Europa nicht. Sie endete in den späten 1970er Jahren und wiederholte sich seitdem sehr selten wieder. Ein Vierteljahrhundert lang stiegen zwischen den 1950er und frühen 1970er Jahren die Masseneinkommen im westlichen wie im östlichen Europa spürbar an, nicht in allen europäischen Ländern gleich rasch und in gleicher Weise durchschlagend, aber doch überwiegend.[41]

Mit diesen wachsenden Realeinkommen sank die Belastung der privaten Haushalte mit den lebensnotwendigen Ausgaben für Ernährung und Kleidung in den meisten europäischen Ländern ab. Geldmittel wurden nun frei für andere Ausgaben. Die mittleren und auch die unteren Schichten kauften sich mit ihrem freigewordenen Einkommen als modern geltende Güter mit sozialem Prestige, also Möbel, Autos, Kühlschränke, Staubsauger, Waschmaschinen, Bäder, Telefone, Fernsehen und Radios, teilweise erwarben sie auch Ferienreisen, Lebensversicherungen, Eigenheime und Eigentumswohnungen. Diese Güter, die sich bislang meist nur die höheren Schichten leisten konnten und zur Markierung von sozialen Trennlinien eingesetzt wurden, gerieten nun allmählich in die Reichweite der mittleren und teilweise auch der unteren Schichten. Grobe soziale Trennlinien wurden abgemildert. Ein erheblicher Teil der Bevölkerung wechselte auf die andere Seite der sozialen Trennlinie zu den Besitzern von langlebigen Konsumgütern über. Die sozialen Distinktionen wurden aber nicht nur schwächer. Bestimmte Lebensräume wie die Autobahnen, U-Bahnen ohne getrennte Klassen, Kaufhäuser und Fußgängerzonen, Flaniermeilen und Ferienorte wurden zu neuen Orten des Zusammentreffens verschiedener sozialer Milieus.

Sicher wurden die sozialen Trennlinien nicht beseitigt. Feine Unterschiede, mit denen sich die höheren Schichten abgrenzen konnten, blieben erhalten und wurden wichtiger. Statt des Autobesitzes wurde nun die Automarke, statt des Wohnzimmers wurde nun die Möbelmarke, statt der Reise wurde nun der Ferienort von den höheren Schichten als Mittel zur sozialen Distinktion genutzt. Vor allem aber konnte sich die Mehrheit der Europäer noch nicht alle wichtigen lebenslangen Konsumgüter leisten. In den 1970er Jahren besaß in der wohlhabenden Europäischen Gemeinschaft zwar eine Mehrheit einen Kühlschrank und ein Waschmaschine, aber ein Auto, ein Telefon oder ein Fernsehgerät nur ungefähr ein Fünftel und in Europa als Ganzem sicher ein noch weit kleinerer Teil der Bürger.[42]

In engem Zusammenhang mit den steigenden Realeinkommen entwickelte sich *zweitens* vor allem im westlichen Europa seit den 1960er Jahren zweitens die Massenkonsumgesellschaft. Sie beruhte auf der Vereinheitlichung und den sinkenden Preisen von vielen Gütern des täglichen Lebens, von Kleidern, Möbeln, Autos, Getränken, Nahrungsmitteln, Zigaretten, Radios, Schallplatten und seit den 1960er Jahren auch von Fernsehapparaten. Der neue Anzug »von der Stange« ersetzte das vielfach getragene und reparierte Kleidungsstück, der neue Schrank die Kleiderhaken an den Wänden, die Sofaecke die Wohnküche, das Bier aus der Flasche das Bier im Krug vom nächsten Wirtshaus, die Schallplatte das gelegentliche Anhören einer Blaskapelle auf der Straße. Diese moderne Massenkonsumgesellschaft hätte sich ohne die Steigerung der Realeinkommen und ohne die für nicht lebensnotwendige Zwecke freigewordenen privaten Haushaltseinkommen in Europa nicht durchgesetzt. Die Massenkonsumgesellschaft beruhte auf der Strategie der Unternehmen, einheitliche und daher preiswerte Güter an einen möglichst großen Teil der Bevölkerung zu verkaufen. Sie stand im Widerspruch zu den vielen sozialen Distinktionen, mit denen sich nicht nur die großen Klassenmilieus, sondern auch einzelne Berufe, religiöse und ethnische Gruppen, sogar einzelne Städte und Dörfer voneinander unterscheiden wollten. Die Massenkonsumgesellschaft milderte daher soziale Trennlinien ebenfalls ab. Sie beseitigte sie freilich keineswegs. Selbst in der damaligen Zeit der eintönigen Massenware, in der die Herstellung von Massengütern noch nicht wie später in großen Produktvariationen möglich war, war es durchaus möglich, sich durch teure, individuelle Markenartikel sozial zu unterscheiden. Mit der Ablehnung der Massenprodukte wurde oft eine soziale Trennlinie gezogen.[43]

In einer Hinsicht nahmen die sozialen Trennlinien beim Konsum ganz im Gegenteil sogar zu: Die jüngere Generation der Schüler und Studenten begann sich, im Konsum, vor allem in der Kleidung und der Musik, von der älteren Generation scharf zu unterscheiden. Eine junge Generation, die im Konsumüberfluss der Prosperitätszeit aufgewachsen war, stellte sich dadurch einer älteren Generation entgegen, die durch die Erfahrung zweier Weltkriege und der Weltwirtschaftskrise auf Sparsamkeit, auf Wiederverwertung von Gütern und auf Konsumskepsis ausgerichtet war. Auch in diesem jugendlichen Konsumstil bestanden deutliche soziale Trennlinien zwischen dem studentischen Konsum und dem proletarischen Konsum. Aber diese sozialen Trennlinien waren nicht so scharf gezogen wie in der älteren Generation, vor allem weil die Einkommen der Studenten immer begrenzt waren.

Drittens schwächte der Wohlfahrtsstaat soziale Trennlinien ab. Die scharfen Kontraste der sozialen Sicherung des 19. Jahrhunderts waren um 1950 noch nicht völlig verschwunden: Die bürgerliche soziale Sicherung durch das Familienvermögen, durch Stiftungen und durch den Anspruch an den familiären Zusammenhalt gegenüber alleinstehenden Familienmitgliedern stand in scharfem Kontrast zur brüchigen sozialen Sicherung der nicht-bürgerlichen, vermögenslosen und in Notsituationen überwiegend schlecht versorgten Mehrheit der Bevölkerung. Schon seit dem späten 19. Jahrhundert hatten die europäischen Regierungen versucht, diese Ungleichheit durch die Einführung wohlfahrtsstaatlicher Instrumente abzumildern. Aber sie sicherten damit nur einen Teil der Bevölkerung ab und lösten das Problem der Altersarmut und Arbeitslosigkeit noch nicht. Erst die Durchsetzung des modernen Wohlfahrtsstaats in den 1950er bis 1970er Jahren und dessen Ausdehnung auf beinahe die gesamte Bevölkerung sowie die Einführung der modernen Altersrente und der Arbeitslosenversicherungen milderten diese Ungleichheit der sozialen Sicherung spürbar ab.[44] Gleichzeitig wurde der Kontrastfall, also der Rentier, der nur von seinem Vermögen lebte, ein Symbol bürgerlicher sozialer Sicherheit, in dieser Epoche deutlich seltener. Freilich sollte man die sozialen Unterschiede in der sozialen Sicherung am Ende dieser Epoche auch nicht unterschätzen. Bis der moderne Wohlfahrtsstaat durchgesetzt war, brauchte es Zeit. Vor allem die scharfen Unterschiede in der sozialen Sicherung im Alter, die Altersarmut der Frauen, der Bauern, der kleinen Selbständigen, aber auch der vom Krieg durcheinander gewirbelten Lebensläufe lasteten, wie schon erwähnt, auch noch in den 1970er Jahren auf den betroffenen Bevölkerungsgruppen.[45]

Zu den Wirkungen des Wohlfahrtsstaats muss auch die Abmilderung der sozialen Trennlinien in der Bildung gerechnet werden. Entscheidend war dabei die Bildungsexpansion. Sie war kein neuer Prozess, sondern setzte schon im späten 19. Jahrhundert ein. Sie beschleunigte sich aber in den 1950er und 1960er Jahren nicht zuletzt auch durch die Konkurrenz zwischen Ost und West: Im östlichen Teil Europas war sie schon seit dem Ende des Zweiten Weltkriegs durchgesetzt worden, im westlichen Teil Europa wurde sie durch den Sputnik-Schock von 1957 ausgelöst, aber auch durch die steigenden Realeinkommen und die sprudelnden Steuereinnahmen in der Prosperitätszeit. Auch diese Bildungsexpansion milderte soziale Trennlinien ab. Die gymnasiale Ausbildung und die Hochschulausbildung stellten in vielen europäischen Gesellschaften eine scharfe soziale Trennlinie dar, die viele Privilegien eröffnete wie etwa ein kürzerer und weniger harter Militärdienst oder ein leichterer Zugang zu gut bezahlten Berufen. Sie erlaubte einer kleinen Oberschicht von wenigen Prozent der Bevölkerung, sich von der Masse der Gesellschaft abzuheben, deren Mitglieder in der Regel nur Volksschulabschluss besaßen, wenn nicht sogar Analphabeten waren. Diese scharfe soziale Distinktion milderte sich ebenfalls ab. Um 1950 machten die Studenten in Europa nur wenige Prozent der entsprechenden Altersgruppen aus, während sie um 1975 schon fast ein Fünftel stellten. Darüber hinaus öffnete sich die akademische Ausbildung nicht nur für Studenten aus den Mittelschichten, sondern auch, wenn auch in weit geringerem Maße, für Studenten aus Unterschichten. Akademische Ausbildung verlor manches an ihrer Exklusivität, an ihren Riten und besonderen Sprachen. Die Hochschulausbildung wurde etwas meritokratischer, die Examensarbeiten und Dissertationen länger und auch qualitätsvoller. Allerdings hatte diese Aufweichung sozialer Trennlinien auch ihre klaren Grenzen. Vor allem blieben Akademiker, wie schon erwähnt, unter *allen* Erwachsenen eine exklusive, deutlich abgetrennte Schicht der Gesellschaft, die lediglich ein paar Prozent der erwachsenen Bevölkerung ausmachte.

Zur Wirkung des Wohlfahrtsstaats gehörte damals teilweise auch ein für die Zeitgenossen unmittelbar sichtbares Feld: die Abmilderung sozialer Trennlinien im Städtebau. Die 1950er und 1960er Jahre waren eine Epoche extensiven Städtebaus. Nicht nur in den vom Krieg zerstörten Städten in großen Teilen Europas, sondern auch in den rasch wachsenden Städten vor allem im Süden und Osten Europas wurden viele neue Stadtviertel, teilweise sogar vollständig neue Städte gebaut. Dieser neue Städtebau folgte nicht dem alten Modell der europäischen Städte des späten 19. und frühen 20. Jahrhunderts, in denen die Stadtviertel strikt nach sozialen Milieus getrennt wurden und man sehr rasch erkennen konnte, welche Stadtviertel vom proletarischen Milieu, welche von den Mittelschichten und welche vom Großbürgertum bewohnt wurden.

In den neuen Stadtvierteln oder Städten nach dem Zweiten Weltkrieg waren diese sozialen Trennlinien schwächer. Der europäische Städtebau unterschied sich damit auch strikt vom amerikanischen Städtebau, in dem sich um die innere City ein Ring von Armenvierteln legte und erst dann, weiter entfernt von der Innenstadt, ein Ring folgte, der von mittleren und höheren Schichten bewohnt war. Diese Ringe entwickelten sich in Europa in den neuen Stadtvierteln nicht. Die neu gebauten Stadtbezirke mit ihrem damaligen, heute verschwundenen Glanz der Modernität stellten jedoch eine sichtbare Alternative mit schwächeren sozialen Trennlinien dar. In Frankreich wurde von der Regierung der Versuch unternommen, mit der neuen Vier-Zimmer-Standardwohnung die alten, scharfen sozialen Trennlinien des bürgerlichen, bäuerlichen und proletarischen Wohnens zu durchbrechen.[46] »In den wieder aufgebauten Städten«, schrieb 1957 erstaunt ein französischer Journalist während eines Besuchs in der Bundesrepublik, »kann man zwischen den reichen Stadtteilen, den Stadtteilen der Mittelschichten, den Stadtteilen der Proletarier und den Armenvierteln immer weniger unterscheiden.«[47] Sicher verschwand die alte Welt der strikt separierten Stadtviertel nicht völlig. Zwei Drittel der Franzosen, Briten und Belgier und ungefähr die Hälfte der Niederländer und Westdeutschen lebten weiterhin in Altbauten.[48] Altbauviertel wurden noch nicht wie in den späteren Jahrzehnten sorgfältig renoviert, in der Wohnungsausstattung auf den modernen Stand gebracht und gleichzeitig sozial durchgemischt. Viele Altbauviertel blieben notdürftig erhalten und waren sozial noch scharf segregiert, wie es auf den Fotos von Robert Doisneau oder August Sander zu sehen ist.

Ein *viertes* Feld der Abmilderung sozialer Trennlinien waren schließlich die Medien. Die staatliche Kontrolle der Medien nahm überall in Europa zu, nicht nur mit der kommunistischen Machtübernahme im östlichen Europa, sondern auch im westlichen Europa, teils weil sich die westlichen Demokratien wehrhaft gegen antidemokratische politische Strömungen stellen wollten, zum Teil weil die stark expandierenden Medien Rundfunk und Fernsehen damals in der Regel noch staatlich waren. Die Regierungen besaßen zudem meist wenig Interesse an milieugebundenen Rundfunk- oder gar Fernsehanstalten. Milieugebundene Programme wie die Arbeiterstunde oder Kirchenstunde setzten sich nicht durch. Bildungsbürgerliche literarische Sendungen, Hörspiele und Lesungen besaßen zwar in manchen europäischen Ländern in den 1950er Jahren einen gewichtigen Platz im Rundfunk- und Fernsehprogramm, wurden aber in den 1960er Jahren vor allem im Fernsehen zugunsten von Unterhaltungssendungen zurückgefahren. Der neuen Konkurrenz der Boulevardblätter, des englischen *Daily Mirror*, der *Bild*, der *Neuen Kronen-Zeitung* und dem *Blick* im deutschsprachigen Bereich, den Sportzeitungen in Italien fielen schon seit den 1950er Jahren viele kleine lokale Zeitungen zum Opfer, darunter auch sozialdemokratische, kommunistische, kirchliche und bürgerliche Milieumedien. Sicher gingen die Entwicklungen nicht nur in eine Richtung. Qualitätszeitungen expandierten durchaus. Bildungsbürgerliche Medien wie das Theater, das Opernhaus, das Konzerthaus und das Museum erfreuten sich sogar steigender Besucherzahlen. Aber die sozialen Trennlinien, die durch Medien gezogen wurden, schwächten sich doch etwas ab.[49]

Diese Abmilderung der sozialen Distinktionen beschränkte sich nicht auf die sozialen Klassenmilieus, sondern schwächte auch die sozialen Trennlinien zwischen religiösen und ethnischen Milieus. Zwei andere soziale Scheidelinien, die sozialen Trennlinien zwischen den Geschlechtern und jene zwischen den Nationen, wurden allerdings erst ab den 1970er und 1980er Jahren spürbar schwächer.

Die Abmilderung der sozialen Distinktionen war allerdings kein einheitlicher Prozess in Europa, sondern verlief je nach Land verschieden. Grob lassen sich drei Entwicklungen unterscheiden. In einer ersten Ländergruppe, zu der vor allem Großbritannien, Frankreich, die Niederlande, Belgien, Luxemburg und die Schweiz, also die klassischen westeuropäischen Demokratien, gehörten, nahmen diese sozialen Distinktionen nur sehr begrenzt ab. Nicht nur in Großbritannien, das bis in die 1970er Jahre als das Land der wenig veränderten Klassengesellschaft galt, blieben die Veränderungen sehr begrenzt. Auch in Frankreich behielten soziale Distinktionen eine große Bedeutung. Sie wurden in der glanzvollen Untersuchung von Pierre Bourdieu über die feinen Unterschiede der 1970er Jahre nachgezeichnet und analysiert, allerdings von ihm leider nie einem Vergleich unterzogen.[50] Aus ganz anderen Gründen blieben soziale Distinktionen auch auf der iberischen Halbinsel weitgehend erhalten. Die Franco-Diktatur in Spanien und die Salazar-Diktatur in Portugal tasteten die sozialen Distinktionen nur wenig an, sondern waren mehr auf den Erhalt der vorhandenen sozialen Hierarchien ausgerichtet.

In einer zweiten Gruppe von Ländern, zu denen vor allem Deutschland, Österreich und Italien gehörten, hinterließen die faschistischen Diktaturen, der Krieg und die westlichen Besatzungsregime tiefe Spuren in den sozialen Hierarchien und den sozialen Distinktionen. Die Diktaturen waren anders als auf der iberischen Halbinsel darauf ausgerichtet, die sozialen Hierarchien des 19. und frühen 20. Jahrhunderts abzubauen. Zumindest für die Jugend dieser Länder wurden in den Parteiorganisationen und auch in den Schulen Regeln durchgesetzt, die die vorhandenen sozialen Distinktionen beseitigen und neue soziale Distinktionen der von oben scharf kontrollierten Führergesellschaft mit ihren eigenen lokalen und regionalen Bossen, ihren neuen Privilegien und ihrer Korruption schaffen sollten. Diesen Diktaturen gelang es nicht nur, die Netzwerke der proletarischen sozialdemokratischen und kommunistischen Milieus weitgehend auszulöschen oder in den Untergrund zu drängen und damit wichtige soziale Distinktionen von unten zu verdrängen. Darüber hinaus führten der Weltkrieg, die Kriegserfahrungen der Front ebenso wie der Bombardierungen der Städte zur ungewohnten Erfahrung von Situationen mit wenig sozialen Hierarchien, etwa in Schützengräben und Bombenkellern. Schließlich entwerteten auch die Besatzungsmächte die alten sozialen Hierarchien mit der Diskreditierung derjenigen Teile der Eliten, die mit den Diktaturen kollaborierten. Diktatur, Krieg und Besatzung beseitigten soziale Distinktionen gewiss nicht, aber schwächten sie doch stärker als in jenen Ländern Europas, in denen diese drei Faktoren nicht gebündelt wirkten. Nach dem Zweiten Weltkrieg wurde insbesondere der Westen Deutschlands aus diesen Gründen als eine Gesellschaft betrachtet, die weniger durch Ungleichheit bestimmt war als die französische und britische Gesellschaft. Als eine Stimme unter vielen sei der Politologe Ernst Fraenkel zitiert, der 1956 nach der Rückkehr aus dem amerikanischen Exil feststellte, dass im Westen Deutschlands der Krieg und die NS-Diktatur »die Klassenunterschiede in stärkerem Maß ausgeglichen« hätten, »als dies in anderen westlichen Ländern Europas der Fall ist«.[51]

In einer dritten Gruppe von Ländern im östlichen Europa hatten, wie erwähnt, die deutschen Besatzer schon im Zweiten Weltkrieg in Polen erhebliche Teile des jüdischen und polnischen Bürgertums vor allem liquidiert und dadurch soziale Distinktionen beseitigt. Die kommunistischen Regime versuchten nach dem Zweiten Weltkrieg nach ihrer Machtübernahme im östlichen und südöstlichen Europa, nach dem sowjetischen Modell die sozialen Distinktionen weiter abzuräumen. Kennzeichnend für diese Gesellschaften war allerdings einerseits die zähe Verteidigung der sozialen Distinktionen durch einen Teil des Bildungsbürgertums, andererseits das nach oben gerichtete Festhalten an proletarischen Distinktionen in den Arbeiterklassen. Soziale Distinktionen wurden abgeschwächt, verschwanden aber nicht einfach, sondern lebten, unterstützt oder unterdrückt, jedenfalls überwacht durch das Regime bis 1989/90 in einer veränderten, manchmal klammheimlichen Form neben den neuen kommunistischen sozialen Distinktionen und den neuen Privilegien für die Eliten dieser Regime fort.

Insgesamt lässt sich daher festhalten, dass die Abmilderung der sozialen Ungleichheit in den 1950er und 1960er Jahren nicht auf Einkommen und Vermögen beschränkt war. Auch die sozialen Distinktionen zwischen den Milieus schwächten sich etwas ab. Die Kuznets-These wurde deshalb bisher zu eng gesehen und zu sehr auf Einkommen und Vermögen beschränkt. Ihre gesellschaftliche Reichweite wurde unterschätzt. Allerdings war die Abmilderung der sozialen Trennlinien zwischen den Klassenmilieus nicht einfach eine Folge davon, dass sich die Einkommens- und Vermögensdisparitäten abschwächten. Ihre Abmilderung besaß vielmehr zum Teil breitere Ursachen. Sie hat ebenfalls viel mit der Prosperitätszeit in Europa, mit der außergewöhnlichen Zunahme der Realeinkommen, des Massenkonsums, der Bildungschancen während der Prosperitätsjahre und auch mit der Entwicklung der Medien zu tun. Sie wurde sicher auch beeinflusst von dem politischen Kontext des Kalten Krieges und der Konkurrenz zwischen Gleichheitsvorstellungen im kommunistischen und westlichen Europa und war teilweise auch eine Folge des Zweiten Weltkriegs. Ohne Zweifel war Europa um 1970 weit davon entfernt, ein globales Modell für schwache soziale Distinktionen geworden zu sein. Im Vergleich zu den USA, zur UdSSR und zu China wogen damals die sozialen Distinktionen in Europa immer noch schwer. Aber Europa war auch nicht mehr der Kontinent, von dem Gustav Schmoller im 19. Jahrhundert meinte, dass ihm »die Flüssigkeit der sozialen Schichtung, die Abwesenheit jedes geschlossenen Klassen- und Standesbewusstseins« wie in den USA abgehe.[52]

Wahrnehmung von sozialer Ungleichheit

Ging die Abmilderung der sozialen Ungleichheit auch in die Wahrnehmung der damaligen Europäer ein? Fiel den Zeitgenossen der Rückgang der sozialen Ungleichheit seit den 1950er Jahren auf, fanden sie an ihr Gefallen und ordneten sie sich selbst anders in die gesellschaftlichen Hierarchien ein? Oder ist die Abmilderung der sozialen Ungleichheit nur ein zeitgenössisches Konstrukt von damals nur unter Experten bekannten Ökonomen wie Simon Kuznets und ein heutiges Konstrukt von Historikern und historisch arbeitenden Sozialwissenschaftlern?

Wir besitzen – anders als für die jüngste Zeit – keine europaweiten Umfragen aus den 1950er und 1960er Jahren über die Wahrnehmung der sozialen Ungleichheit.[53] Wir wissen deshalb nicht aus direkter Quelle, wie sich die Wahrnehmung der Europäer von sozialer Ungleichheit änderte. Nur indirekt lässt sich daher aus einzelnen nationalen Umfragen und aus soziologischen Expertendebatten auf Veränderungen der Wahrnehmung sozialer Ungleichheit schließen. Diese Zugänge vermitteln uns kein ungebrochenes Bild. Wie die damaligen Europäer Ungleichheiten wahrnahmen, sehen wir daher nur in sehr groben Umrissen wie durch eine Milchglasscheibe. Die Bewertungen sozialer Ungleichheit durch die damaligen Europäer bleiben noch unschärfer.

An einigen wenigen nationalen Umfragen kann die veränderte Wahrnehmung der sozialen Ungleichheit nachverfolgt werden. Die Selbsteinordnungen in die sozialen Hierarchien wandelten sich. In Deutschland rechneten sich während der Weimarer Republik noch zwei Drittel bis drei Viertel zu den unteren, proletarischen Klassen. In den 1950er bis 1970er Jahren hingegen ordneten sich nur noch 50–55 Prozent selbst in die Unterschichten ein. Umgekehrt zählten sich in der Weimarer Republik 25–30 Prozent zu den Mittelschichten, in der frühen Bundesrepublik taten dies dagegen 40–50 Prozent.[54] Daraus lässt sich schließen, dass die Vorstellungen von scharfen Kontrasten zwischen oben und unten zurückgingen und die mittleren Ränge der Gesellschaft als zunehmend wichtig angesehen wurden und man sich in diesen Rängen auch häufiger selbst einordnete.

In eine ähnliche Richtung veränderten die wissenschaftlichen Experten der sozialen Ungleichheit, die Soziologen, ihre Konzepte von sozialer Ungleichheit. Der ältere Gegensatz zwischen einfachen Klassenschemata der Herrschenden und der Beherrschten einerseits und den organischen Modellen andererseits, die die Gesellschaft ähnlich wie einen menschlichen

Körper und damit soziale Ungleichheit als naturgegeben ansahen, büßte an Bedeutung ein. Er wurde ersetzt durch Modelle, die eher die Mitte der Gesellschaft in das Zentrum des Interesses stellten. Die Klassen- und Schichtungsspezialisten in der Soziologie wie Martin Bolte, Ralf Dahrendorf, Pierre Bourdieu und John Goldthorpe entwickelten in den 1960er und 1970er Jahren eine Reihe von bald oft immer wieder zitierten Modellen. Sie stellten zwar durchweg nicht eine direkte Abmilderung der sozialen Ungleichheit dar, betonten aber zumeist eine Ausdifferenzierung der sozialen Klassenmilieus, der Unterschicht ebenso wie der Oberschicht.[55] Das Bild der Zwiebel, ein Symbol für den Mittelstandsbauch, und der Begriff der nivellierten Mittelstandsgesellschaft (Helmut Schelsky) in Deutschland und der »affluence« und des »affluent worker« (Goldthorpe) in Großbritannien drehten sich um diese Verstärkung der mittleren Schichten.

Die Grundbotschaft Pierre Bourdieus in den *Feinen Unterschieden* ging zwar nicht in Richtung einer Mittelstandsgesellschaft, aber auch er löste das simple Modell von zwei ökonomischen Grundklassen in eine größere Zahl von Berufsklassen und vor allem auch in mehrere, nicht nur ökonomische, sondern auch kulturelle und soziale Distinktionen auf, die er ebenfalls als eine Art von Kapital verstand. Der expandierende Teil der Gesellschaft waren auch in seiner Darstellung die mittleren Schichten, die Angestellten, Techniker, Kader, die freien Berufe und höheren Beamten, nicht dagegen ganz oben und ganz unten die Unternehmer und Arbeiter, allerdings auch nicht die Handwerker und Kleinkaufleute in den mittleren Rängen.[56] Gleichzeitig gingen die Meinungen der Soziologen über das Ausmaß dieser Abmilderungen der sozialen Ungleichheit weit auseinander. Es gab scharfe Gegensätze zwischen den britischen Soziologen Stuart Hall, der von einem »sense von classlessness«, oder John Westergard, der sogar von »capitalism without social classes« sprach, und einem skeptischen französischen Soziologen wie Joffre Dumazedier, der ähnlich wie Bourdieu die scharfen sozialen Ungleichheiten des Massenkonsums herausarbeitete.[57]

Allerdings spiegelten sich in den Begriffen der Soziologen nicht nur die Veränderungen der Gesellschaften, sondern auch die Wahrnehmung, Darstellung und sogar Sicherung ihrer eigenen Position in der Gesellschaft wider. In dem Ausdruck »nivelliert« wurden oft die Ängste der Akademiker vor der Zerbröselung der sozialen Distinktionen gegenüber den Mittel- und Unterschichten ausgedrückt. Der Ausdruck »affluent« besitzt ebenfalls den negativen Beiklang eines zu schnellen Reichtums, eines »affluent so-and-so«. Thomas Mergel und Christiane Reinecke haben in einem Überblick argumentiert, dass sich die Sozialwissenschaftler und die Experten der sozialen Ungleichheit auch selbst anders einordneten. Bis in die Prosperitätszeit hinein betrachteten sie die gesellschaftliche Ungleichheit noch eher aus der Vogelperspektive von oben: Sie stellten die ganz Anderen, die Armut und die Unterschichten oder die Arbeiterklasse in das Zentrum ihrer Forschung, ordneten sich selbst dabei aber in die höheren Schichten ein. Seit den 1960er Jahren dagegen sahen sich die Experten allmählich eher als Beobachter in der Mitte der Gesellschaft und nahmen mit den neuen Methoden der Umfragen und der grafischen Darstellungen nicht mehr nur die unteren Schichten, sondern die Gesellschaft als Ganzes in den Blick. Sie gewannen zudem mehr Einfluss auf die Politik und sogar auf die Gesellschaft und entwickelten daher einen ganz anderen Blick auf soziale Hierarchien und auf soziale Ungleichheit.[58]

Die Gründe für den neuen Blick auf soziale Ungleichheit liegen zum großen Teil in der Erfahrung der soeben behandelten Abschwächung von sozialen Unterschieden und Distinktionen, in der Erfahrung der verbesserten sozialen Lagen sowie in Änderungen des Lebensstils und auch im Einfluss der Sozialwissenschaften. Drei andere Ursachen, verbunden mit der damaligen Zeit, kamen hinzu.

Ungleichheitsvorstellungen wurden seltener als zuvor durch Gewalt und soziale Konflikte hochgepeitscht und verhärtet. Anders als in der Zwischenkriegszeit, als eine ganze Reihe von europäischen Ländern wie Deutschland, Österreich, Italien, Polen, Ungarn, Bulgarien und Jugoslawien bürgerkriegsähnliche Klassenkonflikte zwischen dem linken und rechten politischen Lager mit vielen Toten erlebte und paramilitärische Verbände der Rechten in diesen Ländern und im Gegenzug aufgekommene paramilitärische Verbände der Linken, wie etwa die österreichische Republikanische Schutzwehr oder das deutsche Reichsbanner Schwarz-rot-gold, in Konfrontation miteinander standen, wurden nach dem Zweiten Weltkrieg große paramilitärische Verbände nicht mehr zugelassen. Die politischen und sozialen Konflikte seit den 1950er Jahren forderten keine Todesopfer mehr. Zwar brachen direkt nach dem Zweiten Weltkrieg bürgerkriegsartige Kämpfe mit vielen Toten in Frankreich, Italien und Südost- und Osteuropa aus, aber sie waren nicht mehr so stark an soziale Milieus gebunden und wurden nach kurzer Zeit ebenfalls beendet. Mit diesem Auslaufen der Gewalt in den sozialen Konflikten milderten sich auch die durch Gewalt verhärteten, antagonistischen Ungleichheitsvorstellungen ab.

Man muss obendrein hinzufügen, dass auch die Streiks und Aussperrungen, also die nicht gewalttätigen, aber im Alltag sichtbaren und spürbaren sozialen Konflikte in den 1950er und frühen 1960er Jahren in den meisten europäischen Ländern zurückgingen, jedenfalls verglichen mit den heftigen Streiks und Aussperrungen während des Ersten Weltkriegs und der frühen 1920er Jahre und dann wieder während der späten 1940er Jahre direkt nach dem Zweiten Weltkrieg. Dieser Rückgang der Streiks und Aussperrungen beruhte anders als in der Zwischenkriegszeit nicht auf staatlichen Repressionen gegenüber der Arbeiterbewegung, sondern umgekehrt auf einer außergewöhnlichen Stärke und Durchsetzungskraft der Gewerkschaften ohne Streiks sowie auf einem außergewöhnlichen Zuwachs der Einkommen. Auch dadurch verloren Ungleichheitsvorstellungen an Schärfe.[59]

Ungleichheitsvorstellungen schwächten sich aber auch aus politischen Gründen ab, die bereits erwähnt wurden. Im Kalten Krieg entstand eine Rivalität zwischen zwei Gleichheitskonzepten: Auf der einen Seite befanden sich die amerikanisch inspirierten Vorstellungen von der Gleichheit der Chancen und der politischen Rechte der Bürger, auf der anderen Seite stand das sowjetische Konzept der Gleichheit der Arbeiter und Bauern, die in einer Diktatur gegen die anderen sozialen Milieus durchgesetzt werden sollte. Unabhängig davon, wie stark die Wirklichkeit diesen Konzepten widersprach, übten sie eine starke Faszination auf die Europäer aus und nahmen auch Einfluss auf ihre Vorstellungen von sozialer Ungleichheit.

Die politische Debatte über soziale Ungleichheit

Wurden diese Abmilderungen der sozialen Ungleichheit und ihre Grenzen auch in den politischen Debatten aufgenommen? Auch dieses Thema ist bislang nur wenig bearbeitet worden, da die Forschung zur Geschichte der politischen Ideen andere Themen und die Forschung zur Geschichte der sozialen Ungleichheit selten die politischen Debatten behandelte.

Nur Pierre Rosanvallon befasste sich auf der europäischen Ebene mit dieser politischen Debatte. In seiner Geschichte der politischen Ideen der sozialen Ungleichheit untersuchte er zumindest das westliche Europa. Nach seinen Beobachtungen gewannen zwischen dem Ende des Zweiten Weltkrieges und den 1970er Jahren soziale Gleichheitsvorstellungen in den politischen Debatten ein besonderes Gewicht. Den Bruch mit dem europäischen politischen Liberalismus und seinen ganz anderen Vorstellungen von Gleichheit sieht Pierre Rosanvallon in Europa zwar schon am Ende des 19. Jahrhunderts. Die Einführung der Einkommenssteuer und der staatlichen Sozialversicherungen, aber auch die Anerkennung von Gewerkschaften und kollektiven Tarifverhandlungen stellten für ihn bereits vor 1914 die zentralen Elemente dieses Umbruchs in den politischen Ideen dar (vgl. Kapitel 1). Aber erst nach dem Zweiten Weltkrieg wurde, so Rosanvallon, soziale Gleichheit zu einem Zentralthema der politischen Debatten. Sie wurde vor allem als Gleichheit zwischen sozialen Klassen verstanden.

Er nennt vier Gründe für diese Ausrichtung der politischen Debatten an Gleichheit zwischen sozialen Klassen: die Erfahrung der Solidarität im Zweiten Weltkrieg beim Kampf gegen die NS-Herrschaft über Europa; die internationalen Tendenzen zur Bekämpfung der Armut, zur Verbesserung der Chancengleichheit und zur Einkommensumverteilung in der Atlantikcharta, in der ILO und in den großen Nachkriegsreformen der Wohlfahrtsstaaten in Europa; und die Ost-West-Konkurrenz des Kalten Kriegs. Als vierte Ursache gilt ihm schließlich auch die verbreitete Vision von weniger Hierarchien in modernen Großunternehmen, die sich von den Aktionären und vom Staat zunehmend unabhängig machten. In ihnen wurden die Leitungspersönlichkeiten austauschbar, die Hierarchien reduziert und vor allem eine Gehälterspanne von 1:20 als sinnvoll angesehen, also weit entfernt von heutigen Disparitäten zwischen Beschäftigten- und Managergehältern. Allerdings will Rosanvallon einen Bruch in dieser Debatte über soziale Gleichheit in den 1970er Jahren ausgemacht haben, worauf später noch einzugehen sein wird.[60]

Vom Handeln auf zwei Politikfeldern wurde laut Rosanvallon zwischen dem Ende des Zweiten Weltkriegs und den 1970er Jahren oft eine Abmilderung der sozialen Ungleichheit erwartet: von der Steuerpolitik mit ihren hohen Steuersätzen für Wohlhabende und vom Wohlfahrtsstaat, der nicht nur mehr soziale Sicherheit, sondern auch eine Umverteilung und dadurch ein Mehr an sozialer Gleichheit herbeiführen sollte.

Für diese These Rosanvallons spricht viel. Allerdings unterschätzt er die Breite der damaligen politischen Debatte. Für drei weitere Politikfelder wurde der stückweise Abbau der sozialen Ungleichheit ebenfalls lebhaft diskutiert: in der Bildungspolitik mit ihrem damals viel diskutierten Ziel der Gleichheit der Bildungschancen für Frauen und für Unterschichten und deutlich weniger engagiert auch in der Gesundheitspolitik mit ihrem Ziel gleicher Gesundheitsversorgung. Noch weniger spektakulär fielen die

Debatten um die staatlichen und kommunalen Versorgungsleistungen aus, mit ihrem Ziel der gleichen Versorgung – etwa im Nahverkehr durch Abschaffung der Klassen in der U-Bahn, in der Volksbildung durch die Schaffung vieler öffentlicher Bibliotheken und Volkshochschulen, auch durch die staatliche Unterstützung des Massenkonsums etwa durch die Einrichtung öffentlicher Fernsehanstalten, durch die Verbesserung der technischen Ausstattung öffentlicher Rundfunkanstalten oder durch den öffentlichen Autobahn- und Straßenbau.

Folgten die politischen Debatten auch tatsächlich diesen Umbrüchen, die Pierre Rosanvallon vor allem an den Äußerungen von tonangebenden Sozialwissenschaftlern wie Karl Polanyi, John Kenneth Galbraith oder Peter Drucker festmacht? Wir wissen darüber bislang wenig. Es gibt jedoch Hinweise, dass sich die Sprache der Politiker ähnlich entwickelte. Dabei muss man allerdings berücksichtigen, dass die Sprache der Politik damals noch eine andere war. In einer Zeit, in der die Sozialwissenschaftler meist noch wenig Einfluss auf die Politik besaßen, kann nicht davon ausgegangen werden, dass die Sprache der Sozialwissenschaften direkt von der Politik übernommen wurde. Im Deutschen Bundestag etwa wurden bis in die 1970er Jahre in den Parlamentsreden und Parlamentsdrucksachen tatsächlich häufiger als ab den 1980er Jahren Ausdrücke benutzt, die ganze soziale Klassen bezeichneten wie Arbeiterschaft, Industriearbeiter, Angestelltenschaft und Beamtenschaft. Ausdrücke wie Mittelschichten oder Kapitalisten kamen in den Parlamentsreden und Parlamentsdrucksachen jener Zeit zumindest ähnlich häufig vor wie später ab den 1980er Jahren. Allerdings war die Sprache der Politiker zugleich auch diskreter und zielgerichtet unschärfer als die der Sozialwissenschaften. Ausdrücke wie Gesellschaftsklassen oder gar Klassengesellschaft, auch exkludierende Ausdrücke wie Bürgertum oder Bildungsbürgertum benutzten Politiker sehr selten.

Interessierten sich Politiker damals auch mehr für soziale Gleichheit? Für Rosanvallons These spricht, dass Ausdrücke wie Gleichheitsgrundsatz damals von Politikern *de facto* häufiger benutzt wurden als ab den 1980er Jahren. Über Chancenungleichheit oder von Armut sprach man zwar weit seltener. Aber vielleicht hat Rosanvallon recht, dass man bei diesen Ausdrücken eher an Unterschiede zwischen Individuen dachte, die damals noch nicht so sehr im Blickpunkt standen wie in den folgenden, unserer Gegenwart am nächsten liegenden Jahrzehnten.[61]

Zusammenfassung

Insgesamt waren die 1950er bis 1970er Jahre die Epoche, in der sich soziale Ungleichheit spürbar abmilderte. Besonders eindrucksvoll war der Rückgang der Vermögensungleichheit. Noch um 1950 lagen die Vermögen in den untersuchten Ländern in den Händen einer kleinen Bevölkerungsgruppe konzentriert. Um 1970 hatte sich diese Vermögenskonzentration außerhalb der Produktivvermögen erheblich abgemildert. Auch die Einkommensunterschiede nahmen in allen bisher untersuchten europäischen Ländern ab. Die Spitzeneinkommen verloren etwas von dem Anteil am Volkseinkommen, die unteren Einkommen gewannen etwas dazu, auch wenn es zeitweilig in einzelnen Ländern nach einem anderen Trend aussah.

Die soziale Ungleichheit der europäischen Gesellschaften veränderte sich allerdings umfassender, als es die These von Simon Kuznets über Vermögen und Einkommen vermuten lässt. In dreierlei Hinsicht gingen die Veränderungen der sozialen Gleichheit während der 1950er und 1960er Jahre darüber hinaus: Auch andere Dimensionen der sozialen Ungleichheit wie die Bildungschancen besonders für Frauen und die Ungleichheit der Wohnqualität milderten sich etwas ab. Die sozialen Distinktionen, die nach unten und nach oben gezogen wurden, entschärften sich ein wenig. Die Wahrnehmung der sozialen Gleichheit wurde, soweit wir wissen, ebenfalls etwas milder, und Europäer ordneten sich selbst etwas häufiger in der gesellschaftlichen Mitte ein. Dieser Abmilderungstendenz folgten nicht alle europäischen Länder, auch nicht alle großen Länder, aber doch die Mehrzahl der europäischen Länder. Europa wuchs im Zuge dieser Abmilderung auch nicht zusammen. Ganz im Gegenteil hielt es sich am Ende der Prosperitätszeit für tief gespalten in ein westliches Europa mit immer noch viel Ungleichheit und in ein östliches kommunistisches Europa mit erheblich weniger Ungleichheit der Vermögen, der Einkommen, der Bildungschancen und der sozialen Distinktionen. Aber aus der Retrospektive herrschte überall ein ähnlicher Trend der Abmilderung.

Diese Abmilderung war keine europäische Besonderheit. Auch außerhalb Europas, in den reichen Ländern Nordamerikas und Ostasiens, aber auch in der damaligen Dritten Welt lässt sich eine solche Abmilderung erkennen. Aber in Europa gingen diese Abmilderungen vor allem in den Vermögen und Einkommen, wohl auch bei den Bildungschancen besonders weit. Europa verlor in dieser Epoche den Ruf, eine alte, immobile, in ungerechtfertigten und bizarren sozialen Ungleichheiten erstarrte Gesellschaft zu sein. Allerdings wurde sich Europa erst nach dieser Epoche allmählich dessen bewusst, dass es in mancher Hinsicht ein Stück weniger soziale Ungleichheit bot als die Vereinigten Staaten, die in Europa immer als Modell der sozialen Gleichheit gegolten hatten.

Die Abmilderung der sozialen Ungleichheit in Europa besaß freilich auch klare Grenzen. Einige Dimensionen der sozialen Ungleichheit änderten sich überhaupt nicht erkennbar, weder die Einkommensunterschiede zwischen den Geschlechtern noch die Ungleichheiten der Belastung der privaten Haushalte mit Mieten. Auch an den sozialen Ungleichheiten der Gesundheit, den Bildungsunterschieden, den unterschiedlich verteilten Mobilitätschancen oder an der Abgeschlossenheit der Heiratskreise änderte sich kaum etwas. Diese Grenzen der Abmilderung von Ungleichheit wurden bisher oft übersehen, weil sich die Forschung zu sehr auf Vermögen und Einkommen fixierte und sie sich manchmal auch der unrealistischen Illusion hingab, dass Vermögen und Einkommen über alles in der Frage der sozialen Ungleichheit entscheiden würden. Diese Grenzen der Abmilderung ändern freilich nichts am Gesamteindruck einer erstaunlichen Epoche der Abmilderung der sozialen Ungleichheit. Aber für die Beurteilung der darauf folgenden Epoche machen sie, wie wir gleich sehen werden, einen Unterschied.

Trotz all ihrer Begrenztheit zeigt diese Abmilderung der sozialen Ungleichheit auch, dass wirtschaftliches Wachstum nicht zwingend mit einer Verschärfung sozialer Ungleichheit verbunden sein muss und dass auch im Kapitalismus soziale Ungleichheit abgemildert werden kann. In einer Zeit stürmischen wirtschaftlichen Wachstums in Europa schwächte sich die soziale Ungleichheit tatsächlich ab. Aus heutiger Sicht erscheint diese Epoche als eine entschwundene Zeit und man fragt sich, ob sie wiederholbar ist oder auf einmaligen historischen Umständen beruhte.

In unserer Gegenwart mit ihrer unverkennbaren Wiederverschärfung sozialer Ungleichheiten gewinnen deshalb die Ursachen für die damalige Abmilderung eine neue Aktualität. Diese Abmilderung der sozialen Ungleichheit war einerseits das oft unbeabsichtigte Ergebnis von staatlicher Intervention, vor allem des Aufbaus des modernen Wohlfahrtsstaats, der Politik fortgesetzt hoher Spitzensteuersätze und der hohen staatlichen Bildungsinvestitionen. Sie ließen sich in der Prosperitätszeit mit ihren abgeschwächten politischen Verteilungskämpfen auch leichter durchsetzen. Diese politische Abmilderung der sozialen Ungleichheit hatte auch viel mit dem Kalten Krieg und seiner Konkurrenz zwischen zwei Gleichheitsversprechen zu tun, dem amerikanischen Programm der Gleichheit der Staatsbürger und der Wohlfahrtsstaatsklienten und dem Programm der UdSSR für soziale Gleichheit durch eine Diktatur, die alle abweichenden Tendenzen und Schichten zu beseitigen versuchte.

Diese Abmilderung der sozialen Ungleichheit besaß andererseits auch wirtschaftliche Gründe. Hierzu zählen der Abbau der großen traditionellen Einkommensdisparitäten zwischen der Industrie und der Landwirtschaft, das rasch wachsende Angebot an Hochqualifizierten und dadurch der Druck auf höhere Einkommen, die Alphabetisierung und die Verknappung der ungelernten Arbeitskräfte durch die Industrialisierung auch in Süd- und Osteuropa und der umgekehrte Druck auf untere Einkommen, die höheren privaten Bildungsausgaben in einer Zeit wirtschaftlicher Prosperität und wachsender Einkommen und schließlich die Massenkonsumgesellschaft mitsamt ihrer Auswirkungen auf soziale Distinktionen. Man sollte allerdings nicht vergessen, dass in dieser Epoche soziale Ungleichheit auch durch zwei Faktoren verstärkt wurde, die heute kaum noch eine Rolle spielen: die Dominanz der Industriewirtschaft, die mehr Ungleichheit erzeugte als die heute vorherrschende Dienstleistungsgesellschaft; und die klassische Bildungsgesellschaft des 19. und frühen 20. Jahrhunderts mit ihren enormen Unterschieden zwischen einer sehr schmalen Schicht von akademisch Ausgebildeten und einer großen Masse von schlecht oder gar nicht Ausgebildeten. Wer diese historischen Widerstände nicht berücksichtigt, wird die besonders ungewöhnliche Abmilderung der sozialen Ungleichheit in den 1950er bis 1970er Jahren nicht verstehen.

Die damalige Situation lässt sich heute nicht vollständig wiederherstellen, um soziale Ungleichheit wieder abzumildern und den gegenwärtigen Trend zu wachsender Ungleichheit umzukehren. Die entscheidenden Faktoren der damaligen Abmilderung von Einkommensunterschieden sind Geschichte. Trotzdem sollte man die damaligen Abmilderungen der sozialen Ungleichheit nicht zu rasch als eine einzigartige und nie mehr wiederholbare historische Entwicklung verstehen. Ähnlich wirkungsvolle politische und wirtschaftliche Veränderungen sind auch in der Gegenwart vorstellbar.

4. Soziale Ungleichheit seit den 1980er Jahren – eine Ära der Wiederzunahme

Seit den 1980er Jahren nahm die soziale Ungleichheit wieder zu. Einem Vierteljahrhundert der Abmilderung der sozialen Ungleichheit folgte eine lange Zeit der Wiederverschärfung der sozialen Ungleichheit. Diese Kehrtwende in der Geschichte der sozialen Ungleichheit wurde zuerst 1990 in der *Luxemburg Income Study* unter Führung der britischen und amerikanischen Ökonomen Anthony B. Atkinson und Timothy M. Smeeding registriert.[1] Sie wurde inzwischen von vielen Untersuchungen bestätigt, darunter von der Studie der OECD 2009 über die Einkommensverteilung im Westen seit 1985 und den seit 2012 in rascher Folge erscheinenden Büchern der berühmten Ökonomen Joseph Stiglitz, Angus Deaton, Thomas Piketty, Branko Milanović und erneut Atkinson, des Historikers Hans-Ulrich Wehler und des Soziologen Göran Therborn.[2]

Diese These von der Wiederverschärfung der sozialen Ungleichheit, die bisher vor allem von Ökonomen vertreten wird, beschränkt sich genauso wie die These von Simon Kuznets auf die Einkommensverteilung und behandelt im besten Fall darüber hinaus auch noch die Vermögensverteilung. Ob auch die Wiederverschärfung der sozialen Ungleichheit seit den 1980er Jahren ein so breiter Prozess war wie die Abmilderung zwischen den 1950er und 1970er Jahren, wird von den meisten Ökonomen nicht diskutiert, ist aber für die historische Bewertung dieses Prozesses zentral. Deshalb wird in diesem Kapitel wiederum soziale Ungleichheit als ein sehr viel breiterer Prozess verstanden und verfolgt, ob sie wirklich nur aus einer Verschärfung der Einkommens- und Vermögensdisparitäten bestand oder ob sie sich wiederum auch in anderen Dimensionen der sozialen Ungleichheit fassen lässt.

Tatsächlich war die Wiederverschärfung der sozialen Ungleichheit seit den 1980er Jahren nicht einfach ein Zurückspulen des Prozesses der Abmilderung der sozialen Ungleichheit zwischen den 1950er und den 1970er Jahren. Wir befinden uns nicht in einem Film, der auf den Anfang zurückläuft und in dem sich Menschen und Fahrzeuge rückwärts bewegen. Die europäischen Gesellschaften haben sich inzwischen weiterentwickelt. Bestimmte Abmilderungen der sozialen Ungleichheit ließen sich nicht einfach wieder zurückdrehen. Deshalb ist es wichtig, sehr genau zu erfassen, was seit den 1980er Jahren geschah, wo die Verschärfung der sozialen Ungleichheit eintrat und welche Bereiche der Gesellschaft davon ausgespart blieben. Schon die Abmilderung der sozialen Gleichheit während der 1950er bis 1970er Jahre hatte ihre Grenzen. Genauso besaß der Prozess der Wiederverschärfung der sozialen Gleichheit Grenzen, die genauer zu kennen sich lohnt. Wir betrachten daher ähnlich wie in den anderen Teilen des Buches zunächst wiederum die verschiedenen Dimensionen sozialer Ungleichheit, also Einkommen, Vermögen, Bildung, Wohnen, Gesundheit und soziale Mobilität. Erst dann ist die Entwicklung der sozialen Trennlinien seit den 1980er Jahren zu beobachten, bevor wir schließlich den Wandel der Wahrnehmung sozialer Ungleichheit und der politischen Debatte darüber verfolgen.

Es geht aber auch in diesem Kapitel um mehr: nämlich um die Frage, wie wirtschaftliche Dynamik und soziale Ungleichheit zueinander stehen. Müssen wir zu der Sicht zurückkehren, die bis in die 1950er Jahre vorherrschte und bis heute vertreten wird: nach der wirtschaftliches Wachstum und die Verschärfung der sozialen Ungleichheit im Kapitalismus eng zusammenhängen und nach der für wirtschaftliches Wachstum mit hoher sozialer Ungleichheit zu bezahlen ist?[3] Dann müsste man die Epoche der Abmilderung zwischen der 1950er und 1970er Jahren als eine Ausnahme von der Regel ansehen, die auf den außergewöhnlichen Umständen dieser Epoche beruhte – also vor allem auf der dramatischen Modernisierung der Landwirtschaft, auf der Beseitigung des Analphabetentums, auf den hohen Steuern für Spitzeneinkommen, auf der Einrichtung des modernen Wohlfahrtsstaates und auf der außergewöhnlichen Macht der Gewerkschaften und als Hintergrund für all das auf dem ganz außergewöhnlich hohen, unwiederholbaren Wirtschaftswachstum. Die Wiederverschärfung der sozialen Ungleichheit seit den 1980er Jahren wäre dann eine Rückkehr zur Normalität.

Oder können wir an der These festhalten, dass hohe wirtschaftliche Dynamik die soziale Ungleichheit nicht verschärft, sondern abbaut? Dann hätte die Rückkehr der sozialen Ungleichheit seit den 1980er Jahren mit der geringen wirtschaftlichen Dynamik Europas und dem Abstieg Europas zum wirtschaftlich am wenigsten dynamischen Kontinent neben Afrika zu tun.

Oder lassen sich solche allgemeinen Schlüsse aus dem Fall Europa überhaupt nicht ziehen, weil sich die soziale Ungleichheit in Europa oft anders als der allgemeine globale Trend entwickelte und sich seit den 1980er Jahren die soziale Ungleichheit in Europa weniger verschärfte als in der übrigen Welt? Dann müssten wir vor allem auf Eigenarten der europäischen Gesellschaft in Wirtschaft und Politik achten. Am Ende dieses Buches versuchen wir, eine Antwort auf diese Fragen zu geben.

Verteilung der Einkommen

Seit den 1980er Jahren setzte sich ein neuer, erstaunlich einheitlicher Trend zu einer Zunahme der Einkommensdisparitäten durch. Allerdings muss zwischen dem westlichen und dem östlichen Europa unterschieden werden.

Im westlichen Europa nahmen zwischen der Mitte der 1980er Jahre und der Jahrhundertwende die Einkommensdisparitäten wieder zu. Der Gini-Koeffizient stieg laut der *Organization for Economic Cooperation and Development* (OECD) in ihren 15 Mitgliedsländern im westlichen Europa fast durchweg an. Dabei untersucht die OECD verfügbare Haushaltseinkommen nach Steuern und Sozialabgaben. Nur in wenigen Ländern, in Frankreich, in Spanien, in Griechenland und in Irland, milderten sich die Einkommensunterschiede ab, in den beiden großen Ausnahmeländern, also in Frankreich und Spanien, auch nur bis zur Mitte der 1990er Jahre. Der Trend zur Zunahme der Einkommensunterschiede war in Europa in diesen beiden Jahrzehnten besonders breit.[4] Auch die Spitzeneinkommen, das oberste Prozent und die obersten zehn Prozent der Einkommensempfänger, vergrößerten ihren Anteil am Volkseinkommen wieder. Folgt man der *Luxemburg Income Study*, die die Einkommensverteilung vor Steuern und Abgaben erfasst, geschah das in allen neun dokumentierten westeuropäischen Ländern, wenn auch in unterschiedlichen Jahrzehnten. Nur in Frankreich erweiterten die französischen Spitzeneinkommen, das oberste Prozent, ihren Anteil nicht (vgl. auch Tabelle 2a und 2b).

Im östlichen Europa verlief die Entwicklung in die gleiche Richtung, allerdings in anderer Intensität. Die Einkommensdisparitäten stiegen erst in der Zeit der Transition im ehemaligen sowjetischen Imperium während der 1990er Jahre sprunghaft und damit später, aber dafür rascher als im westlichen Europa an. Sie stabilisierten sich erst um die Jahrhundertwende und gingen sogar teilweise zurück.[5] Sie dürften vor dem Fall der Mauer niedriger gewesen sein als in den meisten Ländern des westlichen Europa. Schon am Anfang der 2000er Jahre dagegen befanden sie sich auf einem ähnlichen

Niveau wie im westlichen Europa. Sie waren in Tschechien und der Slowakei so niedrig wie in skandinavischen Ländern, lagen in Polen auf dem Niveau von Spanien und erreichten in einem Extremfall, in Russland, Ausmaße, wie sie sonst nur noch in der Türkei anzutreffen waren.[6]

Allerdings stiegen die Einkommensdisparitäten in Europa, wenn wir von Osteuropa absehen, meist weniger stark an als in anderen Teilen der Welt. Sie verschärften sich nicht nur in den USA heftiger als in Europa. Auch in den Ländern der südlichen Hemisphäre, die bisher untersucht wurden, in China, Indonesien, Indien und Südafrika, schnellten die Einkommensdisparitäten stärker in die Höhe als in den meisten europäischen Ländern. Um die Jahrhundertwende ließen sich daher nur in wenigen Teilen der Welt, nämlich in Japan und Zentralasien, so niedrige Einkommensdisparitäten beobachten wie in Europa.[7] Natürlich sollte man darüber nicht die Verschärfung der sozialen Ungleichheit in Europa aus den Augen verlieren. Auch sollte nicht übersehen werden, dass die Tendenz in Europa anders aussieht, wenn die Einkommensverteilung in der Europäischen Union als Ganzes betrachtet wird. Sie ging zwar nach Martin Heidenreich zeitweise in der alten Europäischen Union vor der Osterweiterung zurück.[8] Aber nach der Osterweiterung waren die Einkommensunterschiede in der Europäischen Union als Ganzem nach den Berechnungen von Michael Dauderstädt ähnlich groß wie in Russland und Indien, unter Berücksichtigung der in Europa enorm unterschiedlichen Kaufkraft immer noch ähnlich groß wie in den USA. Nach Zsolt Darvas blieb die Verteilung der Einkommen *vor* Steuern und Abgaben in der Europäischen Union als Ganzem seit der Mitte der 1990er Jahre stabil, war aber bis vor wenigen Jahren ungleicher als in den USA. Die Verteilung der Einkommen *nach* Steuern und Abgaben sank in der Europäischen Union als Ganzem seit dieser Zeit und war weniger scharf als in den USA.[9] Es bleibt gleichzeitig auch richtig, dass in den meisten einzelnen europäischen Ländern im globalen Vergleich die Einkommensunterschiede trotz ihrer Verschärfung in jüngster Zeit doch nur in begrenztem Maße hoch waren.

Was verbarg sich hinter diesen wachsenden Einkommensdisparitäten? Welche Einkommensgruppen waren die Verlierer oder Gewinner? Die Spitzeneinkommen gewannen, was zunächst nicht überraschend ist. Dabei ergibt es erstaunlicherweise und anders als in früheren Epochen fast immer keinen Unterschied, ob man die obersten 10 Prozent der Einkommen, das oberste Prozent oder das oberste Promille, also die Spitzen der Spitzeneinkommen, verfolgt. In den meisten Ländern des westlichen Europas, in Dänemark, in Frankreich, in Finnland, in der Bundesrepublik, in Irland,

Italien, in den Niederlanden, in Norwegen, in Portugal, in Schweden, in der Schweiz und in Großbritannien, stiegen die Einkommensanteile aller Spitzeneinkommen am Volkseinkommen wieder an, fast überall seit den frühen 1980er Jahren, in Großbritannien schon seit 1980, in den meisten skandinavischen Ländern, also in Dänemark, in Norwegen und in Schweden, erst seit den 1990er Jahren.

Ganz entscheidend bei diesem Umbruch hin zu einer Wiederverschärfung der Einkommensunterschiede war allerdings, dass die Spitzeneinkommen in den meisten Ländern des westlichen Europas in den 1990er Jahren nicht wieder die früheren Einkommensanteile der 1960er Jahre erreichten. Die Wiederverschärfung hob daher die Abmilderung bis zu den 1970er Jahren nicht wieder völlig auf. Es gab nur drei Ausnahmen. Es ist nicht sehr überraschend, dass in Großbritannien und in Irland die Einkommensanteile der Spitzeneinkommen in den 1990er Jahren in noch höherem Maße stiegen als in den 1960er Jahren. Im Vergleich zum europäischen Kontinent waren diese beiden Länder in den 1990er Jahren ein Paradies für Spitzeneinkommen. Überraschender ist, dass auch in einem skandinavischen Land, Norwegen, die Spitzeneinkommen in der 1990er Jahre einen größeren Anteil des Volkseinkommens erreichten als in den 1960er Jahren.[10]

Die viel diskutierten mittleren Einkommen gehörten dagegen zwischen der Mitte der 1980er Jahre und der Mitte der 2000er Jahre zeitweise zu den Verlierern. Zwar sanken sie fast nirgends. Vor allem in Boomländern wie Irland, Spanien und Portugal wuchsen sie sogar außergewöhnlich rasch an. Nur in der Türkei und ab der Mitte der 1990er Jahre auch in Österreich gingen sie wirklich zurück. Aber mit den enormen Einkommenszuwächsen der Spitzeneinkommen kamen die mittleren Einkommen im Allgemeinen nicht mit. Ihre Einkommenszuwächse lagen im europäischen Durchschnitt sogar unter dem Gesamtzuwachs der Einkommen. Die Gesamteinkommen stiegen nach einer Untersuchung der OECD zwischen der Mitte der 1980er Jahren und der Mitte der 1990er Jahre um 1,9 Prozent jährlich, die mittleren Einkommen dagegen nur um 1,6 Prozent. Dabei blieb es freilich nicht. Zwischen der Mitte der 1990er Jahre und der Mitte der 2000er Jahre stiegen die Gesamteinkommen um 2,0 Prozent jährlich, die mittleren Einkommen um 2,1 Prozent. Die OECD überzeugt daher nicht ganz, wenn sie meint, dass die mittleren Einkommen »in das Hintertreffen« gerieten.[11] Sie hätte hinzufügen sollen, dass in Europa die mittleren Einkommen fast nirgends schrumpften und dass sie zwischen der Mitte der 1990er Jahre und der Mitte der 2000er Jahre wieder den europäischen Durchschnitt erreicht hatten.

Entschieden stärker verloren die unteren Einkommen. Nach der Untersuchung der OECD stiegen zwar auch sie in Europa, nach dem Zusammenbruch des sowjetischen Imperiums ab der Mitte der 1900er Jahre auch in Tschechien und Ungarn. Aber die unteren Einkommen blieben noch stärker als die mittleren Einkommen während des gesamten Zeitraums hinter dem Wachstum der Gesamteinkommen zurück. Sie wuchsen zwischen der Mitte der 1980er Jahre und der Mitte der 1990er Jahre in Europa nur um 1,4 Prozent jährlich, also deutlich niedriger als der Durchschnitt aller Einkommen mit 1,9 Prozent. Von der Mitte der 1990er Jahre bis zur Mitte der 2000er Jahre nahmen sie immer noch nur um 1,8 Prozent jährlich zu, also wiederum weniger als die 2,0 Prozent im Durchschnitt aller Einkommen. Sie blieben nicht nur hinter den Spitzeneinkommen, sondern auch hinter den mittleren Einkommen zurück. In manchen Ländern wie Italien, Norwegen, Deutschland und der Türkei schrumpften sie sogar zeitweise.[12] Die eigentlichen Verlierer waren deshalb die unteren Einkommen.

Waren auch die Frauen und die Jungen die Verlierer? Frauen befanden sich gewiss nicht überall in Europa auf der Verliererseite. Nicht überall stieg oder stagnierte der Abstand der Frauenlöhne gegenüber den Männerlöhnen. Aber der Rückgang dieses Abstandes verlor seinen Schwung. Noch in den späten 1960er und den frühen 1970er Jahren hatte die europäische Statistikbehörde *Eurostat* für die damaligen Mitglieder der Europäischen Gemeinschaft musterhafte Zahlen über das Aufholen der Frauenlöhne veröffentlichen können.[13] Ab Mitte der 1980er Jahre begannen dagegen in einem gewichtigen Teil der Mitgliedsländer die Lohnunterschiede zwischen Männern und Frauen zu stagnieren, hin und her zu schwanken oder sogar über längere Zeit wieder anzusteigen.[14] In welchem Land dieser Lohnabstand stagnierte oder stieg, in welchem Land er immer noch sank, änderte sich oft. In fast keinem Land hielt sich eine Tendenz dauerhaft. Erst in der Zeit zwischen 2002 und 2013 begann der Rückstand der Frauenlöhne wieder fast überall abzuschmelzen. Der Rückstand bei den Frauenlöhnen ging in fast allen Mitgliedsländern der Europäischen Union zurück, wenn auch weiterhin mit sehr großen Unterschieden zwischen den europäischen Ländern.[15]

Auch unter den Altersgruppen gab es Gewinner und Verlierer in der Einkommensentwicklung zwischen der Mitte der 1980er Jahre und der Mitte der 2000er Jahre. Die Gewinner waren im europäischen Durchschnitt nach der Untersuchung der OECD eher die älteren Altersgruppen zwischen 51 und 65 Jahren und zwischen 66 und 75 Jahren, die um die Mitte der 2000er Jahre allmählich an das Ende ihrer Karriere gelangten oder schon pensioniert waren und ihre Karriere häufig bereits in der Prosperitätszeit begonnen hatten. Die Verlierer dagegen waren eher die jüngere Altersgruppe zwischen 18 und 25 Jahren und in geringerem Ausmaß zwischen 25 und 40 Jahren, deren Karrieren stärker von der schwierigen Situation seit den 1980er Jahren geprägt waren. In zwei so unterschiedlichen Ländern wie Großbritannien und Deutschland war das Armutsrisiko unter den Rentnern bzw. unter den Alten seit den 1990er Jahren meist deutlich geringer als unter den Erwerbstätigen.[16]

Wie sind die überwiegend wachsenden Einkommensdisparitäten nun zu erklären? Es gibt zwei Erklärungswege: Auf der einen Seite spricht manches dafür, dass die außergewöhnlich günstigen Ursachen für Ungleichheitsabmilderungen der »trente glorieuses«, der Prosperitätszeit, die im dritten Kapitel behandelt wurden, seit den 1980er Jahren wegfielen.[17] Die Spitzensteuersätze wurden oft gesenkt, teils weil damit Wirtschaftswachstum stimuliert werden sollte, teils weil die Belastungen der Bevölkerung durch den Zweiten Weltkrieg verschwunden waren, teils weil eine breite anti-etatistische Strömung gegen angeblich unfaire Belastungen durch den Staat aufkam.[18] Der Wohlfahrtsstaat geriet zunehmend in die öffentliche Kritik. Die Wohlfahrtsstaatsausgaben, auch die Bildungsausgaben, stiegen nicht mehr so rasch wie in der Epoche zuvor. Die Macht der Gewerkschaften ging zurück und damit auch ihr Einfluss auf die Steigerung der Lohnquote und die Abmilderung der inneren Unterschiede zwischen den Lohneinkommen. Die Vermögenskonzentration, von der gleich noch die Rede sein wird, milderte sich nicht mehr ab. Damit sanken auch die Unterschiede der Einkommen aus Vermögen nicht mehr. Der Rückstand der landwirtschaftlichen Einkommen gegenüber den industriellen Einkommen hatte sich abgemildert und ließ sich nicht noch erheblich weiter abbauen. Ungelernte Analphabeten mit extrem niedrigen Einkommen waren in Europa selten geworden. Man kann durchaus argumentieren, dass die normalen ungleichheitstreibenden Faktoren des Kapitalismus wieder wirksam wurden, nachdem alle diese ganz speziellen und ganz außergewöhnlichen Gründe für die Abmilderung der Einkommensungleichheit wegfielen.

Auf der anderen Seite spricht vieles dafür, dass die neuen Einkommensunterschiede nicht einfach mit der grundsätzlichen Natur des Kapitalismus zusammenhingen, sondern eine neue Epoche mit speziellen historischen Gründen für eine Verschärfung der Einkommensunterschiede anbrach. Die unteren Einkommen wurden geschwächt durch die kontinuierlich wachsende Arbeitslosigkeit, durch die neuen Niedriglohnsektoren in den persönlichen Dienstleistungen, durch die neuen Ungelernten unter den Migranten der zweiten Generation, durch das neue Familienmodell der oft mit Armut konfrontierten Ein-Eltern-Familie, durch die Stagnation der realen Durchschnittseinkommen und die wachsende Armut, alles Folgen des schwachen Wirtschaftswachstums. Die oberen Einkommen wurden hingegen gestärkt durch die marktliberale Politik sinkender Spitzensteuersätze für Einkommen und der milderen Besteuerung der Unternehmen, durch die Entstehung eines globalen Managermarktes und die wachsende Unabhängigkeit der Manager von den Aktienbesitzern, die nach Atkinson und Piketty die Managergehälter in die Höhe trieb und damit den Anteil der Spitzeneinkommen am Volkseinkommen ansteigen ließ.[19] Sie wurden auch verstärkt durch das neue Familienmodell der beiden berufstätigen und gut verdienenden Ehepartner ohne Kinder und schließlich in besonderem Maß durch die rasche Expansion des Finanzsektors, der extrem scharfe Einkommensdisparitäten besitzt und der viel der Deregulierung der Finanzmärkte besonders in den 1990er Jahren verdankte. Wie sich allerdings die Finanz- und Schuldenkrise 2008–2012 auf die Einkommensverteilung auswirkte, ist bisher noch zu wenig untersucht.

Hinter diesem Trend stehen – wie schon angedeutet wurde – erhebliche Unterschiede zwischen den europäischen Ländern. Um die Mitte der 2000er Jahre lassen sich, auf der Grundlage der OECD-Studien, vier Gruppen unterscheiden: eine erste Gruppe mit besonders geringen Einkommensabständen, der die beiden skandinavischen Länder Dänemark und Schweden angehören. Daneben befindet sich eine zweite besonders große Gruppe von europäischen Ländern, in denen die Einkommensabstände schon größer waren, aber immer noch unterhalb des Durchschnitts der OECD lagen und zu der fast alle alten EWG-Länder, auch Deutschland, zudem die meisten ostmitteleuropäischen Länder, also Tschechien, die Slowakei und Ungarn, auch die Alpenländer Österreich und die Schweiz und darüber hinaus auch zwei skandinavische Länder, Finnland und Norwegen, gehörten. In einer dritten Gruppe lagen die Einkommensabstände über dem Durchschnitt der OECD-Länder. Zu ihr gehörten alle Südländer, also Griechenland, Italien, Spanien und Portugal, aber auch Großbritannien und Irland und schließlich auch Polen. Weit ab vom übrigen Europa rangierte viertens mit sehr großen Einkommensabständen die Türkei. Ähnlich hoch waren nach anderen Erhebungen – wie schon erwähnt – nur noch die Einkommensabstände in Russland.[20] Es fehlt der Raum, um auf die Gründe für diese Unterschiede einzugehen, die viel mit unterschiedlicher Steuerpolitik,

Unterschieden bei den Wohlfahrtsstaatsausgaben und der Bildungspolitik, aber auch mit unterschiedlichen Grundsätzen der Wirtschaftspolitik und der Deregulierung zu tun haben.

Seit der Verschärfung der Einkommensdisparitäten ab der Mitte der achtziger Jahre hatte sich an diesen Unterschieden zwischen den europäischen Ländern grundsätzlich wenig geändert. Drei Veränderungen gab es allerdings doch. Erstens verschwand mit dem Zusammenbruch des sowjetischen Imperiums der einschneidende Unterschied des Kalten Krieges zwischen dem östlichen und westlichen Europa, wobei die deutlich geringeren Einkommensunterschiede im östlichen Europa schlecht untersucht sind. Zweitens scheinen die skandinavischen Länder noch in den 1970er Jahren untereinander ähnlicher gewesen zu sein. Es gab einen gewissen skandinavischen Block der geringeren Einkommensunterschiede, der in den 1950er Jahren entstanden war, nachdem in der Zwischenkriegszeit skandinavische Länder zwar moderate Demokratien gewesen waren, aber noch keine besonders geringen Einkommensunterschiede aufwiesen. Im Verlauf der 1980er und 1990er Jahre nahmen die Einkommensabstände in Finnland und Norwegen dann überdurchschnittlich zu. Drittens veränderte sich der Unterschied zwischen Frankreich und der alten Bundesrepublik bzw. Deutschland. In den 1970er Jahren waren die Einkommensunterschiede in Frankreich höher als in der alten Bundesrepublik. Frankreich erschien damals mit seinen exklusiven »grandes écoles« und seinem sich scharf nach unten abgrenzenden Bürgertum vielen in Deutschland als Hort der sozialen Ungleichheit. Während der 1980er und 1990er Jahre nahmen in Deutschland die Einkommensunterschiede überdurchschnittlich rasch zu. In der Mitte der 2000er Jahre waren daher die Einkommensunterschiede in Deutschland ähnlich oder sogar größer geworden als in Frankreich, was viele noch nicht wahrnehmen .[21]

Diese Verschärfung der Einkommensverteilung ist allerdings inzwischen eine abgeschlossene Epoche. Seit dem Ende der 1990er Jahre wurde der Trend zu wachsenden Einkommensdisparitäten abgebremst. In der Mehrheit der europäischen Länder blieben seit den späten 1990er Jahren die Einkommensdisparitäten unverändert oder sanken sogar in manchen Fällen wieder leicht ab. In großen Ländern wie Großbritannien, Frankreich, Italien und Deutschland, aber auch in wichtigen kleineren Ländern wie Schweden oder der Schweiz setzte sich dieser neue Trend durch. Nur in einer Minderheit der europäischen Länder stiegen die Einkommensdisparitäten weiter an. In den größeren Ländern geschah dies vor allem in Polen und jüngst in Spanien. Im

Unterschied zu Europa nahm in den USA die Einkommensungleichheit kontinuierlich zu.[22] Selbst während der Schuldenkrise 2008–2012 verschärften sich in der Europäischen Union als Ganzes die Unterschiede der Haushaltseinkommen nach Steuern nicht wieder. Die Schuldenkrise wirkte in den hart getroffenen Ländern ganz unterschiedlich: Sie führte in Irland zu einer leichten Abmilderung, änderte in Portugal nichts und ließ nur in Spanien und Griechenland die Einkommensunterschiede leicht ansteigen. Etwas angestiegen sind die Unterschiede freilich auch in weniger hart getroffenen Ländern wie Deutschland.[23]

Es sieht nicht so aus, als ob dieser letzte neue Trend, das Abflauen der Verschärfung der groben Einkommensunterschiede, eine europäische Besonderheit war. Auch in den großen Ländern der Welt, in China und in Indien und daneben auch in Russland, in Brasilien und auch in der Türkei nahmen die groben Einkommensdisparitäten in diesem Zeitraum oft nicht mehr zu.[24] In den meisten nicht-europäischen OECD-Ländern, in Australien, Neuseeland, Japan, Mexiko, Kanada und daneben auch in der Türkei, stiegen die Einkommensdisparitäten bereits in den 1990er Jahren nicht mehr an.[25] In vielen Ländern Lateinamerikas schwächten sich, so Anthony B. Atkinson, in den 2000er Jahren die Einkommensverteilung und die Armut sogar ab, weil Mindestlöhne festgesetzt wurden und wohlfahrtsstaatliche Transfers in die untersten Einkommensgruppen flossen.[26] Die 2000er Jahre verdienen es deshalb, auch in anderen Erdteilen genauer untersucht zu werden. Ob das die ersten Anzeichen einer erneuten längeren Abmilderung der Einkommens- und Vermögensverteilung sind, wie sich das Branko Milanović vorstellt, lässt sich bisher überhaupt nicht absehen.[27]

Was sind die Gründe für diesen neuen Trend in Europa? Man wird in drei Richtungen suchen müssen. Erstens nahm die Massenarbeitslosigkeit in der Europäischen Union in den 2000er Jahren nicht mehr zu und fiel geringer als in den 1990er Jahren aus. Mit sieben Prozent (2007) lag sie spürbar unter den elf Prozent der späten 1990er Jahre. Mit dem Rückgang der Arbeitslosigkeit stiegen die unteren Einkommen wieder an. Erst mit der Schuldenkrise nahm die Arbeitslosigkeit wieder zu und kletterte mit elf Prozent (2012/13) auf das Niveau der 1990er Jahre, bevor sie seit 2014 wieder etwas zu sinken begann.[28] Auch Entwicklungen im Bildungsbereich trugen dazu bei, die Verschärfung der Einkommensunterschiede zu bremsen. Die Bildungsausgaben lagen nach der Jahrhundertwende höher als in den 1990er Jahren, da die Regierungen die große Bedeutung der Bildung für Wirtschaft und Wohlstand besser verstanden und neue Prioritäten setzten. Der Anteil der Bevölkerung, der eine Tertiärausbildung, also eine Hochschulausbildung oder eine Fachhochschulausbildung, besaß und damit mittlere bis höhere Einkommen erreichte, stieg in den 2000er Jahren unter den Erwerbstätigen der Europäischen Union spürbar an.[29] Schließlich gingen die stürmischen Jahre der Globalisierung der 1980er und vor allem der 1990er Jahre allmählich zu Ende. Der Welthandel wuchs nicht mehr stärker als das Wirtschaftswachstum. Damit verkleinerten sich auch die Auswirkungen der Globalisierung auf die Einkommensverteilung. Die enormen Gewinne besonders aus der globalisierten Finanzwirtschaft, die durch Deregulierung und durch internationale digitale Vernetzung entstanden war, hielten sich nicht vollständig. Die Verlagerung von Arbeitsplätzen aus Europa in die südliche Hemisphäre und die dadurch erzeugte Arbeitslosigkeit verloren ihre Dynamik und verstärkten daher die Armutsrisiken nicht mehr so stark. Über diese Gründe muss zweifelsohne noch mehr geforscht werden. Wir wissen auch noch zu wenig darüber, wie sich das Gewicht dieser Ursachen während der Schuldenkrise änderte.

Allerdings ist damit der neue Trend noch nicht vollständig behandelt. Der Gini-Koeffizient, mit dem die Einkommensdisparitäten oft gemessen werden, erfasst die oberen und unteren Ränder der Einkommenshierarchie nur schlecht. Einerseits bleiben die hohen Spitzeneinkommen der Spitzenmanager im westlichen Europa oder der Oligarchen in Osteuropa im Schatten.[30] Es ist deshalb notwendig, andere Indikatoren als die Einkommensanteile der Spitzeneinkommen heranzuziehen. Für das erste Jahrzehnt des 21. Jahrhunderts wurden sie im europäischen und globalen Maßstab von der *World Wealth and Income Database* zusammengestellt. Zu 14 europäischen und vielen außereuropäischen Ländern enthält sie die Einkommensanteile der Spitzeneinkommen vor Steuern und Abgaben. In den meisten untersuchten europäischen Ländern stiegen demnach die Einkommensanteile der Spitzeneinkommen zwischen 2000 und 2014 an, wenn auch mit Schwankungen und nicht immer für jede Etage in der Hierarchie der Spitzeneinkommen.[31] Unzureichend erfasst der Gini-Koeffizient andererseits die sehr Armen, darunter auch die Armut der Hunderttausenden von Flüchtlingen oder nicht registrierten Zuwanderern, da sie in der Einkommensverteilung in der Regel nicht auftauchen, sondern erst berücksichtigt werden, wenn sie legalisierte Immigranten sind (worauf im Abschnitt über Armut gleich zurückzukommen sein wird).

Damit verhält sich der neue Trend seit der Jahrhundertwende etwas anders. Nur in der sehr breiten und großen Mitte der Einkommen setzte sich die Verschärfung der Einkommen laut Gini-Koeffizient oft nicht mehr fort. Aber in der obersten und untersten Etage der Einkommenshierarchie verstärkten sich die Einkommensdisparitäten weiter. Die Spitzeneinkommen gewannen weiter hinzu, während die unteren rund zehn Prozent weiter verloren. Die neue soziale Ungleichheit, die sich seit dem Anfang des 21. Jahrhunderts abzeichnete und durch die riesigen Gehälter in den Spitzenpositionen der Wirtschaft und durch die verhärtete Armut gekennzeichnet ist, wird auch in ihren sozialen und politischen Folgen erst langsam erkennbar.

Armut

Auch die Armut nahm seit den späten 1970er und 1980er Jahren wieder zu. In einer Reihe von europäischen Ländern warnten seit den 1980er Jahren staatliche Armutsberichte und Sozialwissenschaftler vor dem neuen Trend einer wieder verstärkten Armut. Zwar stieg die absolute Armut, das Leben unter dem physischen Existenzminimum, sehr selten an. Im Ansteigen begriffen war aber die relative Armut, also das Zurückfallen hinter den allgemeinen Standard der Einkommen, des Wohnens, der Ausbildung und Gesundheitsversorgung und der kulturellen Teilhabe. Eine wachsende Zahl von Armen wurde auf diese Weise in ihrer wirtschaftlichen und sozialen Lage von der Mehrheit der Bevölkerung abgehängt. Wie man Armut misst und fasst, welcher Teil der Bevölkerung nur temporär arm war, welcher andere Teil dauerhaft in einem Getto der Armut gefangen blieb, ist allerdings unter den Experten umstritten. Der heute verbreitete Maßstab, nach dem als arm gilt, wer nur 60 Prozent oder 50 Prozent des Medianeinkommens besitzt, misst Armut vor allem aus zwei Gründen unzureichend. Er lässt zentrale Dimensionen der Armut wie Bildung, Gesundheit und Teilhabe am allgemeinen Lebensniveau außer Acht. Er berücksichtigt auch nicht, ob Armut temporär ist oder ob es sich um dauerhafte Armut ohne Hoffnung auf Besserung handelt. Allerdings ist für den Trend der Armut seit den 1980er Jahren entscheidend, dass alle Armutsindikatoren in Europa in die Richtung einer Verschärfung wiesen.[32]

Wie gut ist diese Zunahme der Armut seit den 1980er Jahren belegt? Die international vergleichende Forschung zur Entwicklung der Armut im gesamten Europa seit den 1980er Jahren ist noch nicht weit gediehen.

Aber mehrere internationale Organisationen und Institute, die Europäische Union, die OECD, die *Luxemburg Income Study* (LIS) und auch die UNO, befassen sich mit der Entwicklung der Armut in Europa und meist auch anderswo. Sie verstehen unter Armut oft nicht nur zu geringes Einkommen, sondern zumindest auch eine zu schlechte Bildungs- und Gesundheitssituation und zu geringe kulturelle Teilhabe. Folgt man diesen internationalen Organisationen, nahm die Armut je nach Jahrzehnt auf unterschiedliche Weise zu.

Am bedrohlichsten stieg die Armut in den 1980er Jahren und frühen 1990er Jahren an. Eine der beiden internationalen Untersuchungen, die das belegen, stammt von der OECD. Sie betrachtet für die Zeit seit der Mitte der 1980er Jahre die relative Armut und meint damit das Armutsrisiko, dem die Empfänger unterhalb von 50 Prozent des Medianeinkommens ausgesetzt waren. Sie stützt sich auf verfügbare Haushaltseinkommen aus Mikrodaten in 20 Ländern, die standardisiert wurden. Allerdings behandelt sie für die 1980er und frühen 1990er Jahre primär Länder des westlichen Europa, für das östliche, bis 1990 kommunistische Europa hingegen nur Tschechien und Ungarn. In dem Jahrzehnt von der Mitte der 1980er bis Mitte der 1990er Jahre nahm die von Armut bedrohte Bevölkerung in den meisten der von der OECD erfassten 20 europäischen Länder zu. Nur in fünf europäischen Ländern, in Dänemark, in Finnland, in Belgien, in Frankreich und in Spanien, ging das Armutsrisiko aus unterschiedlichen Gründen zurück. Allerdings folgten in dieser Epoche die außereuropäischen Länder, die die OECD untersucht, diesem Trend der Verschärfung der Armut meist nicht, und zwar weder die USA und Kanada noch Australien oder Japan, sondern nur Neuseeland.[33]

Aus den Daten der *Luxemburg Income Study* (LIS), einem internationalen Luxemburger Institut, lassen sich ähnliche Verschärfungen der Armut erschließen. Die Daten der LIS beruhen ebenfalls auf Umfragen, die es nicht selbst durchführte, aber standardisierte und dadurch vergleichbar machte. Sie befassen sich mit 26 europäischen Ländern, darunter auch ostmitteleuropäischen Ländern, und reichen im äußersten Fall von den 1970er Jahren bis derzeit 2013. Sie behandeln relative Armut, im Einzelnen die Zahl der Armutsbedrohten unter 40, 50 bzw. 60 Prozent des Medianeinkommens und darüber hinaus einen speziellen Index, den Atkinson-Index, der gegenüber Veränderungen der unteren Einkommen besonders sensibel ist und deshalb hier vor allem benutzt wird. Die LIS erfasst verfügbare Haushaltseinkommen. Für die 1980er Jahre beschränkt sie sich allerdings auf 15 Länder des westlichen Europa. Folgt man dem Atkinson-Index, aber auch der Zahl der Armutsbedrohten unter 50 Prozent des Medianeinkommens, so verstärkte sich die Armut in den 1980er Jahren massiv. Die von diesem Armutsrisiko Bedrohten nahmen in der weit überwiegenden Zahl der erfassten Länder zu. Nur in Dänemark, Irland und Spanien ging die Bedrohung durch Armut zurück. In Finnland stieg sie nicht. Nach den LIS-Ergebnissen war diese Verschärfung der Armut keine europäische Besonderheit. Auch in den USA und Australien nahm laut der LIS das Armutsrisiko in den 1980er Jahren zu, wobei in den USA das Armutsrisiko weit größer war als in den meisten europäischen Ländern. Die 1980er Jahre waren zudem ein Jahrzehnt krasser Unterschiede der Armut zwischen den einzelnen europäischen Ländern. Die Extremfälle Frankreich und Schweden lagen sehr weit auseinander. Der Atkinson-Index war in Frankreich mehr als dreimal so hoch wie in Schweden.[34]

In 1990er Jahren stieg das Armutsrisiko fast ebenso stark an. Das zeigen Untersuchungen derselben beiden internationalen Organisationen. Laut OECD stieg das Armutsrisiko weiterhin in der Mehrheit der von ihr erfassten Länder. Es sank allerdings in einer etwas größeren Zahl von Ländern als in den 1980er Jahren, weiterhin in Belgien und Frankreich, darüber hinaus nun auch in Großbritannien, Norwegen, Ungarn, Griechenland, Italien und Portugal. Der europäische Haupttrend der Zunahme des Armutsrisikos herrschte laut OECD nun auch in den außereuropäischen westlichen Ländern vor, in USA und Kanada, in Australien und Neuseeland, aber auch in Japan. Man muss hinzufügen, dass die OECD für diese Epoche auch die absolute Armut behandelt, die sie am Zugang zu einem Warenkorb von wichtigen Konsumgütern misst. Zwischen der Mitte der 1990er Jahre und 2005 ging sie in allen elf erfassten europäischen Ländern zurück. Es gab nur eine schwer verständliche, auch von der OECD nicht genauer erklärte Ausnahme: Deutschland.[35]

Das Argument von der Verschärfung der Armut in den 1990er Jahren wird dadurch plausibler, dass auch die Daten der LIS einen ähnlichen Trend anzeigen, die für dieses Jahrzehnt 20 europäische Länder dokumentiert. Auch laut der LIS nahm das Armutsrisiko in der weit überwiegenden Zahl der Länder zu, freilich in den Ländern des östlichen Europa, in Polen, Ungarn und Estland, nur bis zur Mitte der 1990er Jahre. In etwas mehr Ländern als in den 1980er Jahren, gleichwohl immer noch in kaum mehr als einem Drittel, milderte sich das Armutsrisiko ab oder veränderte sich nicht spürbar. Deutschland und Frankreich gehörten zu dieser Ländergruppe. Die

Unterschiede zwischen den europäischen Ländern waren nicht mehr ganz so groß wie in den 1980er Jahren. Dänemark mit einem besonders geringen und Griechenland mit einem besonders hohen Armutsrisiko lagen jedenfalls nicht mehr so weit auseinander wie die Extremfälle der 1980er Jahre. Das Armutsrisiko stieg auch außerhalb Europas an, in Australien, Kanada, den USA ebenso wie in Mexiko und Taiwan. Allerdings war das Armutsrisiko in den USA und in Lateinamerika weit höher, in Australien und in Kanada nur etwas höher als in den meisten europäischen Ländern.[36]

Die OECD geht auch der entscheidenden Frage nach, ob Armut für den Einzelnen dauerhaft oder nur eine vorübergehende Phase des Lebens war. Sie stellt fest, dass in den 13 erfassten Mitgliedsländern, ausschließlich im westlichen und südlichen Europa, um die Jahrtausendwende ungefähr jeder Sechste vorübergehend für ein oder zwei Jahre, aber nur jeder Zwanzigste dauerhaft für drei Jahre von Armut bedroht war. Überdurchschnittlich hoch war diese dauerhafte Armut in den südeuropäischen Ländern Portugal, Spanien und Italien, aber auch in Großbritannien.[37] Allerdings stößt die OECD hier an die Grenzen ihrer Daten, da sie immer nur Risiken aufzeigen und zudem lediglich einen Zeitpunkt behandeln und so nicht den historischen Wandel veranschaulichen können. Studien über einzelne Länder sind zu weiterreichenden Ergebnissen gekommen. So zeigt der Soziologe Olaf Groh-Samberg für Deutschland, dass die verfestigte Armut, das Armutsgetto, aus dem schwer herauszukommen ist, seit den 1980er Jahren zunahm und um 2010 im westlichen Teil Deutschlands auf 10 Prozent, im östlichen Teil Deutschlands auf 13 Prozent gestiegen war.[38]

In den ersten anderthalb Jahrzehnten des 21. Jahrhunderts setzte sich die Verschärfung der Armut in Europa nicht in gleicher Weise fort. Sie schlug zwar nicht in das Gegenteil um, milderte sich ohne Zweifel nicht plötzlich ab und war weiterhin bedrohlicher als in den 1970er Jahren. Aber sie besaß keinen so einheitlichen Trend mehr wie in den 1980er und auch noch in den 1990er Jahren. Die beiden internationalen Datensammlungen für diese Zeit widersprechen sich etwas in den Einzelheiten, aber nicht in dieser grundsätzlichen Feststellung. Die Zeitreihen der LIS bieten für die ersten anderthalb Jahrzehnte des 21. Jahrhunderts ein uneinheitliches Bild unter den 24 dokumentierten Ländern. In einem starken Viertel stieg das Armutsrisiko weiter. Dazu gehören die großen Länder Spanien, Italien, Frankreich und bis etwa 2005 auch Deutschland. In knapp der Hälfte der europäischen Länder stieg das Armutsrisiko nicht mehr dauerhaft an. Von den großen Ländern gehörten zu dieser Gruppe Polen und Großbritannien. In einem schwachen

Viertel der europäischen Länder ging das Armutsrisiko zurück. Dazu zählen so gegensätzliche Länder wie Schweden mit seinem niedrigen Armutsrisiko und Russland mit seinem extrem hohen Armutsrisiko. Auch unter den außereuropäischen Ländern, die die LIS dokumentiert, zeigte sich kein einheitlicher Trend. Weiterhin war allerdings das Armutsrisiko in fast allen untersuchten Ländern außer Australien, Kanada und Taiwan weit höher als in Europa.[39]

Etwas weniger buntscheckig fallen die Entwicklungen in den Statistiken der Europäischen Union aus. Sie beruhen auf der eigenen europaweiten Gemeinschaftsstatistik über Einkommen und Lebensbedingungen (EU-SILC) mit je nach Mitgliedsland etwas unterschiedlichen Fragebögen. Sie verfolgen das Armutsrisiko von 1995 bis 2014 in den 28 Mitgliedsländern für diesen längeren Gesamtzeitraum. Die Europäische Union setzt das Armutsrisiko etwas höher als die OECD bei 60 Prozent des Medianeinkommens an. Sie erfasst das Armutsrisiko nach Steuern und Sozialleistungen. Dieses Armutsrisiko veränderte sich in den zwei Jahrzehnten nur wenig. Die von Armut bedrohte Bevölkerung verkleinerte sich im Durchschnitt der Europäischen Union während der wirtschaftlichen Prosperität zwischen 1995 und 2005 minimal von 17 auf 16 Prozent und wuchs seit der Schuldenkrise wieder minimal auf 17 Prozent an.[40] Das Armutsrisiko entwickelte sich damit ähnlich wie die Einkommensverteilung, die sich – wie wir soeben sahen – in diesem Zeitraum in vielen Ländern ebenfalls nicht mehr verschärfte. Allerdings änderte sich das Armutsrisiko in den Mitgliedsländern sehr unterschiedlich. Das Armutsrisiko nach Steuern und Sozialleistungen vergrößerte sich in den meisten ostmitteleuropäischen und osteuropäischen Mitgliedsländern, aber auch in den skandinavischen Mitgliedsländern. Es sank dagegen überraschenderweise in dieser langen Perspektive in den südeuropäischen Mitgliedsländern, aber auch in den meisten westeuropäischen Mitgliedsländern außer in Deutschland und in Luxemburg.[41] Cornelius Torp zeigt ähnliche Kontraste. Er kommt in einem Vergleich Großbritanniens und Deutschlands zu dem Ergebnis, dass in Großbritannien ab den späten 1990er Jahren als Folge der Reformen der Labour-Regierung die Armut und noch stärker die Altersarmut mit nur vorübergehenden Unterbrechungen bis 2010 absanken. In Deutschland dagegen blieb die Armut zwar seltener, stieg aber im westlichen und noch mehr im östlichen Teil seit der Jahrtausendwende. Die Altersarmut war von diesem Anstieg ausgenommen.[42]

Die Daten der Europäischen Union und die LIS-Daten lassen darüber hinaus – und anders als die OECD-Studie – auch einen Vergleich des

Armutsrisikos zwischen den Mitgliedsländern zu. Nach den Daten der Europäischen Union änderten sich die Abstände des Armutsrisikos zwischen den Mitgliedsländern kaum. Im Süden Europas, in Portugal, Griechenland und Italien, aber auch in Großbritannien war 1995 die Bedrohung durch Armut für rund 20 Prozent der Bevölkerung fast doppelt so hoch wie in Dänemark, den Niederlanden oder Luxemburg. 2014 waren die Unterschiede trotz der erst kurz zuvor beendeten Schuldenkrise erstaunlicherweise immer noch ähnlich groß. Länder mit einer hohen Bedrohung durch Armut für rund 20 Prozent der Bevölkerung waren weiterhin die südlichen europäischen Länder, daneben auch die erst jetzt erfassten osteuropäischen Länder Rumänien und Bulgarien, daneben auch Lettland, nicht mehr dagegen Großbritannien. Anders als oft angenommen wird, waren nach der Analyse von Eurostat vom Armutsrisiko nicht so sehr Rentner, sondern besonders Familien mit Kindern sowie Erwerbstätige betroffen.[43]

Die Daten der LIS ergeben ein ähnliches Bild. Das Armutsrisiko war in den südeuropäischen Ländern Griechenland, Italien und Spanien, in Großbritannien, aber auch in Estland und Russland hoch, dagegen in den skandinavischen Ländern, jedoch auch in Tschechien, der Slowakei und Slowenien besonders niedrig. Die Extremfälle Großbritannien mit besonders hohem Armutsrisiko und Dänemark mit besonders geringem Armutsrisiko lagen nicht weiter auseinander als die Extremfälle in den vorhergehenden Perioden. Das extrem hohe Armutsrisiko in Russland lässt man dabei besser aus dem Vergleich heraus, da Russland für die 1990er Jahre nicht in der LIS dokumentiert ist.[44]

Die OECD weist zudem für die Zeit von der Mitte der 1980er bis zur Mitte der 2000er Jahre zu Recht darauf hin, dass eine hohe Beschäftigung und hohe staatliche Sozialausgaben entscheidend für ein niedriges Armutsrisiko waren und umgekehrt das Armutsrisiko durch einen hohen Anteil von Alleinstehenden verschärft wird. Davon waren Frauen mehr betroffen als Männer.[45]

Die Europäische Union beschränkt sich (was sehr wichtig ist) nicht auf Einkommen, sondern verfolgt für die jüngste Zeit das Armutsrisiko auch in anderen Dimensionen, und zwar in der Beschäftigung, beim Wohnen, in der Bildung, in der Gesundheit und beim Ausschluss vom Zugang zu Standardgütern des Konsums. In diesen anderen Dimensionen kommt sie im europäischen Durchschnitt auf erheblich niedrigere Armutsrisiken, die meist bei grob zehn Prozent oder darunter liegen. Allerdings lagen diese Armutsrisiken in den ost- und südosteuropäischen Ländern weitaus höher. Die Extremfälle in Europa lagen deshalb weiter auseinander als in den Armutsdaten der LIS, die nur auf Einkommen beruhen. Darüber hinaus erfasst die Europäische Union auch die materielle Deprivation im Konsum und in der Vorsorge für persönliche Lebenskrisen. Auch von materieller Deprivation waren im vergangenen Jahrzehnt in der Europäischen Union rund 10 Prozent der Bevölkerung betroffen. Sie änderte sich in dieser Zeit in der Europäischen Union als Ganzem ebenfalls nur wenig. Allerdings waren die Unterschiede innerhalb der Europäischen Union sehr groß. In den neuen Mitgliedsländern war die materielle Deprivation erheblich höher. Während der Schuldenkrise nahm sie im Süden Europas und in den neuen Mitgliedstaaten deutlich zu und verblieb im Süden Europas bisher auf einem höheren Niveau als vor der Schuldenkrise. Leider erfasst die Europäische Union alle diese Dimensionen in der Regel nur höchstens für das vergangene Jahrzehnt, also für einen zu kurzen Zeitraum, um längere historische Veränderungen verfolgen zu können.[46]

Sehr große Unterschiede stellte auch die UNO mit dem *Human Poverty Index* in der Variante für Industrieländer 1997 fest, vor allem zwischen den skandinavischen Ländern einerseits und den südeuropäischen Ländern, aber auch Großbritannien und Irland andererseits. Auch der *Human Poverty Index* der UNO erfasste nicht nur Einkommen, sondern auch Bildung und Gesundheit. Doch leider hat die UNO Armut in Europa mit diesem Index nur für diesen einen Zeitpunkt untersucht, vermutlich weil Armut in anderen Teilen der Welt ein drängenderes Problem darstellt.[47] Die UNO stellte in ihren globalen Armutsberichten fest, dass im Süden der Welt, vor allem in Ostasien, in Südasien und in Südostasien, aber auch in Afrika und Lateinamerika, die Armut abnahm. Angesichts dieses globalen Rückgangs der Armut war das ansteigende Armutsrisiko in Europa eine drängende Herausforderung und sogar eine neue negative Besonderheit Europas.[48]

Warum nahm die Armut in Europa seit den 1980er Jahren und teilweise auch in den 1990er Jahren, in einer ganzen Reihe von Ländern auch in den letzten anderthalb Jahrzehnten wieder zu? Es kamen mehrere Ursachen zusammen. Sicher hatte die Zunahme der Armut viel mit der steigenden Arbeitslosigkeit seit den 1980er Jahren zu tun. Arbeitslosigkeit führte meist nur in vorübergehende Armut, konnte aber manche auch an das Getto der Dauerarmut ketten, aus der nur schwer zu entkommen war. Arbeitslosigkeit war sicher der primäre Faktor für steigendes Armutsrisiko. Andere Gründe kamen freilich hinzu. Der strukturelle Rückgang der Industrie, vor allem der Schwerindustrie und Textilindustrie, senkte die Nachfrage nach Ungelernten. Diese arbeitslosen Ungelernten hatten es besonders schwer, wieder Arbeit zu finden, und gerieten daher nicht selten in die Armutsfalle. Darüber hinaus verschärften die neuen Erwerbslebensläufe mit Unterbrechungen der Berufstätigkeit durch Arbeitslosigkeit, Berufswechsel, Fortbildung oder Familienauszeit die vorübergehende Armut ebenfalls, auch wenn nur wenige Erwerbstätige dauerhaft in Armut gerieten. Schließlich verstärkte auch das stark zunehmende Familienmodell der Ein-Eltern-Familie, das häufiger als andere Familienmodelle in die Armut führte, das Armutsrisiko. Die wachsende Immigration nach Europa und die großen Flüchtlingswellen in Europa durch den Balkankrieg in den 1990er Jahren und den Bürgerkrieg in Syrien ab 2015 steigerten das Armutsrisiko ebenfalls.

Warum nahm die Armut in den 1980er und frühen 1990er Jahren besonders stark, danach nicht mehr so einheitlich zu? Dafür dürften zwei Gründe entscheidend gewesen sein. Die Arbeitslosigkeit, ein erstrangiger Faktor für Armut, stieg, wie zuvor erwähnt, in der Europäischen Union während der 1980er Jahre und frühen 1990er Jahre bis auf elf Prozent, sank seit der Jahrhundertwende wieder auf sieben Prozent (2007), kletterte ab 2009 mit der Schuldenkrise vorübergehend wieder auf elf Prozent und begann 2015 wieder zu sinken.[49] Der Rückgang der Arbeitslosigkeit Ende der 1990er Jahre hat auch das Armutsrisiko in einigen europäischen Ländern etwas absinken lassen. Hinzu kommt ein spezieller Grund für das östliche Europa: Die Transformation in den frühen 1990er Jahren brachte erst einmal nicht nur wachsende Arbeitslosigkeit, sondern auch einen Verfall der staatlichen sozialen Sicherung und dadurch eine Zunahme der Armut mit sich. Mit dem Wiederaufbau der staatlichen sozialen Sicherungssysteme und dem Wiederaufschwung der Wirtschaft stieg das Armutsrisiko allerdings in den späten 1990er und frühen 2000er Jahren nicht weiter oder milderte sich sogar wieder leicht ab. Das wurde in den genannten internationalen Untersuchungen zumindest für Tschechien (kein weiterer Anstieg), Ungarn, Polen und Estland (jeweils eine Abmilderung) belegt.[50]

Verteilung der Vermögen

Auch die Vermögensverteilung wurde seit den 1980er Jahren wieder ungleicher. Die Vermögenskonzentration in den Händen des reichsten Prozents stieg seit den 1990er Jahren in Dänemark, Deutschland, Finnland, Frankreich (nur oberstes Prozent), Norwegen, der Schweiz und Großbritannien wieder an. In den Niederlanden, in Norwegen und in Schweden fiel sie nicht mehr so wie zuvor. Die Vermögenskonzentration erreichte in diesen Ländern zwar bei weitem nicht das Ausmaß der Zeit vor 1914 und blieb auch anders als vor 1914 überall außer der Schweiz erheblich geringer als in den USA. Aber die Abmilderung der Vermögenskonzentration gelangte an ihr Ende.[51] Es gibt auch keine Anzeichen dafür, dass sich seit der Jahrhundertwende an dieser Entwicklung etwas änderte. Für ein verbreitetes Abflauen der Verschärfung der Unterschiede wie in der Einkommensverteilung fehlen Hinweise. Ganz im Gegenteil nahm in allen Ländern, in denen Daten zum ersten Jahrzehnt des 21. Jahrhunderts bislang verfügbar sind, die Vermögenskonzentration meist weiter leicht zu.[52] Selbst ein so vorsichtiger Forscher wie Atkinson zweifelt nicht am Ende der Abmilderung.[53]

Warum stieg die Vermögenskonzentration wieder derart konstant an, und warum blieb sie trotzdem weit hinter der enormen Vermögenskonzentration der Jahrzehnte vor 1914 zurück? Thomas Piketty hat in seinem Buch hierzu eine sehr griffige Erklärung vorgelegt. Er argumentiert, dass im Kapitalismus die Vermögenskonzentration immer mehr zunahm, weil die Rendite der Vermögen in aller Regel größer war als das Wachstum der Wirtschaft und daher die großen Vermögen schneller anwachsen als die Arbeitseinkommen sowie die daraus gebildeten kleineren Vermögen. Mit diesem Konzept erklärt er auch den Bruch in der Entwicklung der Vermögenskonzentration in den 1980er Jahren. Während der Prosperitätszeit von den 1950er bis zu den 1970er Jahren wuchs die europäische Wirtschaft ungewöhnlich rasch mit rund fünf Prozent jährlich. Die Masseneinkommen erhöhten sich und damit auch die Bildung von kleinen Vermögen. Die Rendite der großen Vermögen nahm nicht so schnell zu, weshalb die Vermögenskonzentration zurückging. Seit den 1980er Jahren änderte sich dies. Das Wachstum der europäischen Wirtschaft verlangsamte sich und sackte auf ein bis zwei Prozent jährlich im langen Durchschnitt ab. Die Rendite der großen Vermögen lag wieder über dem Wachstum. Daher nahm die Vermögenskonzentration erneut zu. Sie erreichte aber bei weitem nicht die enorme Konzentration der Zeit vor 1914, weil die Zeit der Kriege und danach die enorme wirtschaftliche Prosperität die Vermögenskonzentration stark abgesenkt hatten und es auch im 19. Jahrhundert sehr lange dauerte, bis sich die Vermögenskonzentration substantiell erhöhte.[54] Andere Experten zur Geschichte der Vermögen erblicken in den abgesenkten Vermögenssteuern einen Grund für verschärfte Vermögenskonzentration.

Richard Hauser weist auf zwei zusätzliche Gründe hin: Die sinkenden Geburtenraten, die geringere Zahl der Kinder und damit auch der Erben zersplitterten im Erbfall die Vermögen in geringerem Maße und stützten eine wachsende Vermögenskonzentration. Die Kürzungen des Sozialstaats führten zu einem Rückgang der mittleren und kleinen Vermögen, die in familiären Notsituationen aufgebraucht wurden und ebenfalls zur Vermögenskonzentration beitrugen.[55]

Die Unterschiede zwischen den europäischen Ländern sahen um 2010 in der Vermögenskonzentration allerdings anders aus als in der Einkommensverteilung, wie eine Untersuchung der OECD zu den Vermögen der privaten Haushalte zeigt, die weitaus breiter gestreut und erheblich weniger konzentriert sind als die Produktivvermögen. Die stärkste Vermögenskonzentration fand sich in Deutschland, in Österreich, in Luxemburg, den Niederlanden und Portugal, also in Ländern, die in der Einkommensverteilung meist eher mittlere Ränge einnehmen. Eine mittlere Konzentration der Vermögen wiesen Belgien, Frankreich, Großbritannien, Italien, Spanien, Norwegen und Finnland auf. Die Vermögensverteilung in Großbritannien, Italien und Spanien war also nicht so ungleich wie die Einkommensverteilung. Die geringste Einkommenskonzentration in den untersuchten europäischen Ländern gab es nach dieser OECD-Untersuchung in Griechenland und in der Slowakischen Republik.[56] Es fehlt hier der Raum, um diese Unterschiede im Einzelnen zu diskutieren und zu erklären.

Sicher hat diese Untersuchung der OECD den Nachteil, dass nur ein Teil Europas, also lediglich ein Ausschnitt von zwölf europäischen, meist west- und südeuropäischen Ländern untersucht wurde. Länder mit hoher Einkommensungleichheit wie Irland und Polen oder gar Russland fehlen dabei ebenso wie Länder mit besonders niedriger Einkommensungleichheit wie Schweden, Dänemark oder Tschechien.

Trotzdem lassen sich aus dieser Untersuchung drei Schlüsse ziehen: Erstens gab es in der Vermögensverteilung offensichtlich keinen so klaren Nord-Süd-Unterschied wie in der Einkommensverteilung. Die untersuchten Länder Portugal, Italien und Griechenland haben keineswegs alle eine hohe Vermögenskonzentration. In Griechenland war ganz im Gegenteil die Vermögenskonzentration besonders gering, wobei die ganz großen Vermögen in dieser Verteilung nicht enthalten sein dürften. Zweitens ist die neue, stärkere soziale Ungleichheit in Deutschland im Vergleich zu Frankreich in der Vermögensverteilung noch deutlicher als in der Einkommensverteilung. Dies könnte auch daran liegen, dass in Deutschland die Erbschaftssteuer durch eine Entscheidung des Bundesverfassungsgerichts ausgesetzt wurde. Auf jeden Fall müssen wir unser Bild von einem egalitäreren Deutschland für die Zeit seit den 1980er Jahren in der Vermögensverteilung noch stärker revidieren, als dies bislang schon geschehen ist. Schließlich zeigt sich drittens auch in der Vermögensverteilung ein sehr klarer Unterschied zwischen fast allen europäischen Ländern und den USA. Auch die Vermögensverteilung, und nicht nur die Einkommensverteilung, war in den USA weit ungleicher als in den untersuchten europäischen Ländern. Kanada und Australien liegen dagegen im europäischen Spektrum. Schließlich zeigte diese Untersuchung auch, dass es keine direkte Abhängigkeit der Einkommensverteilung von der Vermögensverteilung gab.

Wohnen

Auch im Bereich des Wohnens nahm die soziale Ungleichheit seit den 1980er Jahren zu. Die sozialen Unterschiede in der Belastung der privaten Haushalte mit den Kosten des Wohnens verschärften sich nach den Erhebungen der Europäischen Union. Dabei ist als Hintergrund zu berücksichtigen, dass arme wie reiche private Haushalte für das Wohnen immer mehr ausgaben. In besondere Höhen schnellte die Belastung mit Wohnkosten in Dänemark, Deutschland und in Ostmitteleuropa. Dort mussten die privaten Haushalte 2010 mehr als 40 Prozent für Wohnen ausgeben, mehr als je zuvor. Aber auch in den Ländern mit niedrigerer Belastung wie Frankreich, Italien, Griechenland, Österreich, Tschechien, den baltischen Staaten und Norwegen hatten sie 2010 meist über 30 Prozent zu zahlen. In die Höhe gingen dabei vor allem die Mieten. Die anderen Wohnkosten wie Reparaturen, Heizung, Wasser, Ausstattung und Zinsen nahmen dagegen weit weniger zu. Im Übrigen verstärkten sich die Unterschiede zwischen den Mitgliedsländern der Europäischen Union nicht, wie in der Diskussion über den Euro manchmal behauptet wurde. Sie gingen ganz im Gegenteil zwischen den späten 1980er Jahren und 2010 zurück. Ob sie sich in der Schuldenkrise ausweiteten, wird man demnächst wissen.[57]

Im Zuge dieses allgemeinen Anstiegs der Belastung der privaten Haushalte mit Wohnkosten nahmen auch die sozialen Unterschiede zu. Für die unteren Einkommen stieg diese Belastung in fast allen europäischen Ländern spürbar stärker an als für die höheren Einkommen. Nur in sehr wenigen Ländern, in Deutschland und Schweden, öffnete sich diese Schere nicht. Besonders krass verschärften sich die sozialen Unterschiede im Süden Europas, in Griechenland und Spanien zwischen 2005 und 2010, in Portugal seit den späten 1990er Jahren, allerdings auch in Irland. Nur zwei Beispiele: In Griechenland stieg die Belastung mit Wohnkosten zwischen 2005 und 2010 für die niedrigen Einkommen von 25 auf 33 Prozent, für die höheren Einkommen dagegen nur von 23 auf 24 Prozent. In Spanien vergrößerte sich diese Belastung für die niedrigen Einkommen von 27 auf 36 Prozent, während sie für die höheren Einkommen sogar von 34 auf 28 Prozent fiel. Es wäre allerdings ein Irrtum zu glauben, dass sich nur die Nord-Süd-Unterschiede verschärften. Auch in einigen Ländern Ostmitteleuropas und Osteuropas stiegen die Unterschiede besonders stark an. Wir kennen dort allerdings nur die Entwicklung zwischen 2005 und 2010. In Lettland vergrößerte sich die Belastung der unteren Einkommen geradezu dramatisch von 16 auf 33 Prozent, für die höheren Einkommen dagegen nur von 15 auf 20 Prozent. In Slowenien stieg sie für die unteren Einkommen von 29 auf 40 Prozent, für die höheren Einkommen von 20 auf 24 Prozent. Selbst ein klassischer Wohlfahrtsstaat wie Finnland sah sich massiven Verschärfungen der Ungleichheit gegenüber. Für die unteren Einkommen stieg die Belastung mit Wohnkosten zwischen 1994 und 2010 von 30 auf 36 Prozent, sie sank dagegen für die höheren Einkommen von 25 auf 23 Prozent.[58]

Auch in der Frage der Überfüllung der Wohnungen verstärkte sich die soziale Ungleichheit. Die sozialen Unterschiede bei der Überfüllung der Wohnungen vergrößerten sich. Für das erste Jahrzehnt des 21. Jahrhunderts wissen wir, dass in der Europäischen Union unter den ärmeren Unionsbürgern (60 Prozent des Median-Äquivalenzeinkommens) fast ein Drittel in überfüllten Wohnungen lebte, im Durchschnitt der Unionsbürger dagegen nur ungefähr jede sechste Wohnung überbelegt war. Diese Überfüllung sank zwar insgesamt zwischen 2003 und 2014 etwas ab, aber im Durchschnitt der Europäischen Union für die ärmeren Europäer doch deutlich weniger als für den Durchschnitt der Europäischen Union. Dieser wachsende soziale Unterschied fiel allerdings nicht überall in der Europäischen Union gleich aus. Er war erstaunlicherweise überdurchschnittlich scharf in den wohlhabenden Ländern, in den skandinavischen Ländern Dänemark, Finnland, Schweden, Norwegen, in Österreich, Luxemburg, Frankreich und Italien, dagegen nur in wenigen Ländern des östlichen Europa, in Polen, Tschechien, der Slowakei und Ungarn. Hinsichtlich überfüllter Wohnungen waren die Unterschiede zwischen den Mitgliedsländern der Europäischen

Union ungewöhnlich groß. Es gab und gibt keinen Nord-Süd-Unterschied, sondern vor allem einen erst nach 1989/90 entstandenen scharfen West-Ost-Unterschied. Im westlichen Teil Europas waren je nach Land 2–15 Prozent der Wohnungen überbelegt, im östlichen Teil Europas dagegen fast überall rund 40 Prozent der Wohnungen, in Rumänien sogar rund 50 Prozent. Die einzigen klaren Ausnahmen sind einerseits das relativ wohlhabende Tschechien mit 34 Prozent überbelegten Wohnungen 2003 und 20 Prozent 2014 und andererseits das verarmte Griechenland mit 32 Prozent überbelegten Wohnungen 2003 und immer noch 27 Prozent 2014. Diese hohe Überfüllung der Wohnungen im östlichen Teil Europas hing zu einem erheblichen Teil damit zusammen, dass in diesen Ländern das Haus- und Wohnungseigentum nach dem Zusammenbruch des Kommunismus eine absolute Priorität besaß und man dafür in Kauf nahm, eher eng aufeinander zu leben. Bei dieser hohen Überfüllung der Wohnungen blieben die sozialen Unterschiede meistens nicht sehr scharf, jedenfalls weniger scharf als in vielen Ländern des westlichen Teils Europas.[59]

Gleichzeitig verblassten ältere soziale Unterschiede des Wohnens, die noch in der ersten Hälfte des 20. Jahrhunderts die europäischen Gesellschaften teilten. Die Versorgung der Wohnungen mit Elektrizität, mit Frischwasser und Abwassersystemen, mit Küche und Bad zählte kaum noch bei den sozialen Unterschieden zwischen oben und unten oder zwischen Stadt und Land. Nur noch eine winzige Minderheit der Wohnungen war damit noch nicht ausgestattet. Man hat es zumeist vergessen, dass noch um 1970 in der Europäischen Wirtschaftsgemeinschaft ein Viertel der Wohnungen keine eigene Toilette und sogar ein Drittel kein Bad besaß.[60] Um 2010 fehlte dieser Standard nur noch in wenigen sehr armen Ländern wie Rumänien und Bulgarien, aber auch in Lettland und Litauen in einem substantiellen Teil der Wohnungen.[61]

Auch der Besitz einer Wohnung oder eines Hauses bildete keine so scharfe Trennlinie mehr wie noch in der ersten Hälfte des 20. Jahrhunderts. Noch um 1970 war in der Europäischen Wirtschaftsgemeinschaft nur rund die Hälfte der Wohnungen Eigentümerwohnungen.[62] 2009 dagegen waren es in der sehr viel größeren Europäischen Union 73 Prozent. Während der Schuldenkrise sank dieser Anteil zwar leicht ab, lag aber 2014 doch weiterhin bei 70 Prozent. Wie schwach die Bedeutung des Haus- und Wohnungsbesitzes als soziale Trennlinie geworden war, zeigt der Haus- und Wohnungsbesitz unter den ärmeren Europäern (Einkommen unter 60 Prozent des Median-Äquivalenzeinkommens). Auch sie waren 2007 zu 60 Prozent Haus- und

Wohnungsbesitzer und 2014 nach den Besitzverlusten in der Schuldenkrise immer noch zu 52 Prozent.

Allerdings waren die Unterschiede unter den Mitgliedsländern der Europäischen Union sehr groß und gestalten sich anders, als man erwarten mag. Besonders hoch war der Anteil der Haus- und Wohnungsbesitzer im östlichen Teil der Europäischen Union. In den meisten ostmitteleuropäischen Ländern, zudem auch in Rumänien, lebten 80–90 Prozent der Einwohner in den eigenen vier Wänden. Das war kein Überbleibsel des Kalten Kriegs, sondern eine Entwicklung nach 1989/90. In Großbritannien, Frankreich, den Niederlanden und Schweden waren es dagegen nur 60–70 Prozent, in Deutschland, Österreich und der Schweiz sogar nur um 50 Prozent. Im eher westlichen Teil Europas hatte der Haus- und Wohnungsbesitz als soziale Trennlinie daher noch eine größere Bedeutung. Die Ärmeren hatten dort oft deutlich weniger Haus- und Wohnungsbesitz als der Durchschnitt der Bevölkerung. Besonders groß war dieser Abstand aus ganz unterschiedlichen Gründen in Dänemark, Schweden, den Niederlanden, Frankreich und Österreich. In diesen Ländern verschärfte sich dieser Abstand zwischen 2005 und 2014 eher noch stärker als im Durchschnitt der Europäischen Union. Auch im Haus- und Wohnungsbesitz schlug damit der Trend zur Verschärfung der sozialen Unterschiede im Wohnen in Teilen Europas durch.[63]

Gesundheit

Auch die sozialen Unterschiede in der Gesundheit scheinen sich in den letzten Jahrzehnten verschärft zu haben. Allerdings sind sie international weit schlechter untersucht als Einkommen, Vermögen oder Wohnen. Dabei sind ebenfalls erhebliche Verbesserungen des Gesundheitszustands der europäischen Bevölkerung zu berücksichtigen.

Das Leben wurde länger: Die Lebenserwartung bei der Geburt stieg zwischen 1980 und 2010 im Durchschnitt der Europäischen Union für Frauen wie für Männer um rund sechs Jahre.[64] Das waren rund zwei Jahre pro Jahrzehnt. Dieser Anstieg sieht auf den ersten Blick etwas enttäuschend aus. Er blieb jedenfalls hinter dem vorherigen Anstieg von drei Jahren pro Jahrzehnt zurück, den Männer schon seit den 1870er Jahren, Frauen spätestens seit der Zwischenkriegszeit erlebt hatten.[65] Ein Grund hierfür: Damals hatte eine der Hauptursachen für die Verlängerung des Lebens im 19. und 20. Jahrhundert, die Zurückdrängung der Kindersterblichkeit, noch größeres Gewicht. Zwar fiel sie auch in den letzten Jahrzehnten in der Europäischen Union massiv von 16 pro Tausend 1980 auf 4 pro Tausend 2010.[66] Aber sie war so niedrig geworden, dass sie nicht mehr wie früher im Prozentbereich (vgl. Kapitel 1 und 3), sondern nur noch im Promillebereich zurückging und deshalb die Lebenserwartung nur noch schwach beeinflusste. Zudem wurde die Verlängerung des Lebens im östlichen Europa in der Transformationszeit während der 1990er Jahre abgebremst oder schlug sogar in eine Verkürzung um. Aber insgesamt war die Verlängerung des Lebens in der Erwachsenenzeit doch beeindruckend. Man wurde sichtlich älter. Die Lebenserwartung mit 65 Jahren stieg zwischen 1980 und 2010 in den meisten europäischen Ländern um 4–5 Jahre an.[67] Die gesunden Jahre machten dabei einen erheblichen Teil des Lebens auch im Alter aus. Auch die Krisenzeit 2008–2012 verkürzte die gesunden Jahre kaum.[68]

Ein wichtiger Grund für diese Verlängerung des Lebens war die Entwicklung des Gesundheitssektors. Die Gesundheitsausgaben nahmen zu. Im europäischen Durchschnitt stiegen sie laut OECD als Anteil des Sozialprodukts von rund 4 Prozent um 1980 im westlichen Europa auf rund 6 Prozent 2011 in West- und Ostmitteleuropa. Die meisten europäischen OECD-Länder erlebten einen solchen Zuwachs. Nur in einigen ostmitteleuropäischen Ländern stagnierten die Gesundheitsausgaben. In Schweden wurden sie in den 1980er und 1990er Jahren sogar etwas abgesenkt, blieben aber immer noch über dem europäischen Durchschnitt.[69] Die Zahl der Ärzte stieg zwischen 1980 und 2010 bei starken Schwankungen so rasch wie die Bevölkerung und in vielen Ländern noch zügiger.

Die Europäer ließen sich auch viel häufiger in einem Krankenhaus behandeln: Die Krankenhausaufenthalte haben sich seit 1980 mehr als verdreifacht. Sie wurden freilich viel kürzer, denn gleichzeitig wurde die Zahl der Krankenhausbetten mindestens um ein Viertel gekürzt und geschrumpft.[70] Der medizinische Fortschritt nahm in beeindruckender Weise zu, sicher nicht ohne die Schattenseiten der übermäßigen Nutzung und des unnötigen Verkaufs gesundheitlicher Dienste, von Arzneimitteln ebenso wie von Operationen. Ohne Zweifel waren für die Verlängerung des Lebens auch in der jüngsten Zeit nicht nur die Medizin, sondern auch die bessere Ernährung und die gesündere Lebensweise verantwortlich. Aber die Medizin hatte ihren Anteil.

Die Einschätzung der Gesundheit durch die Europäer wurde durch diese spürbaren Fortschritte der Medizin, aber auch durch das Ausbleiben von Epidemien sicher stark beeinflusst. Europa war vor 1914 noch von Choleraepidemien und direkt nach dem Ersten Weltkrieg von der Grippeepidemie 1918/20 mit ihren mindestens 25 Millionen Toten verängstigt worden. Seit dem Ende des Zweiten Weltkriegs blieb Europa von solchen Epidemien verschont. Die Europäer waren mit ihrem Gesundheitszustand relativ zufrieden. Im westlichen Teil Europas stärker als im südlichen und östlichen Teil gründete diese Zufriedenheit auch auf dem Glauben, dass sich der Gesundheitszustand durch das Individuum mittels gesunder Lebensweise, Ernährung und Sport verbessern ließ.[71] Auch in der Schuldenkrise 2008–2012 verschlechterte sich in der Wahrnehmung der Europäer die Gesundheit nicht. Selbst in den besonders betroffenen südlichen Mitgliedsländern der Europäischen Union, in Griechenland, Spanien und Portugal, und in dem ebenfalls hart getroffenen Irland veränderte sich die Wahrnehmung der eigenen Gesundheit kaum.[72] All dies muss auch mitberücksichtigt werden, wenn die Geschichte der sozialen Ungleichheit in der Gesundheit beurteilt werden soll.

Trotzdem: Was spricht für mehr soziale Ungleichheit in der Gesundheit seit den 1980er Jahren? Die Experten, die auch den historischen Wandel beobachtet haben, vertreten einhellig die These von einer Verschärfung der sozialen Ungleichheit in Europa zumindest seit den 1980er Jahren und damit für eine Fortsetzung des Trends in der vorangegangenen Epoche.[73]

Für die Zeit der 1980er und 1990er Jahre hat dies wiederum Johan Mackenbach untersucht. Er zeigt für eine Reihe von europäischen Ländern, dass zwar auch in dieser Zeit in der gesamten Gesellschaft die Sterblichkeit abnahm, sie aber in den besser gebildeten, höheren Schichten rascher zurückging und daher die relativen Unterschiede der Sterblichkeit zunahmen (vgl. Tabelle 4 auf der folgenden Seite).

Tabelle 4: Wachsende Unterschiede zwischen sozialen Schichten im Rückgang der Sterblichkeit 1981–1995. Veränderung der Sterberaten (pro 1.000 Personen/Jahr) nach Ausbildungsniveau (30- bis 74-Jährige) und nach Berufsgruppe (30- bis 59-Jährige)

Land/ Geschlecht	Sozioökonomische Gruppe	1981–1985	1991–1995	Absolute Differenz (%)	Relative Differenz (%)
Finnland					
Männer	Höhere Ausbildung	9,0	6,9	–2,1	–23
	Niedrige Ausbildung	4,4	12,5	–1,9	–13
Frauen	Höhere Ausbildung	4,0	3,4	–0,6	–15
	Niedrige Ausbildung	5,7	5,3	–0,4	–7
Männer	Nichtmanuelle Berufe	4,0	3,6	–1,1	–23
	Manuelle Berufe	7,4	6,9	–0,6	–8
Schweden					
Männer	Nichtmanuelle Berufe	3,4	2,5	–0,9	–26
	Manuelle Berufe	5,1	4,1	–1,0	–20
Norwegen					
Männer	Höhere Ausbildung	7,5	6,1	–1,3	–17
	Niedrige Ausbildung	10,8	10,5	–0,3	–3
Frauen	Höhere Ausbildung	3,6	3,2	–0,4	–11
	Niedrige Ausbildung	5,2	5,1	0,0	0
Männer	Nichtmanuelle Berufe	3,7	2,8	–0,9	–24
	Manuelle Berufe	5,2	4,3	–0,9	–17
Dänemark					
Männer	Höhere Ausbildung[a]	3,5	2,8	–0,7	–20
	Niedrige Ausbildung[a]	5,1	5,3	0,2	4
Frauen	Höhere Ausbildung[a]	2,4	2,2	–0,2	–8
	Niedrige Ausbildung	3,3	3,3	0,0	0
Männer	Nichtmanuelle Berufe	4,3	3,9	–0,4	–9
	Manuelle Berufe	6,2	5,7	–0,4	–6
England/Wales					
Männer	Nichtmanuelle Berufe	3,9	3,0	–0,9	–23
	Manuelle Berufe	5,3	4,6	–0,7	–13
Italien (Turin)					
Männer	Höhere Ausbildung	7,9	6,3	–1,6	–20
	Niedrige Ausbildung	11,6	10,0	–1,6	–14
Frauen	Höhere Ausbildung	4,5	3,0	–1,4	–31
	Niedrige Ausbildung	5,4	4,4	–1,0	–19
Männer	Nichtmanuelle Berufe	4,0	3,0	–1,0	–25
	Manuelle Berufe	5,3	4,3	–1,0	–19

[a] Altersgruppe 30–59 Jahre.

Quelle: Johan P. Mackenbach et al. (2003), »Widening socioeconomic inequalities in six Western European countries«, in: International Journal of Epidemiology 32, Tabelle 1

Für die Zeit seit der Jahrhundertwende wurde allerdings die soziale Ungleichheit vor dem Tod oder in der Gesundheit nur sehr sporadisch direkt erfasst. Als ein entscheidender Indikator für soziale Unterschiede in der Gesundheit wird in der jüngeren Forschung die Veränderung der Selbsteinschätzung der eigenen Gesundheit in verschiedenen Einkommensgruppen benutzt. Sie wurde von der Europäischen Union seit den 1990er Jahren erhoben.[74] Man geht davon aus, dass diese Selbsteinschätzung und die gesundheitliche Lage eng zusammenhängen, weil man sich in den höheren Einkommensgruppen viel rascher als in den unteren Einkommensgruppen medizinische Hilfe holt, wenn man sich schlecht oder krank fühlt, und sich dadurch die gesundheitliche Lage verbessert.[75]

Tatsächlich ergaben sich in der Wahrnehmung des eigenen Gesundheitszustands deutliche soziale Unterschiede. Zwischen der Mitte der 1990er Jahre und dem Jahr 2013 nahmen die unteren Einkommensklassen ihren Gesundheitszustand deutlich häufiger als schlecht war als die höheren Einkommensgruppen. In der unteren Einkommensklasse (untere 20 Prozent) fühlten sich 2005 in der Europäischen Union 18 Prozent in bestem gesundheitlichem Zustand und 2013 20 Prozent. In der oberen Einkommensklasse (also die obersten 20 Prozent) fühlten sich dagegen 2005 wie 2013 28 Prozent bei bester Gesundheit.[76] Zudem nahmen die Unterschiede in einer ganzen Reihe von Ländern zu. Dies galt nicht nur für Deutschland, das besonders genau mit statistischen Methoden analysiert wurde, sondern am Anfang des 21. Jahrhunderts nach dem bloßen Augenschein der Zahlen auch für andere europäische Länder, besonders deutlich für Irland, Belgien, die Niederlande, Österreich, Tschechien und Polen.[77]

Allerdings muss mit dieser Selbstwahrnehmung der Gesundheit vorsichtig umgegangen werden. Die sozialen Unterschiede in der Einschätzung der eigenen Gesundheit waren deutlich größer als die sozialen Unterschiede des Gesundheitszustands, die wir punktuell kennen. Die Angehörigen der oberen Einkommensgruppen fühlen sich in ihrer gesundheitlichen Lage in Europa – wie gezeigt – am Anfang des 21. Jahrhunderts um rund ein Drittel besser als die Vertreter unterer Einkommensgruppen. Selbst hohe Einkommen leben aber etwa im deutschen Fall nur um ein Achtel länger als Armutsrisikogruppen.[78] Zudem verbergen sich hinter den europäischen Durchschnittswerten enorme Unterschiede zwischen den europäischen Ländern, die mit der Gesundheitslage wenig zu tun haben können. Ein Extrembeispiel: In Griechenland waren 2011 47 Prozent der unteren Einkommen mit ihrer gesundheitlichen Lage sehr zufrieden, in Deutschland dagegen nur 13 Prozent.[79] Der gesundheitliche Zustand der unteren Einkommensgruppen kann in Griechenland während der Schuldenkrise unmöglich so viel besser gewesen sein als in dem von der Krise gesundheitlich wenig betroffenen Deutschland. Letztlich müsste deshalb die These von der Zunahme sozialer Unterschiede im Gesundheitszustand seit den 1990er Jahren besser belegt werden.

Von den Experten wird sie freilich recht einleuchtend erklärt. Sie führen die Zunahme der sozialen Ungleichheit der Gesundheit vor allem auf die Veränderung der vorherrschenden Krankheiten und Todesursachen zurück. Kardiovaskuläre Todesursachen wurden eine vorrangige Todesursache. Sie hängen nicht ausschließlich, aber doch stark mit dem Rauchen, dem Alkoholkonsum und der Fettleibigkeit zusammen. Damit traten aber auch soziale Unterschiede der Lebensweisen stärker in den Vordergrund. Rauchen, Alkoholkonsum und falsche Ernährung sind sozial sehr unterschiedlich. In den unteren Schichten wird mehr geraucht, Alkohol getrunken und fett machend gegessen und daher auch häufiger infolge dieser Lebensweisen gestorben. Einer der Experten, Johan Mackenbach, stützt sich dabei auf gut ausgewählte west-, süd-, nord- und ostmitteleuropäische Länder, freilich ohne Deutschland und die Alpenländer.[80]

Der Alkoholkonsum und die Fettleibigkeit sind besondere europäische Probleme. Nach dem Bericht der Weltgesundheitsorganisation von 2015 lag Europa im Alkoholkonsum und zusammen mit den USA in der Fettleibigkeit weltweit an der Spitze.[81] Europa hat also zwar einen gewichtigen Faktor der sozialen Ungleichheit der Lebenserwartung, die Kindersterblichkeit, erfolgreich zurückgedrängt, aber gleichzeitig durch die europäische Lebensweise (auf die zu verzichten freilich schwer ist) die soziale Ungleichheit der Gesundheit oft wieder mehr verstärkt als anderswo.

Es spricht zudem vieles dafür, dass auch die Arbeitslosigkeit, die seit den 1980er Jahren überall in Europa anstieg, die Gesundheitslage der Betroffenen beeinträchtigte – und zwar deshalb, weil die Arbeitslosen sich oft schlechter ernährten, auf medizinische Dienste verzichten mussten und die deprimierende Situation ohne Arbeit und soziale Anerkennung auch die Gesundheit beeinträchtigen konnte. Auch dadurch verschärften sich soziale Unterschiede der Gesundheit.

Schließlich wird argumentiert, dass die Bildungsexpansion und die starke Zunahme von Hochschulabsolventen, die sich sehr um ihre Gesundheit kümmern, die Unterschiede in der Gesundheit verstärkten. Auch das wachsende Gewicht der höheren Einkommen, von dem viel in den Erhalt der Gesundheit fließt, und schließlich ebenso der starke Trend der höheren Schichten zu einer besonders gesunden Lebensweise haben die soziale Ungleichheit in der Gesundheit weiter verfestigt.[82] Es gibt dagegen bislang keine belastbaren Hinweise darauf, dass die aktivierende Sozialpolitik mit ihren Kürzungen im Gesundheitsbereich, die seit den 1990er Jahren von den europäischen Regierungen immer häufiger betrieben wurde, auf Dauer größere soziale Unterschiede in der Gesundheit hervorrief.[83]

Bildung

Die soziale Ungleichheit verschärfte sich jedoch seit den 1980er Jahren nicht nur. Jenseits der Einkommen, der Vermögen, des Wohnens und der Gesundheit schlug sie in der Bildung, in der sozialen Mobilität und in den sozialen Distinktionen eine ganz andere Richtung ein.

In der Bildung setzte sich der Trend der Prosperitätszeit (1950er bis 1970er Jahre) zu einer Abmilderung der sozialen Ungleichheit der Chancen fort. Die Ungleichheit zwischen sozialen Schichten beim Zugang zur höheren Bildung ging weiterhin etwas zurück. Zwar kam es nicht zu einer Umverteilung des Zugangs zur Bildung zwischen sozialen Schichten. Die Akademikerfamilien sicherten sich weiterhin den Hochschulzugang für ihre Nachkommen, nicht nur für die Söhne, sondern auch für die Töchter. Aber durch die rasche Ausweitung der Sekundarschulen und der Hochschulen erhielten Unterschichtkinder doch bessere Zugangschancen. Dies hatte sicher auch damit zu tun, dass in Europa die Ausbildung immer noch überwiegend staatlich finanziert wurde und deshalb die meist scharf rechnenden Studenten aus der Unterschicht nicht mit riesigen Gebühren belastet wurden.

Das Ausmaß dieser Expansion des Bildungssektors wird oft vergessen. Um 1970 war nur ungefähr jeder siebte junge Erwachsene in Europa Hochschulstudent, 2010 dagegen jeder zweite. Beeindruckender sind die absoluten Zahlen: Um 1970 waren es grob geschätzt rund 5 Millionen, um 2010 fast 20 Millionen Hochschulstudenten. Allerdings gibt es für den Zugang von Unterschichtkindern zu den Hochschulen für Europa insgesamt keine präzisen Angaben außer der zweifelsfreien Tatsache, dass sie stiegen. Dafür sei das Beispiel der keineswegs besonders offenen Hochschulen in Deutschland genannt: Um 1970 waren in der alten Bundesrepublik von den rund 750.000 deutschen Studierenden 12 Prozent Arbeiterkinder, also ungefähr 90.000 Studierende, in der DDR aufgrund der rigide begrenzten Studentenzahlen weit weniger. Um 2009 hingegen kamen 20 Prozent der rund 1,8 Millionen deutschen Studenten an Hochschulen und Fachhochschulen aus Arbeiterfamilien, 18 Prozent allein an Universitäten und Gesamthochschulen, also über 300.000 Studierende.[84] Gleichzeitig schrumpfte die Bedeutung der Arbeiterberufe. Die Chancen für Arbeitersöhne und Arbeitertöchter, an einer Hochschule zu studieren, waren zwar weiterhin schlechter als für Akademikerkinder, stiegen aber doch ganz erheblich an.

Die Chancenungleichheit für Frauen änderte sich seit den 1980er Jahren ebenfalls. Ihre Zugangschancen zu den Gymnasien und Hochschulen hatten sich zwar schon während der Prosperitätszeit verbessert. Aber um 1970 waren die Zugangschancen zu den Hochschulen für Frauen immer noch deutlich schlechter als für Männer. Im europäischen Durchschnitt waren um 1970 immer noch nur 38 Prozent der Studenten Frauen. Nur in einzelnen europäischen Ländern wie Finnland, Dänemark, Frankreich und Portugal sowie in einigen Ländern des östlichen Europa näherte sich der Frauenanteil damals schon der Marke von 50 Prozent an. Um 2010 hatte sich dagegen an den Hochschulen in Europa als Ganzem die Chancengleichheit für Frauen prinzipiell durchgesetzt, auch wenn sie in einer ganzen Reihe von Fächern und zudem in einigen wenigen Ländern wie etwa Deutschland weiterhin in der Minderheit blieben.[85]

Auch die Bildungschancen der Zuwanderer verbesserten sich. Im Vergleich zu der meist schlecht ausgebildeten ersten Zuwanderergeneration besaß die zweite Generation nicht nur mehr mittlere Schulabschlüsse, sondern auch zu einem erheblichen Teil Hochschulabschlüsse. Tiefeninterviews belegen eine hohe Bildungsmotivation, die oft schon von der ersten Zuwanderungsgeneration vermittelt wurde. Die Zugangschancen zur Bildung wurden bisher nur für die große Gruppe der türkischen und nordafrikanischen Zuwanderer untersucht.

Allerdings unterschieden sich die Zuwanderungsländer in den Chancen, die sie Zuwanderern der zweiten Generation eröffneten. Eine Gruppe von Ländern, nämlich Belgien, Österreich und am extremsten Deutschland, bot den Zuwandererkindern türkischer Herkunft einen kürzeren Bildungsaufstieg, im Einzelnen viele mittlere Schulabschlüsse, danach oft eine Lehre, aber erheblich weniger eine Hochschulausbildung. Andere Länder, Frankreich und am weitreichendsten Schweden, offerierten dagegen einen erheblich größeren Bildungsaufstieg, wenig mittlere Schulabschlüsse und weit mehr Hochschulabschlüsse (vgl. Tabelle 5). Das hing vor allem mit der unterschiedlich konturierten Bildungspolitik zusammen, auf die im Einzelnen nicht eingegangen werden kann. Zwar blieben die Chancen für Zuwanderer hinter den Chancen der einheimischen Bevölkerung zurück. Aber im Vergleich zur Generation ihrer Eltern waren die Chancen zum Bildungsaufstieg in der zweiten Zuwanderergeneration erheblich besser.[86]

Tabelle 5: Mittlere Schulabschlüsse und Hochschulabschlüsse von türkischen Zuwanderern der zweiten Generation

Land	Nur mittlerer Schulabschluss	Hochschulabschluss
Belgien	34 %	18 %
Deutschland	33 %	5 %
Frankreich	16 %	36 %
Niederlande	26 %	27 %
Österreich	32 %	15 %
Schweden	9 %	29 %
Schweiz	13 %	15 %

Quelle: Zusammengestellt nach Christine Land/Andreas Pott/Jens Schneider (2016), Unwahrscheinlich erfolgreich. Sozialer Aufstieg in der Einwanderungsgesellschaft (IMIS-Beiträge, Nr. 49), S. 66 (Umfragen des TIES-Projekts).

Neu an der Epoche seit den 1970er und 1980er Jahren war zudem, dass auch die soziale Ungleichheit der Bildung unter den Erwachsenen, also im Alter nach dem Schul- und Hochschulbesuch, deutlich zurückging. Es dauert, wie schon gesagt, immer Jahrzehnte, bis sich verbesserte Bildungschancen für Jugendliche und junge Erwachsene in der Gesamtheit der Erwachsenen voll bemerkbar machen. Die massive Expansion des Bildungssektors während der Prosperitätszeit, die im letzten Kapitel behandelt wurde, zeitigte nun ihre Wirkungen. Die Bildungsunterschiede in der Welt der Erwachsenen, nicht nur der jungen Erwachsenen, milderten sich spürbar ab. Die scharfe Ungleichheit zwischen der winzigen Minderheit von akademisch Ausgebildeten und der großen Masse der Volksschulabgänger oder sogar Analphabeten, die Europa auch noch während der 1960er Jahre in hohem Maß geprägt hatte, ging zurück.

Seit den 1980er Jahren folgte damit die Verteilung der Bildung der Verteilung der Bildungschancen in der Epoche davor. Die klassischen Analphabeten, die keine Schule besucht hatten, wurden auch in Süd- und Osteuropa ein Randphänomen unter älteren Menschen. Europäer mit bloßer Elementarschulausbildung oder Analphabeten gingen deutlich zurück, solche mit akademischer Ausbildung nahmen hingegen stark zu und blieben keine winzige Minderheit mehr. Die mittleren Bildungsabschlüsse von Mittelschulen und Fachschulen wurden ebenfalls erheblich häufiger, bei Frauen später als bei Männern, aber doch in gleichem Umfang, wie dies am deutschen Beispiel zu erkennen ist. Nach den Angaben der OECD besaßen unter den 15- bis 64-jährigen Europäern um 2010 nur noch weniger als 10 Prozent eine reine Primarschulausbildung, dagegen 20 bis 35 Prozent eine Hochschul- und Fachhochschulausbildung und die große Mehrheit mittlere Ausbildungsniveaus. Europa unterschied sich darin kaum von anderen Ländern der nördlichen Hemisphäre, aber doch von der südlichen Hemisphäre. In Indien, Lateinamerika und Südostasien verfügten immer noch 40 bis 60 Prozent über nicht mehr als einen Primärabschluss, und nur ungefähr 5 bis 15 Prozent hatten dort eine Hochschul- und Fachhochschulausbildung absolviert. In Europa ähnelten allerdings Portugal und die Türkei immer noch eher der südlichen Hemisphäre.[87]

Insgesamt verschwanden Bildungsunterschiede auch in Europa keinesfalls. Sie besaßen bis zu einem gewissen Grad auch ihre Bedeutung für das Funktionieren der nationalen Gesellschaften. Aber die krassen Gegensätze der alten Gesellschaftsformationen wurden allmählich durch eine vielfältig gestufte neue Bildungsgesellschaft verdrängt, in der sich zudem auch die Möglichkeiten zum Bildungsaufstieg von einem niedrigeren zu einem höheren Bildungsniveau etwas mehr eröffneten.

Aufstieg und Abstieg

Auch die soziale Mobilität entwickelte sich nicht in Richtung einer größeren sozialen Ungleichheit. Die wichtigste Studie, die von Richard Breen und Ruud Luikx stammt, behandelt die soziale Mobilität von Männern und Frauen zwischen der Elterngeneration und der Generation der Töchter bzw. der Söhne für den Zeitraum von den 1970er bis 1990er Jahren in zehn europäischen Ländern, daneben auch in Israel. Mit Frankreich, Großbritannien, Italien, Irland, Schweden, Norwegen, Polen, Ungarn, den Niederlanden und Deutschland sind west- wie osteuropäische Länder, nord- wie südeuropäische Länder, alte Industrieländer ebenso wie Länder mit noch lange Zeit gewichtigen Agrarsektoren differenziert berücksichtigt und untersucht worden. Das entscheidende Resultat lautete: Die soziale Mobilität verstärkte sich in dieser Zeit in der Mehrzahl der untersuchten europäischen Länder. Nach Breen und Luikx nahm nicht nur die strukturelle soziale Mobilität zu, also die durch den Wandel der Berufsstruktur hervorgerufene Mobilität, sondern auch die Fluidität, die von strukturellem Wandel unabhängige soziale Mobilität. Nirgends verringerte sich die Fluidität, vielmehr wurden die untersuchten europäischen Länder in diesem Zeitraum in der sozialen Mobilität einander immer ähnlicher. Für Männer und für Frauen nahm die Aufstiegsmobilität zwischen sieben untersuchten sozialen Klassen in fast allen diesen europäischen Ländern von den 1970er bis zu den 1990er Jahren zu. Nur in Großbritannien für Männer und in Italien für Frauen konnte keine Zunahme der sozialen Aufstiege festgestellt werden.

Die Abstiegsmobilität entwickelte sich dagegen für Frauen und Männer sehr unterschiedlich. In allen zehn europäischen Ländern ging für Frauen die Abstiegsmobilität zurück. Man kann also nicht sagen, dass für den Aufstieg der einen Frauen andere Frauen mit einem sozialen Abstieg bezahlen mussten. Für Männer hingegen veränderte sich die Abstiegsmobilität sehr unterschiedlich. In der Hälfte der Länder war die Entwicklung positiv. Die Abstiegsmobilität ging in Frankreich, in Irland, in Italien, in Schweden und in Ungarn zurück. Dagegen nahm sie in Deutschland, in Großbritannien, in Norwegen, in den Niederlanden und in Polen zu. Insgesamt unterschieden sich Männer und Frauen somit in den 1970er Jahren noch deutlich. Männer erlebten mehr soziale Aufstiege und weniger soziale Abstiege. In den 1990er Jahren unterschieden sich Männer und Frauen dann kaum noch. Zusammengenommen verliefen die 1970er bis 1990er Jahre eher günstig. Anders als in der Prosperitätszeit der 1950er und 1960er Jahre, als die soziale Mobilität unverändert blieb, verstärkte sich nun die soziale Mobilität (vgl. Tabelle 6).[88]

Tabelle 6: Aufstiegsmobilität und Abstiegsmobilität in Europa, 1970er bis 1990er Jahre

Jahr	D	F	IRL	I	GB	S	N	PL	HU	NL	Ø	Var.
(1)	(2)	(3)	(4)	(5)	(6)	(7)	(8)	(9)	(10)	(11)	(12)	(13)
a) Aufstiegsmobilität von Frauen												
1970er	25,8	27,8	–	–	27,5	23,9	–	19,5	23,3	30,9	25,6	11,7
1980er	29,6	32,9	–	38,5	29,0	27,5	34,4	31,7	38,8	33,6	32,9	15,7
1990er	32,2	33,2	–	36,7	30,6	33,5	37,1	34,1	42,0	34,8	35,3	11,6
b) Aufstiegsmobilität von Männern												
1970er	31,7	25,9	–	21,6	32,8	35,1	–	22,1	26,9	36,1	28,0	37,1
1980er	33,6	29,1	29,0	27,9	33,1	35,3	39,3	24,8	34,7	38,9	32,6	22,9
1990er	33,3	29,9	35,9	31,4	31,7	36,6	34,2	26,3	35,9	37,7	33,4	11,4

c) Abstiegsmobilität von Frauen

1970er	22,8	13,9	–	–	24,6	31,5	–	14,4	30,8	20,5	22,2	44,2
1980er	19,2	12,8	–	12,5	23,7	28,9	19,8	16,8	19,4	17,8	19,0	26,0
1990er	15,2	12,8	–	11,3	22,5	24,4	15,9	16,2	13,7	18,8	16,5	17,6

d) Abstiegsmobilität von Männern

1970er	12,4	17,9	–	18,4	17,9	19,0	–	18,8	26,2	14,5	18,7	17,3
1980er	12,2	16,8	11,8	14,7	17,7	19,4	15,9	18,0	21,1	15,2	16,3	8,7
1990er	13,0	16,4	10,4	14,1	19,0	18,6	17,9	19,6	17,8	16,3	16,2	8,0

Spalten 2–10: statt Länderbezeichnungen Autokennzeichen; var. = Variationskoeffizient.

Quelle: Richard Breen (Hg.) (2004), Social Mobility in Europe, Oxford, Tab. 3.6 und 3.17 (jeweils Ausschnitt).

Zur Entwicklung der sozialen Mobilität im beginnenden 21. Jahrhundert gibt es noch keine umfangreiche internationale Untersuchung. Punktuelle Studien zur Vermögens- und Einkommensmobilität in einzelnen Ländern nach der Jahrhundertwende weisen in eine neue Richtung. Als Beispiel sei erneut Deutschland genannt: Auf der einen Seite war die Vermögensmobilität in Deutschland zwischen 2002 und 2012 hoch. In fast jeder Vermögensgruppe mit Ausnahme der vermögendsten zehn Prozent waren die Mobilen, auch wenn sie etwas zurückgingen, deutlich in der Mehrheit, die Immobilen, die in der gleichen Vermögensgruppe verblieben, dagegen in der Minderheit. Wichtiger noch ist der Umstand, dass die Aufsteiger in höhere Vermögensgruppen zahlreicher waren als die Absteiger in die niedrigeren Vermögensgruppen. Bei der steigenden Ungleichheit der Vermögen ist genau diese Tendenz zu erwarten.

Andere Ergebnisse förderten die Untersuchungen zur Einkommensmobilität zutage, deren Entwicklung von den 1980er Jahren bis zur Mitte der 2000er Jahre betrachtet wurde. In der Einkommensmobilität verschärften sich ähnlich wie bei der Einkommensverteilung die Unterschiede zwischen den Extremen der Einkommenshierarchie. Aus der reichsten Einkommensgruppe stiegen auch aus Kreisen der Wohlhabenden unterhalb der Spitzenverdiener immer weniger Menschen ab. Diese Gruppe verschloss sich damit immer mehr der Mobilität. Aus den allerärmsten bzw. den ärmeren Einkommensgruppen stiegen dagegen immer weniger Personen auf, sie kamen somit aus ihrem »Getto« immer seltener heraus. Dagegen veränderte sich in den mittleren Einkommensgruppen, also unter der großen Mehrheit der Bevölkerung, in diesen rund 30 Jahren meistens nur wenig. Die Immobilen, die in ihren Einkommensgruppen verblieben, blieben in der Minderheit.

Absteiger in schlechtere Einkommensgruppen und Aufsteiger in bessere Einkommensgruppen hielten sich insgesamt die Waage – was zu den schon festgestellten geringen Veränderungen in der Einkommensungleichheit in der Mehrheit der Gesellschaft passt.[89]

Die Aufstiegschancen für Immigranten verschlechterten sich dagegen seit den 1980er Jahren ebenfalls nicht, auch wenn ihre Berufs- und Aufstiegschancen keineswegs optimal waren. Es geht dabei in der Regel um den Vergleich zwischen der ersten Immigrantengeneration, die seit den 1960er und 1970er Jahren, in Großbritannien und Frankreich schon seit den 1950er Jahren, nach Europa kam, und ihren Nachfahren, der zweiten Einwanderergeneration, die erst in der jüngsten Vergangenheit auf dem Höhepunkt ihrer Karrieren anlangten. Die türkische und marokkanische zweite Immigrantengeneration, mit denen sich die vergleichende Forschung vor allem befasste, blieb sicher zu erheblichen Teilen in den Berufen und Stadtvierteln der ersten Einwanderergeneration hängen. Ein erheblicher anderer Teil stieg aber auf, überwand die schwierigen Barrieren in der Ausbildung und beim Berufsstart, manchmal auch mit der Hilfe von indigenen Europäern, und wurde Lehrer, Rechtsanwalt, Geschäftsmann oder Geschäftsfrau, Film- und Theaterregisseur oder Sportler, vereinzelt auch Politiker. Ein ähnlich großer Teil, so neuere Untersuchungen, wurden »Dropouts«, Drogenhändler, Kriminelle, jüngst auch IS-Kämpfer, waren also Beispiele völlig gescheiterter Integration. Sie waren allerdings meist ebenfalls keine sozialen Absteiger.[90]

Für die Mobilitätschancen von Einwanderern wird aber eine ganz andere, sicher zahlenmäßig kleinere, aber einflussreiche Zuwanderungsgruppe mit exzellenten Berufschancen in der Regel übersehen: die hochqualifizierten, meistens gut integrierten, zugewanderten Experten, Manager, Wissenschaftler und Kulturschaffenden, die vor allem seit den 1990er Jahren nicht nur aus anderen europäischen oder westlichen Ländern, sondern auch aus dem Iran, aus Indien und Ostasien kamen und in der ersten Generation manchmal als Familie zuwanderten, oft aber auch einen Europäer oder eine Europäerin heirateten. In der Art und Weise, wie Bildungs- und Berufschancen erfahren und wahrgenommen wurden, lagen Welten zwischen den Kindern eines Arztes aus dem Iran und seiner deutschen Frau und den Kindern eines Ehepaars aus Anatolien. Der deutsche Ausdruck »Migrationshintergrund« fasst daher eine völlig heterogene Gruppe und ist als gesellschaftlicher Begriff für eine soziale Gruppe oder auch nur für eine gemeinsame soziale Situation letztlich unbrauchbar. Er verbaut auch einen

Vergleich, der leider bis heute nicht gezogen wurde: den Vergleich mit den alteingesessenen Minderheiten in Osteuropa und Südosteuropa.

In den Aufstiegserfolgen und -misserfolgen der zweiten Generation von Einwanderern gab es allerdings sehr große Unterschiede zwischen den verschiedenen europäischen Ländern und auch zwischen den verschiedenen geografischen Herkunftsgruppen. Schon im vorangegangenen Abschnitt wurde gezeigt, dass die Bildungschancen von türkischen Immigranten in Deutschland im ersten Jahrzehnt des 21. Jahrhunderts weit schlechter waren als in anderen europäischen Ländern wie Frankreich, Niederlande und Belgien (vgl. Tabelle 5). Allerdings waren dadurch ihre Berufs- und Aufstiegschancen nicht unbedingt ungünstiger. Die zweite Generation der türkischen Einwanderer absolvierte häufig im dualen deutschen Ausbildungssystem eine Berufsausbildung, die zu einem sicheren Arbeitsplatz, zu geringer Arbeitslosigkeit und zu einem gewissen sozialen Aufstieg führte. In anderen europäischen Ländern wie Frankreich musste sich dagegen die besser ausgebildete zweite Generation oft mit einem schwierigen Arbeitsmarkt und mit Arbeitslosigkeit herumschlagen. Bessere Ausbildung sicherte daher nicht unbedingt mehr sozialen Aufstieg.[91]

Gleichzeitig wurden die Bildungs- und Berufschancen durch die zweite Generation je nach Land unterschiedlich bewertet. Auch hierfür ist der deutsch-französische Kontrast besonders aufschlussreich. Immigranten der zweiten Generation aus dem Maghreb starteten in Frankreich oft unter besseren Voraussetzungen als Migranten der zweiten Generation aus der Türkei in Deutschland. Sie sprachen oft schon im Elternhaus die Sprache des Landes, wurden häufiger eingebürgert und besaßen einen französischen Pass, trafen auf ein günstigeres Ausbildungssystem, da an Frankreichs Schulen gemeinsame Klassen nicht schon nach der vierten Klasse enden und daher die Entscheidung über die weiterführende Schulausbildung erst in einem späteren Alter gefällt werden muss. In Deutschland hingegen waren, wie schon erwähnt, nicht nur die Ausbildungschancen schlechter. Es war auch schwieriger, einen deutschen Pass zu bekommen. Türkische Einwanderer der zweiten Generation blieben oft Türken. Trotzdem wurden von dieser zweiten Generation in Frankreich die Chancen schlechter beurteilt. Das lag nicht nur an den bitteren Erinnerungen an den Kolonialkrieg in Algerien auch noch in der zweiten Zuwanderungsgeneration. Wichtiger war die Enttäuschung darüber, trotz des französischen Passes als ein Staatsbürger zweiter Klasse behandelt zu werden und nicht die gleichen Chancen wie indigene Franzosen zu besitzen.[92]

Allerdings erfassen alle diese Mobilitätsuntersuchungen nur die soziale Mobilität der Masse der Bevölkerung, nicht jedoch den symbolisch besonders wichtigen Zugang zu den Eliten in Europa. Ein tiefer Widerspruch der europäischen Gesellschaften bestand und besteht darin, dass die Zugangschancen zu den Eliten sich sozial nicht in gleicher Weise wie die allgemeinen Mobilitätschancen öffneten. Nur in wenigen Ländern wie Frankreich und Großbritannien hat dies damit zu tun, dass sich die Eliten in hohem Maße aus sozial abgeschlossenen Elitenhochschulen rekrutierten. Auch in anderen europäischen Ländern, in denen sich (wie im Teilkapitel über Bildung gezeigt) die Hochschulen allmählich sozial öffneten, blieb die soziale Herkunft der Eliten fast so geschlossen wie zuvor. Dieser Widerspruch war allerdings nicht in allen europäischen Ländern gleich hart, weil die politische Elite je nach Land sozial sehr unterschiedlich für soziale Aufsteiger offen war. Die Kontraste zwischen den weitgehend aus dem Großbürgertum stammenden politischen Eliten in Frankreich, Großbritannien und Spanien, den überwiegend aus den Mittelschichten stammenden politischen Eliten in dem Großteil der EU-Länder und den aus der Arbeiterschicht kommenden politischen Eliten in Skandinavien und Österreich könnten nicht schroffer sein. Daran änderte sich seit den 1970er und 1980er Jahren laut den Untersuchungen von Michael Hartmann auch nur wenig. Wenn sich überhaupt etwas veränderte, schlossen sich die politischen Eliten sozial sogar weiter ab: In Deutschland und Italien stammten die politischen Eliten in wachsendem Maß aus dem Bürgertum und dem Großbürgertum. Auch die ostmitteleuropäischen politischen Eliten kamen nach dem Umbruch 1989/90 häufiger aus der Mittel- und Oberschicht als in der Epoche davor.[93] Die Eliten öffneten sich also sozial nicht. Ganz im Gegensatz zu den verbesserten Mobilitätschancen vermittelten die Eliten in zahlreichen europäischen Ländern vielmehr eher den Eindruck unveränderter sozialer Geschlossenheit.

Allerdings wurde dieses Bild geschlossener Eliten seit den 1980er Jahren entscheidend dadurch korrigiert, dass sich die politischen Eliten seit den 1980er Jahren in zweierlei Hinsicht etwas öffneten: gegenüber Frauen und gegenüber Immigranten. Der Anteil von weiblichen Parlamentariern nahm seit den 1980er Jahren in den nationalen europäischen Parlamenten und im Europaparlament erheblich zu, wenn auch mit sehr großen Unterschieden zwischen den einzelnen Ländern. Am deutlichsten fiel der Anstieg in skandinavischen Ländern, in den Niederlanden, in Estland, in Irland und Portugal, aber auch in großen Ländern wie Frankreich, Spanien und Deutschland aus, zudem auch im Europaparlament, wo seit den 1990er Jahren knapp ein Fünftel und seit der Jahrhundertwende knapp ein Drittel der Abgeordneten Frauen waren. Als Folge davon stieg auch der Anteil der Frauen in den Regierungskabinetten und sogar unter den Regierungschefs. Seit den 1980er Jahren schafften es in Europa etwas über 40 Frauen in das Amt der Regierungschefin oder der Staatspräsidentin. In den 1950er bis 1970er Jahren hatte es dies in Europa noch nicht gegeben.

Der Anteil von Spitzenpolitikern aus Immigrantenfamilien stieg ebenfalls an, wenn auch weniger stark. In der ansonsten sozial sehr abgeschlossenen französischen politischen Elite kamen sogar gleich drei Regierungschefs und Staatspräsidenten, Pierre Bérégovoy, Nicolas Sarkozy und Manuel Valls, aus Immigrantenfamilien. Frankreich war damit eher ein Ausnahmefall. Die anderen Eliten, die Wirtschafts-, Kirchen-, Verwaltungs-, Militär- und Bildungselite, folgten dieser Öffnung gegenüber Frauen und gegenüber Immigranten meist viel zögernder. Die politische Elite stand freilich besonders stark im Rampenlicht der Öffentlichkeit, sodass die Öffnung dieser Elite besonders stark ausstrahlte.[94]

Soziale Distinktion

Nicht nur in der Bildung und in der sozialen Mobilität, sondern auch in der Frage der sozialen Distinktionen milderte sich die soziale Ungleichheit – wie schon in den 1960er und 1970er Jahren – weiter ab, was freilich immer auch seine Grenzen besaß. Die entscheidenden Faktoren waren weiterhin der Massenkonsum, der Wohlfahrtsstaat in einem weiten Sinn einschließlich der Wohnungs- und Bildungspolitik sowie der Wandel der Medien. Diese Faktoren wirkten auch in dieser Epoche, auch wenn die außergewöhnliche und für sie günstige Prosperität der 1950er bis 1970er Jahre auslief (vgl. Kapitel 3).

Der große »Gleichmacher« der 1950er bis 1970er Jahre, der Massenkonsum, büßte seine Dynamik auch nach den 1970er Jahren nicht ein. Er veränderte sich allerdings. Massenprodukte verloren noch stärker als zuvor ihren sozial anrüchigen Beigeschmack. Die scharfe soziale Trennlinie, die von oben durch die Ablehnung von Massenprodukten gezogen wurde, verwischte sich nicht unwesentlich. Das hatte zum Teil damit zu tun, dass von den aufsteigenden Discountern billige Massenprodukte mit gutem Design und besserer Qualität vor allem bei Möbeln und Kleidern, aber auch bei Nahrungsmitteln verkauft wurden. Die Ablehnung solcher Billigprodukte ging daher zurück. Hinzu kam, dass Massenprodukte aus der südlichen Hemisphäre Käufer in anderen sozialen Milieus teils wegen des exotischen Flairs, teilweise als Hilfe zur Linderung von Armut fanden. Schließlich änderte sich die Massenproduktion durch die Digitalisierung grundlegend. Die digitale Steuerung in der Herstellung von komplexen Produkten wie etwa Autos ließ mehr Variationen des Produkts zu. In den Autofirmen konnte es Tage dauern, bis exakt derselbe Wagen die Fließbänder verließ. Die Vielfalt nahm bei Massenprodukten zu. Sie wurden daher im oberen Teil der Gesellschaft eher akzeptiert, weil sie nun auch eingesetzt werden konnten, um individuelle Konsumstile vorzuführen. Diese Abmilderung der sozialen Distinktionen beruhte nicht allein auf einem Abstieg von Konsumgütern von oben nach unten in der sozialen Hierarchie. Umgekehrt wurden auch Konsumstile der Unterschicht von den höheren Schichten übernommen und dabei umgedeutet.

Die Auswirkungen des Massenkonsums auf soziale Distinktion lassen sich bei den sichtbaren langlebigen Konsumgütern besonders deutlich beobachten. Während der 1950er bis 1970er Jahre war eine wichtige soziale Trennlinie der Besitz von dauerhaften, langlebigen, massenproduzierten Konsumgütern wie Telefone, Fernseher, Sofaecken und Schrankwände, Staubsauger, Kühlschränke und Waschmaschinen, Autos, Hausbesitz und die Ausstattung der Wohnung mit eigener Küche, Bad, Dusche und WC, darüber hinaus Ferienreisen in das Ausland. Alle diese Güter wurden damals als die wesentlichen Indikatoren des modernen Lebensstandards angesehen. Wer diese Güter besaß, gehörte schon damals nicht zu den Reichen, aber wollte doch zur besseren Gesellschaft gehören. Sicher konnten mit diesen Konsumgütern viele und vielsagende feine Unterschiede der Qualität und der Marke herausgestellt werden. Aber die harte soziale Trennlinie waren Besitz oder Nichtbesitz dieser Konsumgüter. Am Ende der Epoche besaßen in der wohlhabenden EWG um 1970 zwar zwei von drei Haushalten eine Waschmaschine und drei von vier Haushalten einen Kühlschrank, aber erst eine Minderheit von einem Fünftel der Haushalte ein Auto, ein Telefon oder ein Fernsehgerät.[95] Jacques Tati produzierte 1958 in seinem berühmten Film *Mon oncle* über diese Geräte im Hause eines Generaldirektors eine damals futuristische Persiflage der modernen Konsumtechnik.

Heute wirkt dieser Film eher aufgesetzt. Der Besitz dieser dauerhaften Konsumgüter ist banal geworden. Mit ihnen ließen sich 2010 in der Europäischen Union kaum noch soziale Trennlinien ziehen. Sie waren höchstens noch eine Grenzlinie zur dauerhaften Armut oder auch zu strikt antimodernen Milieus, schlossen in der Regel nur eine kleine Minderheit der Bevölkerung aus. Telefon, Waschmaschine oder Fernseher besaß praktisch jeder. Selbst Computer besaßen 2010 nur sechs Prozent und Autos nur acht Prozent der Europäer nicht. Nur in den armen Ländern Rumänien und Bulgarien besaß diese soziale Trennlinie um 2010 noch eine wirkliche Bedeutung. In den ostmitteleuropäischen Ländern, in Portugal und Griechenland spielte sie immerhin noch in den 1990er Jahren eine Rolle, trat dann aber im Laufe der ersten anderthalb Jahrzehnte des 21. Jahrhunderts immer mehr zurück.[96] Soziale Trennlinien wurden tatsächlich verwischt und beseitigt.

Auch in einem anderen Bereich des Massenkonsums, beim Wohnen, wurden soziale Trennlinien weiter abgemildert, blieben aber in bestimmten Grenzen bestehen. Schon seit den 1950er bis 1970er Jahren, im nördlichen Europa bereits seit der Zwischenkriegszeit, war die scharfe, leicht erkennbare soziale Trennlinie in der Ausstattung der Wohnungen mit Bad, WC, Küche, Elektrizität, Frischwasser und Kanalisation abgeschwächt worden. Die Abmilderung dieser sozialen Trennlinie im Wohnen setzte sich seit den 1980er Jahren fort. Um 1970 hatten in der Europäischen Gemeinschaft, die sicherlich besser dastand als das übrige Europa, fast alle Wohnungen eine eigene Küche und drei Viertel der Wohnungen ein eigenes WC, allerdings nur zwei Drittel ein Bad oder eine Dusche und sogar weniger als die Hälfte eine Zentralheizung.[97] Diese Unterschiede wurden seit den 1980er Jahren weiter abgebaut. Um 2010 spielten sie in den meisten Mitgliedsländern der Europäischen Union keine Rolle mehr. Nur in Rumänien, Bulgarien und in den baltischen Staaten waren sie noch einschneidend.[98] Es wurde im Teilkapitel über das Wohnen schon erwähnt, dass auch der Wohnungsbesitz vor allem im östlichen und südlichen Europa keine eindeutige soziale Trennlinie mehr war, hohes Armutsrisiko auch Hausbesitzer treffen konnte und Hausbesitz keinen sicheren Schutz gegen Armut mehr bot. Soziale Trennlinien wurden freilich im Bereich des Wohnens nicht durchweg abgebaut. Bleibende soziale Trennlinien waren vor allem die öffentlich wenig sichtbare Belastung mit Wohnkosten und die durchaus sichtbare Qualität der Wohnungen, das Sonnenlicht, die Feuchtigkeit von Wohnungen und das Wohnumfeld, also Kriminalität, Schmutz, Lärm und Zugang zum Nahverkehr, zu guten Schulen, zur Naherholung und zum Einkauf von Lebensmitteln und Konsumgütern.[99]

In zwei weiteren wichtigen Bereichen des Massenkonsums, in der Werbung und im Zuschauersport, gingen soziale Trennlinien ebenfalls zurück. In der Werbung verschwanden Kennzeichen sozialer Distinktion wie der Diener, die Näherin, der Gärtner oder der Chauffeur. Nur zwei Beispiele für das Abschmelzen von sozialen Distinktionen im Zuschauersport seien hier erwähnt: Fußball, in der ersten Hälfte des 20. Jahrhunderts noch ein Bestandteil des Arbeitermilieus, kommerzialisierte sich nicht nur, sondern wurde von der Mittel- und Oberschicht nun auch voll akzeptiert. Eine von unten gezogene soziale Trennlinie verschwand und ließ sich nur noch an den Fans erkennen. Umgekehrt wurde Tennis, der im 20. Jahrhundert als Oberschichtensport und in sozial sehr exklusiven Clubs startete, seit den 1980er Jahren zumindest zeitweise von allen Schichten hoch angesehen.[100]

Auch der Wohlfahrtsstaat baute soziale Trennlinien weiter ab, was vor allem mittels der staatlichen sozialen Sicherung und im Städtebau geschah.

Mithilfe der sozialen Sicherungssysteme hatte die Sozialpolitik seit dem Entstehen des modernen Wohlfahrtsstaats ab den 1950er Jahren im kostenintensivsten und umstrittensten Bereich, in der Altersversicherung, den Versuch unternommen, die scharfen Trennlinien zwischen Erwerbstätigkeit und Alter abzubauen und die Altersarmut einzuschränken. Deshalb wurden in vielen europäischen Ländern die Renten an die Lohnentwicklung angebunden. Allerdings erreichte der Wohlfahrtsstaat erst in den 1970er und 1980er Jahren, dass die Armut unter Rentnern nicht nur zurückging, sondern auch nicht mehr spürbar höher ausfiel als unter den Erwerbstätigen. Zumindest in den genau untersuchten Ländern Großbritannien und Deutschland war dies der Fall.[101] In der Europäischen Union insgesamt blieb diese soziale Trennlinie zwischen Erwerbstätigen und Rentnern länger erhalten und milderte sich erst nach 2005 ab. 2005 waren noch 21 Prozent der Alten armutsgefährdet, aber nur 17 Prozent der ganzen Bevölkerung. 2014 war die Armutsgefährdung der Alten auf das Niveau der Gesamtbevölkerung abgesenkt worden.[102]

Diese soziale Trennlinie in der staatlichen Altersversicherung schwächte sich freilich je nach Land unterschiedlich ab. Nur zwei gegensätzliche Beispiele: In Großbritannien wurde die staatliche Rentenversicherung nach dem Prinzip völliger Gleichheit der Beiträge und der Leistungen während des Zweiten Weltkriegs konzipiert und nach dem Krieg auch realisiert. Allerdings wurde es jedem überlassen, die gleichen, aber dürftigen staatlichen Altersrenten durch private Altersversorgung mit großen sozialen Unterschieden auszubauen, was sozial sehr unterschiedlich ausfiel. Das Gleichheitsprinzip wurde in den Rentenreformen 2007/08 wieder bestätigt. In Deutschland dagegen wurde die staatliche Rentenversicherung nach dem Prinzip der Leistungsgerechtigkeit aufgebaut. Soziale Trennlinien während der Erwerbstätigkeit blieben dadurch häufig auch im Rentenalter erhalten. Allerdings wurden unter dem Zwang der Umstände soziale Trennlinien der deutschen Altersversicherung ebenfalls gemildert. In den 1990er Jahren kamen Vorschläge zu einer gleichen Grundrente aus allen politischen Lagern, auch aus dem Lager der CDU, sie wurden allerdings nie realisiert. In den »Hartz«-Reformen von 2002 wurden gegen heftige Proteste die sozialen Trennlinien zwischen versicherten Arbeitslosen und den Sozialhilfeempfängern eingerissen. Die soziale Trennlinie, die durch getrennte Rentenversicherungen für Angestellte und Arbeiter seit der Einführung staatlicher Sozialversicherungen bestanden hatte, wurde 2005 aufgegeben. Allerdings wurden durch die Einführung von privatwirtschaftlichen Säulen in der Altersversicherung ähnlich wie in Großbritannien soziale Trennlinien aus dem Erwerbsleben im Rentenalter verstärkt aufrechterhalten.[103]

Ein zweites Feld des Wohlfahrtsstaats, in dem soziale Trennlinien abgemildert wurden, war der Wohnungs- und Städtebau. Sein Schwerpunkt lag nicht mehr, wie in der Epoche zuvor, auf der Stadtexpansion nach außen, sondern in der Modernisierung der Innenstädte. Dadurch entstand nicht selten ein enges, teilweise auch konfliktgeladenes Nebeneinander von ärmeren und wohlhabenden Straßen im selben Stadtviertel. Die alte säuberliche Trennung ganzer Stadtviertel nach sozialen Milieus ließ sich im Zuge dieser Innenstadtmodernisierung nicht aufrechterhalten. Die unterschiedlichen sozialen Milieus trafen auf den Straßen, auf den Märkten, im Nahverkehr, in den Kindertagesstätten und Schulen aufeinander und mussten sich arrangieren. Die sozialen Trennlinien wurden dadurch verändert.[104]

Auch die sozialen Distinktionen durch Medien und deren Nutzung gingen zurück. Nur in der Anfangszeit der Einführung des Fernsehens, der Filmkameras, der CD, des PC, des Internets, des Handys und des Smartphones konnte man sich mit diesen Medien sozial nach unten oder als modernes Milieu gegen andere, traditionellere Milieus abgrenzen. Bald verbreiteten sich diese Medien jedoch so rasch, dass sie ihre Bedeutung für die soziale Distinktion verloren. Der Zugang zu Wissen erschloss sich zudem durch diese Medien leichter. Auch deshalb konnten sich besser Ausgebildete nicht mehr so leicht durch das immaterielle Gut Wissen sozial abheben. Sicher gab es auch Gegentendenzen durch das Entstehen neuer sozialer Trennlinien in den Medien. In den meisten europäischen Ländern wurden

Radio- und Fernsehprogramme oder -anstalten eingerichtet, die oft nur von einer schmalen Bevölkerungsschicht eingeschaltet wurden wie France Culture, BBC 3 und 4, Deutschlandradio Kultur oder Arte. Durch die Internationalisierung der Medien ließen sich zudem neue soziale Trennlinien ziehen, da man sich als Einwanderungsminderheit durch türkisches, arabisches oder russisches Fernsehen sozial abgrenzen konnte und auch anders informiert wurde. Aber die Schwächung sozialer Trennlinien durch Medien war doch die gewichtigere Tendenz.

Diese Abmilderung sozialer Trennlinien in den Medien ließ sich auch an der Sprache erkennen. Die Ausdrücke, die gesellschaftliche Trennlinien bezeichnen, wie Klassengesellschaft, Oberschicht oder Unterschicht, gingen seit den 1980er Jahren in der geschriebenen Sprache der Medien stark zurück. Die sprachlichen sozialen Trennlinien, gezogen durch lateinische Zitate oder die Kenntnis einer Fremdsprache, wurden schwächer. Lateinische Zitate, die nur eine kleine Minderheit von Gymnasialabsolventen voll verstehen konnte, wurden weit seltener eingesetzt. Auch Klassikerzitate wurden immer weniger ins Feld geführt.[105] Schließlich verloren auch Fremdsprachenkenntnisse ihre Bedeutung als soziales Distinktionsmittel immer mehr. Selbst noch in den 1980er Jahren sprach nur ein Drittel der Europäer in der Europäischen Gemeinschaft eine Fremdsprache. 2001 dagegen konnte sich knapp die Hälfte und 2012 schon etwas über die Hälfte der Europäer in der Europäischen Union in einer Fremdsprache, meist im Englischen, unterhalten. Allerdings waren die Unterschiede innerhalb der Europäischen Union groß. Im Süden Europas, auch in Großbritannien und Irland waren die Fremdsprachenkenntnisse weit geringer; sie bildeten daher noch eine schärfere soziale Trennlinie.[106] Auch die vielen englischen Wörter in der Alltagsprache für Computer und elektronische Medien, ebenso wie die in Bahnhöfen und Flughäfen zunehmend englischen Ausdrücke, markierten keine sozialen Trennlinien mehr, höchstens noch zwischen Generationen, aber nicht mehr zwischen sozialen Milieus oder zwischen den Geschlechtern. Soziale Trennlinien in den Medien durch Sprache wurden seit den 1980er Jahren sicher nicht völlig verdrängt und unsichtbar, aber sie wurden seltener oder nur noch verdeckt angesprochen.

Allerdings stieß diese Abmilderung der sozialen Trennlinien seit den 1980er Jahren auf fünf Grenzen:

Soziale Trennlinien blieben in der Gesundheit erhalten. Im Zugang zum Gesundheitsdienst bestanden in einer Reihe von europäischen Ländern massive soziale Trennlinien zwischen den Patienten. Patienten der unteren

Einkommensgruppe klagten häufiger über kostspielige Behandlungen oder lange Wartezeiten als wohlhabende Patienten. Diese Disparitäten bestanden noch im ersten Jahrzehnt des 20. Jahrhunderts nicht nur in den ärmeren europäischen Ländern wie Rumänien, Bulgarien, Lettland, Polen und Serbien, sondern auch in wohlhabenden Ländern wie Deutschland und Italien mit ihren ganz verschiedenen Gesundheitssystemen.[107] Gleichzeitig bildeten sich besonders im westlichen Europa deutliche soziale Trennlinien in der Gesundheitsvorsorge. Mit einer gesunden Lebensweise durch Joggen, das Training in Fitnesszentren, in Schwimmbädern und in Sportanlagen, im Verzicht auf Rauchen und mittels biologischer Ernährung wurden oft auch spürbare soziale Trennlinien gezogen. »Auffällig ist dabei, dass der Bannfluch der Priester der totalen Gesundheit stets die unteren, als unaufgeklärt denunzierten Klassen trifft [...] Der neue Gesundheitswahn ist das Distinktionsmerkmal der Erfolgreichen, Wohlhabenden und Schönen – und ihr Instrument in einem neuartigen Klassenkampf von oben.«[108] Es ist freilich wichtig, dass diese sozialen Trennlinien durchlässig waren. Jeder kann zumindest gesund leben, wenn auch nicht jeder eine biologische Ernährung und eine Privatversicherung finanzieren kann. Mit dem rasanten, soeben beschriebenen Fortschritt der Medizin für alle erschienen gleichzeitig solche neuen sozialen Trennlinien noch erträglich.

Auch mit dem Erwerb und Besitz von Bildung wurden weiterhin spürbare soziale Trennlinien gezogen. Die jährliche ›Produktion‹ von Doktortiteln, einer ureigenen europäischen sozialen Trennlinie, stieg weiterhin an, auch wenn sie je nach europäischem Land sehr unterschiedlich ausfiel. Dieser Titel war eigentlich als Qualifikation für die wissenschaftliche Laufbahn gedacht, diente aber oft und in manchen Ländern wie Deutschland sogar überwiegend zur sozialen Distinktion in Unternehmen, in Verwaltungen und an Schulen. Besonders in Frankreich und Großbritannien wurde stattdessen mit dem Abschluss an den französischen »grandes écoles« und an den britischen Universitäten Oxford und Cambridge lebenslange, intensiv gepflegte soziale Netzwerke aufgebaut und damit auch dauerhafte soziale Trennlinien gezogen. Die sozialen Trennlinien durch Bildung schwächten sich zwar durch die bereits geschilderte starke Zunahme der Hochschulabsolventen und durch den Rückgang der reinen Elementarschulabsolventen ab. Die große Zahl von 80 Millionen Hochschul- und Fachhochschulabsolventen, die es in der Europäischen Union um 2010 schätzungsweise gab, konnten keinen starken Zusammenhalt entwickeln und sich nicht in einer gemeinsamen Strategie nach außen oder unten scharf abgrenzen. Aber die Bildung behielt im Arbeitsmarkt durchaus eine erstrangige Bedeutung als soziale Trennlinie.

In den Heiratskreisen milderten sich die sozialen Trennlinien ebenfalls nicht ab, sondern verstärkten sich sogar noch. Die jüngeren Europäer heirateten weit häufiger als die älteren Europäer innerhalb ihrer eigenen Bildungsschicht. Volksschüler heirateten zunehmend Volksschüler, und Hochschulabsolventinnen heirateten zunehmend Hochschulabsolventen. Der Arzt heiratete keine Arzthelferin, sondern eine Ärztin, der Professor keine Sekretärin, sondern eine Professorin. Das Beispiel Deutschland ist hierfür erneut recht anschaulich: Der Anteil von Heiraten innerhalb derselben Bildungsschicht stieg von den Älteren zu den Jüngeren von etwa 44 Prozent (Geburtsjahrgänge 1919–1923) auf etwas über 70 Prozent (Geburtsjahrgänge 1954–1963) ohne große Unterschiede zwischen Männern und Frauen.[109] Solche Heiraten zwischen Bildungsschichten sind besonders gut untersucht, lassen allerdings die sozialen Trennlinien nur unscharf erkennen. Viele Frauen der älteren Generation stammten zwar aus dem Bürgertum, gingen aber ohne Ausbildung in die Ehe. Die Eltern stellten sich noch auf den Standpunkt, dass ihre Töchter sowieso heiraten würden und daher keine Ausbildung benötigten. Aber auch wenn die Heiraten innerhalb des Bürgertums weniger stark anstiegen, dürften die Heiratskreise doch stärker abgeschlossen worden sein.

Zu den verstärkten sozialen Trennlinien seit den 1980er Jahren gehörte der neue Luxus, der in bestimmten europäischen Warenhäusern und Einkaufsmeilen angeboten wurde: der Luxus der teuren Autos, Uhren, Handtaschen, Schmuckstücke, Antiquitäten und Gemälde, auch die Dritt- oder Viertwohnung in teuren Innenstadtlagen, Spezialreisen und Klinikbesuche bei renommierten Ärzten. Mit diesem Luxus setzte sich eine sehr schmale, besonders reiche Schicht von dem Rest der Gesellschaft, auch vom Bürgertum, ab. Der neue Luxus war eine Folge der schon erwähnten ungewöhnlichen Disparitäten der Vermögen und der globalen Konzentration von enormen Vermögen in den Händen einer schmalen Schicht von Superreichen.[110] Dieser Luxus wurde zum erheblichen Teil in Europa produziert und auf dem globalen Markt platziert. Trotzdem war diese soziale Trennlinie nicht einfach eine Eigenart der europäischen Gesellschaften, eine Trennlinie zwischen Europäern. Die wichtigsten oder zumindest am leichtesten erkennbaren Käufer dieses Luxus waren vielmehr Nichteuropäer, chinesische, arabische und lange Zeit auch russische Reiche. Dieser Luxus erzeugte daher soziale Trennlinien eher in China, in der arabischen Welt und in Russland als in Europa. Zudem nahmen viele europäische Superreiche an diesem Luxus entweder nicht teil oder präsentierten ihn selten in der Öffentlichkeit und brachen mit der jahrhundertealten, europäischen Tradition, Luxus als Ausweis von Macht in der Öffentlichkeit zu zelebrieren.

Zudem wurden seit den 1970er Jahren auch ethnische soziale Trennlinien schärfer gezogen. Europa wurde zu einer Einwanderungsgesellschaft, was nicht nur die früheren Kolonialländer betraf, sondern auch die zahlreichen Länder, die lange Zeit nicht mehr oder gar nie Kolonien besessen hatten. Zwar verstärkte die Zuwanderung ethnische soziale Trennlinien in der Regel nicht immer. Die meist unterschätzte, umfangreiche Zuwanderung aus anderen Ländern Europas besaß so gut wie nie diese Wirkung. Auch die Zuwanderung aus außereuropäischen Ländern, aus Nordafrika, dem Nahen Osten, Indien, Vietnam und China, die die öffentliche Aufmerksamkeit viel stärker beschäftigte, führte oft nicht zu ethnischen Trennlinien. Aber ein Teil der außereuropäischen Zuwanderer lebte ganz unter sich in gesonderten Stadtvierteln, behielt den eigenen Konsum und die eigenen familiären Lebensweisen bei, besuchte eine abgeschottete Welt von Tempeln oder Moscheen und verflocht sich mit der sie umgebenden Gesellschaft nur selten durch Heirat, durch Vereinsmitgliedschaften und Freizeitkontakte. Diese Zuwanderer trafen sich mit der sie umgebenden Gesellschaft nur in den Schulen, bei der Arbeit, beim Einkaufen und im öffentlichen Verkehr, zogen scharfe soziale Trennlinien und gerieten in die Spirale der Exklusion von außen und der Selbstabschließung. Wie groß der Anteil der nur partiell integrierten außereuropäischen Zuwanderer war, variierte von Land zu Land und von Einwanderergruppe zu Einwanderergruppe. Auch die sozialen Trennlinien wandelten sich in ihrer Bedeutung als Mittel der sozialen Abgrenzung.[111]

Insgesamt entwickelte sich die soziale Ungleichheit nicht nur in der Bildung und in der sozialen Mobilität, sondern auch in den sozialen Distinktionen anders als Vermögen und Einkommen. Sie verschärfte sich nicht, sondern milderte sich teilweise sogar ab. Man wird die Reaktion auf die Verschärfung der sozialen Ungleichheit nicht verstehen, wenn man diese Dimensionen außer Acht lässt. Allerdings hing auch viel davon ab, wie diese Veränderungen der sozialen Distinktionen wahrgenommen und interpretiert wurden.

Wahrnehmung von sozialer Ungleichheit

Ging die soziale Ungleichheit in der Wahrnehmung seit den 1980er Jahren zurück? Oder hatten die Europäer um 2010 den Eindruck, mit mehr sozialer Ungleichheit konfrontiert zu sein? In der Wahrnehmung, die auch mit den sozialen Trennlinien sehr eng zusammenhängt, milderte sich die soziale Ungleichheit teilweise ab, verschärfte sich in den Augen der Zeitgenossen aber vor allem.[112]

Auf den ersten Blick scheint es zu einer sozialen Abmilderung in der europäischen Wahrnehmung gekommen zu sein: Soziale Ungleichheit zwischen sozialen Klassen trat tatsächlich seit den 1980er Jahren in der politisch-publizistischen Sprache ein Stück zurück. Über Klassengesellschaft und Klassenkämpfe las man in Europa seit den 1980er Jahren deutlich weniger. Die Sprache der Klassengesellschaft wurde seltener genutzt. Zu dieser Sprache gehörten Ausdrücke wie Bürgertum, Aristokratie, Bildungsbürgertum, Kleinbürgertum, Arbeiter oder Unterschicht, Mittelschicht, Oberschicht, anfangs auch Chancengleichheit. Sie finden sich im geschriebenen Deutsch, Französisch, Italienisch, auch im eher globalen Spanisch und Englisch seltener. Umgekehrt wurden Ausdrücke, die soziale Ausgrenzung nach sozialen Klassen eher vermeiden (z. B. Prekariat, Personal oder Management), viel häufiger benutzt.[113] Nur noch eine Minderheit der Befragten hielt 2009 den Konflikt zwischen Bürgertum und Arbeiterklasse für wichtig.[114] Ein ähnlicher Trend vollzog sich in den Sozialwissenschaften: Nach Klassengesellschaft wurde in den großen regelmäßigen europäischen Umfragen, im *Eurobarometer* seit den 1970er Jahren, in der *Europäischen Wertestudie* seit den 1980er Jahren und im *European Social Survey*, seit den 2000er Jahren kaum mehr gefragt. Auch die wichtigste deutsche Umfrage, das *Sozioökonomische Panel*, fragt nicht mehr nach Klassenunterschieden. Nur die internationalen ISSP-Umfragen zur sozialen Ungleichheit und die *Allbus-Umfrage*, eine regelmäßige deutsche Umfrage, stellen diese Frage noch explizit.

Hiermit wird aber nicht das ganze Bild der Wahrnehmung der sozialen Ungleichheit seit den 1980er Jahren wiedergegeben. Die gewichtigere Entwicklung war: In der gleichen Zeit verschärfte sich die soziale Ungleichheit in der Wahrnehmung der Europäer. Der Begriff der sozialen Ungleichheit erlebte in den meisten Sprachen eine rasante Karriere. In der Wahrnehmung stand dabei nicht mehr so sehr die soziale Ungleichheit zwischen sozialen Klassen im Zentrum, sondern eher die Ungleichheit zwischen Arm und Reich, zwischen Frauen und Männern, zwischen ethnischen und religiösen

Minderheiten und der Mehrheit, zwischen Zuwanderern und Indigenen. Zu der neuen Sprache der sozialen Ungleichheit gehörten Begriffe wie Armut, Reichtum, Milieus, aber doch auch wieder Chancenungleichheit. Rasch verbreiteten sich in der Regel auch Ausdrücke, die sich gegen Exklusionen von Frauen oder sexuellen Minderheiten (wie »Macho« und »homophob«) oder generell gegen soziale Trennlinien richten (wie »soziale Exklusion«), aber auch Ausdrücke, die soziale Trennlinien jenseits der Klassen wiedergeben wie Diversität, Diskriminierung, feine Unterschiede, soziale Distinktion, hohes Ansehen, Reputation oder Elite.[115] In den Sozialwissenschaften sank das Interesse an sozialer Ungleichheit ebenfalls keineswegs. Das Interesse verschob sich vielmehr auf Disparitäten zwischen Einkommens- und Vermögensgruppen, zwischen Geschlechtern und zwischen Minderheiten und Mehrheiten.

Nicht nur in der Sprache änderte sich die soziale Ungleichheit. Auch in der Wahrnehmung verschob sie sich seit den 1980er und 1990er Jahren. Dafür bieten die Armutsberichte des *Eurobarometers* wichtige Aufschlüsse, und zwar über die Wahrnehmung der Armut hinaus. Noch in der Umfrage des *Eurobarometers* von 1977 hielt die Mehrheit der befragten Europäer der Europäischen Gemeinschaft die Armut, einen entscheidenden Aspekt der sozialen Ungleichheit, für im Rückgang begriffen. In den Umfragen von 1989 und von 1993 dagegen glaubte die überwiegende Mehrheit an eine Zunahme der Armut. 1993 erlebte zwar nur ein Drittel der Befragten mehr Armut in ihrem eigenen Wohnviertel, aber fast zwei Drittel mehr Armut im eigenen Land. Diese Europäer sahen die wachsende soziale Ungerechtigkeit als entscheidenden Faktor der Armut an. Die Befragten fühlten sich zwar von dieser Ungerechtigkeit selbst meist nicht direkt betroffen, nannten sie aber in den Umfragen des *Eurobarometers* der 1980er und 1990er Jahre meistens als die wichtigste Ursache von Armut (vgl. Tabelle 7). Andere Ursachen wie Modernisierung, Willensschwäche oder persönliches Pech wurden seltener genannt. Offensichtlich sah man einen Anstieg sozialer Ungerechtigkeit am Werk.

Soziale Ungerechtigkeit ist sicher nicht dasselbe wie soziale Ungleichheit. In den besonders genauen Umfragen von 1989 und 1993 ist zu erkennen, dass die befragten Europäer in der Europäischen Gemeinschaft bei sozialer Ungerechtigkeit häufig an die wachsende Arbeitslosigkeit, meistens aber auch an den sich verschärfenden Gegensatz zwischen Reichtum und Armut dachten. Die Unterschiede zwischen Arm und Reich nahmen 1989 in den Augen von rund 70 Prozent, 1993 in den Augen von rund 80 Prozent zu.

In Großbritannien wurde an diese Verschärfung besonders häufig geglaubt, am wenigsten häufig, aber immer noch in der überwiegenden Mehrheit im Süden Europas. In Deutschland sahen 55 Prozent im Westen des Landes und 87 Prozent im Osten des Landes die Einkommensunterschiede als zu hoch an. Noch bevor die Ökonomen Mitte der 1990er Jahre darüber zu schreiben begannen, sahen die Europäer die Ungleichheit zwischen Arm und Reich schärfer werden. Rund die Hälfte der Europäer in der Europäischen Gemeinschaft ging zudem von einem harten, nicht auflösbaren

Tabelle 7: Soziale Ungerechtigkeit und Unterschiede zwischen Arm und Reich in der Wahrnehmung von Europäern 1977–2010

Jahr	1976	1989	1994	2001	2007	2009	2010
Unterschiede zwischen Arm und Reich:							
Zunahme/ Übermäßig	–	70	79	–	–	88	88
Abnahme/ Angemessen	–	21	13	–	–	44	44
Ursachen von Armut:							
Soziale Ungerechtigkeit	26	32	39	31	37	47	48
Moderne Entwicklung	14	17	25	22	13	16	16
Willensschwäche	25	17	11	18	20	16	16
Persönliches Pech	16	17	14	18	19	13	14

Fragen zu Unterschieden zwischen arm und reich: 1989 (Europa der 9) und 1994 (Europa der 12): Option »Zunahme«: In unserer Gesellschaft werden die Reichen reicher und die Armen ärmer; Option »Abnahme«: In unserer Gesellschaft nehmen die Einkommensunterschiede zwischen Arm und Reich immer mehr ab. Fragen 2009 und 2010 (Europa der 27): Option »übermäßig«: Die Einkommensunterschiede sind derzeit in meinem Land zu groß; Option »angemessen«: Einkommensungleichheiten sind für wirtschaftliche Entwicklung und Wachstum nötig. Quellen: Special Eurobarometer, Nr. 8, 1977, S. 79; Special Eurobarometer, Nr. 45, 1989, S. 36 und 96; Special Eurobarometer, Nr. 82, 1994, S. 48 und 94; Special Eurobarometer, Nr. 162, 2002, S. 16; Special Eurobarometer, Nr. 321, 2009, S. 85; Special Eurobarometer, Nr. 355, 2010, S. 64 (Resultate 2007, 2009 und 2010), 99 (widersprüchliche Mehrfachnennungen möglich).

Kern der Armut von ungefähr zehn Prozent der Bevölkerung aus. In allen Ländern der Europäischen Gemeinschaft außer Irland glaubte 1989 die Mehrheit zugleich an die Chance, aus der Armut wieder herauskommen. Allerdings wurde diese Mehrheit knapper. 1976 glaubten in der Europäischen Gemeinschaft noch 52 Prozent daran, 32 Prozent taten dies nicht. 1993 glaubten nur noch 47 Prozent daran, 45 Prozent dagegen nicht mehr. Hinsichtlich der Chancen der Kinder der Armen, aus der Armut herauszukommen, blieben dagegen rund zwei Drittel der Europäer Optimisten.[116] Insgesamt betrachteten die Europäer die soziale Ungleichheit als verschärft, jedoch nicht als Sackgasse.

Im östlichen Europa sah die Wahrnehmung der sozialen Ungleichheit im Grundsatz nicht anders aus. Wir kennen die Entwicklung seit dem Fall der Mauer und seit der Transition in den frühen 1990er Jahren. In diesem Teil Europas wurde eine Zunahme der sozialen Ungleichheit von einer ähnlich großen Mehrheit wahrgenommen, auch wenn andere Gründe dahinter standen, vor allem die gesellschaftlichen Schwierigkeiten der Transition und die nicht eingelösten Erwartungen aus vierzig Jahren kommunistischer Herrschaft. Auch in diesem Teil Europas wurde die Ungleichheit vor allem zwischen Arm und Reich, weniger zwischen Managern und Arbeitern in den Vordergrund gestellt. Auch hier wurde Ungleichheit zum Teil als unvermeidbar angesehen. Allerdings waren die Unterschiede zwischen den einzelnen Ländern groß. In Polen erschien die Zunahme der sozialen Ungleichheit hinnehmbar angesichts der Chancen eines politischen Neuanfangs. In Ungarn dagegen war die Enttäuschung über die soziale Ungleichheit und die geringe Leistungsgerechtigkeit des sozialen Aufstiegs in der Transition erheblich größer.[117]

Hat sich diese Einschätzung der sozialen Ungleichheit der Europäer seit der Jahrhundertwende verändert, als sich die Armut und die Einkommensunterschiede – wie am Anfang dieses Kapitels gezeigt wurde – nicht mehr in allen europäischen Ländern verschärften? In der *Eurobarometer*-Umfrage von 2001 schien sich tatsächlich eine Wende anzubahnen. Die Europäer sahen in allen Mitgliedsländern der Union keine Zunahme von Menschen mehr, die in Armut gerieten, sondern im Gegenteil einen Rückgang. In der Wahrnehmung der Mehrheit der Europäer nahm dieser Aspekt der sozialen Ungleichheit nicht mehr zu. Nur in Italien und vor allem im östlichen Teil Deutschlands sah man dies anders. Es ist heute überraschend, dass man damals in den südlichen Mitgliedsländern der Europäischen Union sogar weit seltener solche neuen Armen beobachtete als in den nördlichen Mitgliedsländern. Darüber hinaus wurde Armut zwar weiterhin überwiegend, aber doch überall etwas seltener als Folge einer allgemeinen sozialen Ungerechtigkeit angesehen. In einer Minderheit von Ländern wie Dänemark, Großbritannien, den Niederlanden und Portugal wurde die Armut nun sogar eher als eine Folge von Defiziten des Einzelnen, von Willensschwäche oder persönlichem Pech betrachtet.[118]

Diese Tendenz brach aber in der *Eurobarometer*-Umfrage von 2007 und danach auch in den Umfragen von 2009 und 2010 ab. Schon in der Umfrage von 2007 (also vor der Schuldenkrise) erblickten die Europäer in ihrem Land wieder mehr Armut als in der Umfrage von 2001, und zwar nicht nur in den neuen ostmitteleuropäischen und osteuropäischen Mitgliedsländern, sondern fast überall auch in den bisherigen Mitgliedsländern. 2009 und 2010 sahen über 80 Prozent die Armut in ihrem Land im Wachsen begriffen. Selbst in den relativ optimistischen Ländern wie Polen, Österreich, Großbritannien oder Schweden glaubten dies immer noch mehr als zwei Drittel. Eine knappe, aber zunehmende Mehrheit der Europäer sah diese Verschärfung auch in ihrem Viertel. Sich selbst als arm schätzten 2009 noch ein Fünftel, 2010 in der Finanz- und Schuldenkrise schon fast ein Viertel ein. In Bulgarien war dies sogar die Mehrheit, in Ungarn immerhin die Hälfte. Überall sah man die Armut auf dem Vormarsch.

Zudem betrachteten die Europäer wieder in wachsendem Maß die soziale Ungerechtigkeit als wichtigsten Faktor für Armut. Was mit sozialer Ungerechtigkeit gemeint war, lässt sich wiederum daraus erschließen, dass in den Umfragen seit 2007 Arbeitslosigkeit und zudem auch ungenügende Bezahlung der Arbeit am häufigsten als Gründe für Armut genannt wurden. Nur eine kleine Minderheit, und zwar nur jeder sechste oder siebte Europäer, hielt die Zunahme der Armut für eine unvermeidliche Folge des Fortschritts. Leider wurde in den Umfragen 2001 und 2007 nicht nach der Einschätzung der Unterschiede zwischen Armut und Reichtum gefragt, sodass wir keinen genauen Anhaltspunkt dafür haben, wie die Europäer die allgemeine Entwicklung der sozialen Ungleichheit einstuften. In den Umfragen 2009 und 2010 sahen aber fast 90 Prozent der Europäer die Unterschiede zwischen Armen und Reichen als zu groß an. Sie unterstützten in großer Mehrheit eine Umverteilung der Einkommen, eine höhere Besteuerung der besser Verdienenden und überhaupt kräftige Interventionen des Staates gegen soziale Ungleichheit und Armut durch Gesundheits- und Bildungspolitik und durch Sozialausgaben.[119] Die Sensibilität für soziale Ungleichheit blieb daher weiterhin hoch.[120]

Eine starke Wahrnehmung sozialer Ungleichheit zeichnet sich auch in den Umfragen des *International Social Survey Programs* (ISSP) ab. Diese Umfrage behandelt soziale Ungleichheit besonders detailliert. Sie wird in 19 europäischen Ländern, allerdings auch in 9 außereuropäischen Staaten durchgeführt. Für eine größere Zahl von europäischen Ländern geschah dies allerdings bisher nur 1999 und 2009. Zu hoch fanden die Einkommensunterschiede auch hier drei Viertel der Befragten sowohl 1999 als auch 2009. Zwei Drittel der Befragten waren für ein Einschreiten der Regierung, um Einkommensunterschiede zu verringern und die Einkommen von Spitzenverdienern höher zu besteuern. Knapp die Hälfte der Befragten befürchtete einen Konflikt zwischen Reichen und Armen. Diese Befürchtung nahm zwischen 1999 und 2009 zu. Dieser Konflikt zwischen Arm und Reich wurde als erheblich akuter angesehen als Konflikte zwischen Jung und Alt oder – wie schon erwähnt – zwischen Bürgertum und Arbeiterklasse. Eine Mehrheit glaubte gleichzeitig, dass jeder unabhängig vom Geschlecht und von der ethnischen Zugehörigkeit in der Gesellschaft vorankommen könne. Nur jeder Sechste glaubte dies nicht. Zwei Drittel der Befragten sahen auch in diesen Umfragen die mittleren Ränge der Gesellschaft als besonders breit an. Nur in den Augen eines Viertels der Befragten standen sich eine schmale Elite und eine Masse von wenig bemittelten Unterschichten einander gegenüber.[121]

Die Wahrnehmung wachsender sozialer Ungleichheit lässt sich indirekt auch einer anderen regelmäßigen Umfrage, dem *European Social Survey*, entnehmen, der seit 2002 regelmäßig im Takt von zwei Jahren in 18 europäischen Ländern durchgeführt wurde. Eine starke Mehrheit von rund drei Vierteln der Befragten war konstant von 2002 bis 2012 für einen Abbau der Einkommensunterschiede durch die Regierung und setzte sich daher offensichtlich mit den hohen Einkommensunterschieden auseinander. 2014 fiel diese Meinung etwas weniger einhellig aus, wurde aber weiter von rund zwei Dritteln der Befragten getragen. Eine genauere Befragung 2008 zeigte allerdings auch die Differenziertheit, mit der Europäer soziale Ungleichheit betrachteten: Zwei Drittel fanden, dass in einer sozial gerechten Gesellschaft die Unterschiede im Lebensstandard gering sein sollten. Mehr als die Hälfte waren aber auch der Ansicht, dass Leistung und Begabung durch hohe Einkommen belohnt werden sollten. Die Wahrnehmung eines anderen, selten beachteten Aspekts der sozialen Ungleichheiten, die ungleiche Behandlung von Minderheiten in der Rechtsprechung, wurde ebenfalls im *European Social Survey* unter die Lupe genommen. Mehr und mehr nahmen die Europäer die sozialen Ungleichheiten in der Behandlung von Minderheiten durch Gerichte wahr. Dabei waren die Unterschiede zwischen den europäischen Ländern sehr groß. Jeder zweite Portugiese und Spanier sah Minderheiten durch Gerichte seines Landes besonders häufig ungerecht behandelt, dagegen nur jeder dritte Niederländer, Brite und Deutsche jeweils in seinem Land.[122]

Europäer sahen Ungleichheit nicht nur in ihrer eigenen nationalen Gesellschaft. Auch die Vergleiche mit Nachbargesellschaften gingen in ihre Einschätzung ein. Darauf hat Jan Delhey hingewiesen. Allerdings verglichen Europäer ihr Land nicht mit jedem beliebig anderen Land. Vor allem der Vergleich mit besser gestellten Ländern zählte, in Deutschland besonders der Vergleich mit Ländern wie Schweden, der Schweiz oder den Niederlanden. Europäer fühlten sich desto unzufriedener, je größer der Abstand zu solchen Ländern ausfiel.[123] Wie einschneidend Europäern die soziale Ungleichheit in ihrem Land erschien, hing daher auch von solchen Vergleichen ab.

Insgesamt nahmen die Europäer die Verschärfung von sozialer Ungleichheit seit den 1980er Jahren durchaus wahr, auch wenn sie immer weniger Klassenunterschiede im Auge hatten. Allerdings besaß diese Wahrnehmung zwei Seiten. Die Europäer sahen einerseits in dieser Epoche erheblich häufiger als noch in den 1970er Jahren die Gefahr einer Zunahme und eines Übermaßes an Einkommens- und Vermögensunterschieden; auch sorgten sie sich wegen der Gefahr einer Zunahme der Armut. Die Europäer wussten oft schon vor und ohne die Sozialwissenschaften, wie sich die soziale Ungleichheit entwickelte. Sie unterstützten daher die Bekämpfung dieser sozialen Ungleichheit durch den Staat. Andererseits glaubten sie auch an die Chancen des Aufstiegs in ihren Gesellschaften und an die Möglichkeiten, aus der Armut wieder herauszukommen. In der überwiegenden Mehrzahl sahen sie ihre Gesellschaften nicht von einer Polarisierung zwischen einer kleinen Schicht von Superreichen und einer großen Masse von Armen, sondern überwiegend von breiten Mittelschichten geprägt, zu der sie sich meistens auch selbst rechneten. Die große Mehrheit sah sich selbst auch nicht in der Gefahr, in die Armut herabzusinken, und war im Übrigen durchaus für eine Belohnung von Leistung durch höheres Einkommen.

Was sind die Gründe für diese Veränderungen in der Wahrnehmung sozialer Ungleichheit? Insgesamt kommen hierfür vier Ursachen in Frage, die allerdings in unterschiedlicher Richtung wirkten. Der erste Grund hat die Wahrnehmung sozialer Ungleichheit dabei eher eingeschränkt, während die anderen drei Gründe sie nicht nur verändert, sondern auch verstärkt haben.

Erstens schränkte der Kontext den Blick auf die Ungleichheit zwischen sozialen Klassen ein. Die sozialen Milieus und Akteure, die Ungleichheit vor allem aus der Klassenperspektive betrachteten, schwächten sich erheblich ab. Das Bildungsbürgertum, das in der ersten Hälfte des 19. Jahrhunderts der Erfinder der Klassengesellschaft gewesen war und die Sprache der Klassengesellschaft entwickelt hatte, wechselte in den politischen Debatten zu anderen Vorstellungen von sozialer Ungleichheit.[124] Wir kommen gleich noch einmal auf die neuen Begrifflichkeiten des Bildungsbürgertums zurück. Die gesellschaftlichen Akteure, die in der sozialen Ungleichheit vor allem Unterschiede zwischen sozialen Klassen sahen, die Gewerkschaften und die mit ihnen verbundenen Journalisten, Politiker und Sozialwissenschaftler, verloren ebenfalls an öffentlichem Einfluss. Zudem ging das Arbeitermilieu mit dem Dahinschwinden der wirtschaftlichen Vormacht der Industrie und mit dem Vormarsch der Dienstleistungsberufe stark zurück. Dieses war oft von gelernten Arbeitern getragen worden, die auf ihre Arbeit stolz waren, sich nach oben abgrenzten, sich eng miteinander verflochten und sich wechselseitig in Notlagen stützten. Der Klassenperspektive auf soziale Ungleichheit ging damit ein zentraler Gegenstand verloren. Ganz entscheidend war schließlich das Ende des Kalten Kriegs und der ideologischen West-Ost-Rivalität. Danach wurde der Blick auf soziale Klassen in der Öffentlichkeit nicht nur seltener eingenommen, sondern vor allem nach Wegfall des Marxismus als Staatsideologie auch seltener bekämpft.

Andererseits verschärfte der Kontext aus mehreren Gründen den Blick auf soziale Ungleichheit, freilich unter anderer Perspektive. Der Blickwinkel der sozialwissenschaftlichen Forschung auf soziale Ungleichheit verschob sich. Dieser Blickwinkel ist nicht neutral, sondern hängt von dem Kontext ab, in dem die betreffenden Wissenschaftsakteure arbeiten. Er hatte sich schon in der vorangegangenen Epoche zu verschieben begonnen. Soziale Ungleichheit wurde (wie im Kapitel 3 erwähnt) nicht mehr allein als ein Problem der untersuchten Anderen angesehen, die in aller Regel sozial weiter unten standen als die Forscher. Der Blick wurde nicht mehr so sehr aus der Vogelperspektive auf die Gesellschaft gerichtet, sondern eher aus der Mitte der Gesellschaft.[125] Zum erheblichen Teil hatte dies mit dem neuen Instrument der Befragung zu tun, die die ganze Bevölkerung in den Blick nahm.

Darüber hinaus gewannen die politischen und gesellschaftlichen Akteure, für die soziale Ungleichheit vor allem eine Geschlechter- oder Minderheitenfrage war, erheblich an öffentlichem Einfluss. Die gesellschaftliche und politische Ungleichheit, der sich Frauen gegenübersahen, wurde ein heißes Thema in der Öffentlichkeit. Sie war ohne Zweifel kein neues Problem, aber mit der Zunahme der Hochschulausbildung von Frauen gab es nun in den meisten europäischen Ländern genügend Aktivistinnen, die sich zusammenschlossen, die Ungleichheit öffentlich anprangerten, darüber forschten und in die Medien oder in die Politik gingen. Es brauchte ein gewisses Maß an Chancen für Frauen, das meist in den 1970er Jahren erreicht war, um den Fatalismus der Frauen zu brechen und sie in der Öffentlichkeit aktiv werden zu lassen.

Ähnlich die Minderheiten, die zumindest im westlichen und südlichen Europa in der Regel Zuwanderungsminderheiten waren: Sie veränderten ab den 1970er Jahren oft ihre Zukunftsvorstellungen, sahen sich nicht mehr nur als temporäre Zuwanderer, sondern etablierten sich dauerhaft in den für sie neuen europäischen Gesellschaften. Auch sie waren dabei mit Chancenungleichheiten konfrontiert. Sie waren allerdings in der zweiten Generation nicht mehr überwiegend ungelernte Arbeiter, sondern stiegen in das Wirtschafts- und Bildungsbürgertum auf, wurden auch Politiker, die einen Abbau der sozialen Ungleichheit für Einwanderer forderten. Vor allem seit den 1990er Jahren gelang es ihnen, ihre Sicht der sozialen Ungleichheit in der Öffentlichkeit zu platzieren und die politische Öffentlichkeit für die Ungleichheit von Einwanderungsminderheiten zu interessieren.

Die politische Debatte über soziale Ungleichheit

Wie hat nun die politische Öffentlichkeit auf die Veränderungen der sozialen Ungleichheit reagiert? Hat sie die Verschärfung der sozialen Ungleichheit ebenso wie die Verbesserung der Chancen wahrgenommen? Über welche Maßnahmen, um soziale Ungleichheit abzubauen, wurde diskutiert? Hat sie auch den Blickwechsel von der Ungleichheit der Klassengesellschaft zur Ungleichheit zwischen Armen und Reichen, zwischen den Geschlechtern und zwischen Mehrheiten und Minderheiten vollzogen?

Es fehlt bisher an historischen Analysen zu den Umbrüchen in der internationalen europäischen politischen Debatte über soziale Ungleichheit in Parlamenten und Regierungsprogrammen, unter Experten und in den Medien seit den 1980er Jahren. Man muss daher auf die ideen- und theoriegeschichtlichen Vorschläge von einigen Sozialwissenschaftlern zurückgreifen, die diesen Umbruch meist zugespitzt darstellen und dabei selbst Teilnehmer dieser politischen Debatte sind und sein wollen.[126] Sie können nur ein grobes Bild des Wandels der politischen Debatten über soziale Ungleichheit abgeben, auch wenn sie oft auf einer genauen Beobachtung der politischen Debatten beruhen. Man gewinnt daraus den Eindruck, dass der Umbruch knapp zusammengefasst aus sechs Elementen bestand.

In Europa intensivierten sich erstens die öffentlichen politischen Debatten über die soziale Ungleichheit seit den 1980er Jahren. Die Verwendung der Begriffe der sozialen Ungleichheit und der Chancengleichheit nahm beispielweise in den Plenardebatten und Drucksachen des Deutschen Bundestages zuerst seit den 1970er Jahren, dann weiter verstärkt seit den 1990er Jahren deutlich zu und erreichte seit der Mitte der 2000er Jahre einen bisherigen Höhepunkt.[127] Kaum anders verlief im Grundsatz die Entwicklung im britischen Unterhaus.[128] Diese politischen Debatten wurden sicher auch durch die Verschärfung der Einkommens- und Vermögensunterschiede angestoßen. Ganz entscheidend war aber auch, dass die Öffentlichkeit über die Veränderungen der sozialen Ungleichheit vor allem seit der Jahrhundertwende zunehmend besser informiert wurde, teils durch Experten, teilweise aber auch durch Politikberatungsinstitute und durch internationale Organisationen. Die politische Debatte über soziale Ungleichheit erhielt dadurch eine andere Qualität.

Diese verstärkten politischen Debatten über soziale Ungleichheit erinnern auf den ersten Blick an das späte 19. Jahrhundert während der Industrialisierung, als sich die soziale Ungleichheit ebenfalls verschärfte. Die nationalen Öffentlichkeiten begannen damals, wie schon im Kapitel 1 erwähnt, den Aufbau des Wohlfahrtsstaats und später auch des Umverteilungsstaats zu diskutieren. Dieser Umverteilungsstaat erlebte von den 1950er bis zu den 1970er Jahren seinen Höhepunkt und wurde durch die Abmilderung der Einkommens- und Vermögensunterschiede auch durchaus bestätigt. Allerdings wiederholten sich die Debatten des späten 19. Jahrhunderts seit den 1980er Jahren nicht einfach. In mehrfacher Hinsicht brachten die jüngeren Debatten das genaue Gegenteil mit sich.

Ein gewichtiger Teil der europäischen Öffentlichkeiten war – eine zweite Eigenart der politischen Debatte seit den 1980er Jahren – von dem Umverteilungsstaat zunehmend enttäuscht: und zwar, weil die Regierungen nicht verhindern konnten, dass seit den 1980er Jahren die soziale Ungleichheit der Einkommen und der Vermögen, des Wohnens und der Gesundheit wieder zunahm und vor allem auch viele Jugendliche aus der Perspektive der Arbeitslosigkeit die prägende Erfahrung sozialer Ungleichheit machen mussten.

Die nationalen Öffentlichkeiten in Europa spalteten sich in den Debatten über den Umverteilungsstaat. Für einen wachsenden Teil der nationalen Öffentlichkeiten wurde diese Enttäuschung über den Umverteilungsstaat noch verstärkt, weil die soziale Misere, gegen die der Wohlfahrtsstaat angehen sollte, nicht immer unverschuldet war. Sie beruhte nicht selten auf riskanten Lebensweisen, auf Rauchen, auf übermäßigem Alkoholkonsum, auf falscher Ernährung oder auf verpasster Aufklärung der Klienten des Wohlfahrtsstaats. Die Risiken, gegen die der Umverteilungsstaat absicherte, erschienen damit nicht mehr gleich verteilt. Ein Teil der Klienten schien vielmehr durch eigenes Verschulden auf Risiko zu leben. Das Prinzip der Solidarität, auf dem der Umverteilungsstaat beruht, verlor daher an Überzeugungskraft und geriet in die öffentliche Kritik. Der klassische Umverteilungsstaat galt vielen als unnötig. »Was wir in unseren Breiten Wirklichkeit nennen«, schrieb der Philosoph Peter Sloterdijk 2009 in einem gefühlsgeladenen, heftig diskutierten Essay, »ist ein Gesamtkunstwerk von Mangeleinbildungen. An allen Ecken und Enden spricht man nur vom Fehlen, vom Brauchen, vom Nicht-Haben.«[129]

Für einen anderen Teil der Öffentlichkeit ging die Enttäuschung in eine ganz andere Richtung: Der Umverteilungsstaat wurde seit den 1980er Jahren zu weit zurückgenommen. Die Steuern für Reiche wurden zu weit abgesenkt, die Instrumente der Wohlfahrtsstaaten zu stark abgeschliffen. In ihrer Einschätzung hielt zu viel Marktwirtschaft in die Wohlfahrtsstaaten Einzug, während der Staat sich zu sehr auf dem Rückzug befand. Auch die Ausbildung wurde in deren Sicht zu sehr vernachlässigt und gegen die Klienten des Wohlfahrtsstaats zu viel Zwang ausgeübt und sie dadurch zu sehr herabgewürdigt. Der Staat sollte in ihren Augen wieder mehr umverteilen.

Diese beiden Positionen wurden nicht immer fein säuberlich getrennt in zwei gegensätzlichen, orthodoxen politischen Lagern vertreten, sondern durchaus auch miteinander vermischt. In der politischen Öffentlichkeit entstand das, was Pierre Rosanvallon zugespitzt als fundamentale Schizophrenie bezeichnet: Die Europäer sahen die Einkommens- und Vermögensunterschiede als zu hoch an und kritisierten sie deshalb, hielten aber gleichzeitig Einkommens- und Vermögensunterschiede in der heutigen Gesellschaft für notwendig und berechtigt. Viele Europäer waren zwischen Ungerechtigkeit und wirtschaftlicher Notwendigkeit hin- und hergerissen.

Eine politische Mobilisierung gegen soziale Ungleichheit war deshalb schwierig.[130]

Drittens veränderten sich in jüngerer Zeit auch allmählich die Vorstellungen von sozialen Klassen als grundlegende Dimension der sozialen Ungleichheit. Sie wurden in den politischen Debatten zurückgenommen. Allerdings veränderte sich die Sprache der Politiker erheblich langsamer, als man annehmen würde. Die Sprache der sozialen Klassen verstummte nicht einfach. So hörte man im Deutschen Bundestag seit den 1980er Jahren keineswegs erheblich seltener von sozialen Klassen, von Arbeitern, von Angestellten, von Mittelschicht und Mittelstand, von Bürgertum oder Oberschicht. Nur die Ausdrücke für soziale Kollektive wie Arbeiterschaft, Angestelltenschaft oder Beamtenschaft gingen deutlich zurück. Gleichzeitig nahm eine andere Sprache sehr rasch zu. Von sozialer Ungleichheit, von Chancengleichheit und von Gerechtigkeit, von Sozialstaat, auch von Armut, von Reichtum, von Minderheiten, von Frauen und Frauenanteilen, von Homosexuellen, von Moslems oder später von Muslimen wurde seit den 1990er Jahren beeindruckend häufiger gesprochen als in den Jahrzehnten davor.[131]

Sicher hat auch diese Überlagerung der Klassenvorstellungen in der politischen Debatte einiges mit der Gesellschaft und sozialen Akteuren zu tun. Wie schon erwähnt, änderten sich die europäischen Gesellschaften grundlegend. Die sozialen Klassen schwächten sich angesichts des Massenkonsums, des modernen Wohlfahrtsstaats und der Immigration ab. Weit seltener gab es die auf ihren Beruf stolze, sich nach außen selbstbewusst abgrenzende, gut organisierte, in der Regel männliche Arbeiterklasse, das nur ein paar Prozent der Gesellschaft umfassende, in sich stark verflochtene, auf bestimmte Werte ausgerichtete, auf soziale Distinktion viel Wert legende Bürgertum und Bildungsbürgertum, die traditionellen, vor allem von ihrem Hof lebenden Bauern und das klassische Kleinbürgertum von Handwerksmeistern, Einzelhändlern und Fuhrunternehmen. Sie besaßen jedenfalls nicht mehr ihr altes Gewicht in der Politik als feste Klassenmilieus von Parteimitgliedern oder Wählern.

Hinzu kommt, dass nach dem Ende des Kalten Krieges der Druck nachließ, die soziale Ungleichheit zwischen sozialen Klassen abzubauen. Der Kalte Krieg war eine Konkurrenz zwischen dem amerikanischen und sowjetischen Konzept der sozialen Gleichheit gewesen, wobei eines der beiden Modelle, das sowjetische, soziale Gleichheit vor allem an der sozialen Lage der Arbeiter messen wollte und damit international erheblichen politischen Druck ausübte. Diese internationale Konkurrenz um soziale Gleichheit motivierte auch die westeuropäischen Regierungen zu einer Politik des Abbaus der sozialen Ungleichheit, zur Ausweitung der Bildungschancen, zum Bau von preiswerten Wohnungen, zu hohen Steuern für Einkommen und Vermögen und zu einem leistungsfähigen Gesundheitssystem für alle Bürger. Man hat diese Veränderung mit dem Fall der Mauer manchmal als das Ende des sozialdemokratischen Zeitalters bezeichnet, übersieht aber dabei, dass diese Politik des Abbaus sozialer Ungleichheit auch von den europäischen Konservativen und Liberalen betrieben wurde. Diese besondere Sicht von sozialer Ungleichheit zwischen sozialen Klassen verlor nach dem Kalten Krieg ihre politische Dringlichkeit.

Was setzte sich aber stattdessen Neues durch? Einige Autoren, vor allem Pierre Rosanvallon oder Stephan Lessenich, aber auch Henri Mendras stellen die Individualisierung in den Vordergrund. Sie sehen den Vormarsch einer neuen Vorstellung von sozialer Ungleichheit zwischen Individuen, zwischen individueller Armut und Reichtum, zwischen individueller Lebensführung und Religiosität, verbunden mit sehr komplexen individuellen Positionen in den sozialen Hierarchien statt einfacher Klassenzugehörigkeit. Für Pierre Rosanvallon ist damit eine veränderte Vorstellung des Individuums verbunden. Im Zentrum stand nicht mehr, wie im Umverteilungsstaat, die grundsätzliche Ähnlichkeit von Individuen in einem Volk oder in einer sozialen Klasse, sondern das Individuum in seiner persönlichen Eigenart und daher die Anerkennung von Geschlecht, von ethnischer Zugehörigkeit, von Zuwanderersituation, von Generationen, von sexuellem Verhalten bis hin zur einzelnen Lebensgeschichte, die im klassischen Wohlfahrtsstaat nicht berücksichtigt werden konnten und sollten. Zu diesem tiefen Umbruch gehört für Pierre Rosanvallon auch die Individualisierung der Arbeit. Nicht mehr die Unterordnung unter Regeln massenhaft ähnlicher Arbeit und damit Werte der Einordnung, der Einhaltung fester Regeln und der Pünktlichkeit zählten, sondern die individuelle Herausforderung in vereinzelter Arbeit, die Kreativität, die Flexibilität und das Eingehen auf Einzelpersonen in den persönlichen Dienstleistungen waren nun Trumpf.[132] Für Stephan Lessenich steht dahinter ein neuer, flexibler Kapitalismus, der dem Individuum scheinbar sehr viel mehr Spielraum lässt, aber es gleichzeitig harten Zwängen aussetzt.[133] Mit diesem Blickwechsel löst sich auch eine Grundvoraussetzung des klassischen Umverteilungsstaats auf, der auf der Vorstellung von einheitlichen sozialen Klassen aufgebaut war.

Die Individualisierung war jedoch nicht der einzige Grund dafür, dass die klassischen sozialen Klassen in der Öffentlichkeit an Aufmerksamkeit verloren. Ein entscheidender, weiterer, ganz anders gearteter Grund war, dass sich andere kollektive Gruppen in den Vordergrund der politischen Debatten schoben: Dazu gehörten Frauen, religiöse Minderheiten, vor allem die neuen muslimischen Zuwanderer, Behinderte, Homosexuelle. Nicht statt, sondern neben klassischen Gegensätzen zwischen sozialen Klassen wurden nun auch Unterschiede zwischen Männern und Frauen, zwischen Indigenen und Zuwanderern, zwischen Christen, Juden und Muslimen, zwischen Homosexuellen und Heteros diskutiert. Soziale Ungleichheit bekam dadurch in der politischen Öffentlichkeit einen anderen Sinn.

Denn mit dem Rückgang der öffentlichen Aufmerksamkeit für soziale Klassen in den politischen Debatten wurde auch die soziale Ungleichheit anders betrachtet. Bei Ungleichheit zwischen sozialen Klassen war es vor allem um Ungleichheiten der sozialen Lage gegangen, die sich an den Einkommen, an den Vermögen, am Wohnen und an der sozialen Sicherheit ablesen lässt. Das änderte sich nun. Neben der Ungleichheit der sozialen Lagen erhielt nun die Ungleichheit der Chancen und die Ungleichheit des Zugangs zur Kultur viel mehr Aufmerksamkeit in der politischen Öffentlichkeit. Die Durchsetzung des Begriffs der sozialen Exklusion spiegelt dies wider. Er stammt ursprünglich aus dem Französischen und wurde seit den 1990er Jahren auch rasch in anderen europäischen Sprachen übernommen. Soziale Exklusion meint in der Regel nicht nur materielle Armut, sondern lässt, auch wenn sie vage bleibt, zudem an den Ausschluss von Bildung, von Medien, von kulturellen Einrichtungen, überhaupt von der Teilnahme an den normalen Beziehungen und Aktivitäten der Gesellschaft denken.[134] Unterschiede der materiellen Lage verschwanden nicht vom Bildschirm, aber bei sozialer Ungleichheit wurde doch viel mehr als zuvor auch an Unterschiede der Chancengleichheit und der Teilhabe an der Gesellschaft gedacht.

An dieser Verschiebung hatten auch Ökonomen und Arbeitssoziologen ihren Anteil. Das wohl folgenreichste Konzept stammt von dem indisch-britischen Ökonomen Amartya Sen, für den der »Capability Approach« (im Deutschen als Befähigungsansatz oder Verwirklichungschancenansatz bekannt geworden) der Kern war, wenn es um die Erklärung der abgemilderten sozialen Ungleichheit ging. Entscheidend für den Abbau sozialer Ungleichheit wurde neben der Beseitigung von Hindernissen zur persönlichen Verwirklichung die Verbesserung der eigenen Fähigkeiten durch bessere Qualifikation.[135] Mit diesem »Capability Approach« verschob sich die Aufmerksamkeit der Ökonomen von Einkommen und Vermögen auch auf die Bereiche Bildung und Gesundheit. Der *Human Development Index* der Vereinten Nationen (der im Abschnitt über Armut erwähnt wurde) war ein Ergebnis dieses neuen Konzepts. In seinem neuesten Buch über Verteilungskampf fordert der Ökonom Marcel Fratzscher deshalb nicht mehr eine andere Steuerpolitik oder einen anderen Wohlfahrtsstaat, über die Einkommen und Vermögen direkt verändert werden, sondern vor allem eine andere Bildungspolitik, die die Chancen verändert und dadurch entscheidend zur Abmilderung der Einkommensverteilung beiträgt.[136]

Über die individuellen Chancen wurde zudem anders diskutiert. Nicht mehr das katholische Arbeitermädchen, das eine wichtige Figur in den Debatten über Bildungschancen der 1960er Jahre gewesen war, sondern der muslimische Immigrantenjunge stand jetzt im Zentrum der öffentlichen Debatte. Nicht mehr über die Chancen von Arbeiter- oder Bauernkindern, also Angehörigen von sozialen Klassen, wurde debattiert, sondern über Chancen von Kindern aus bildungsfernen Schichten, also aus einer statistischen Qualifikationsgruppe. Nicht mehr das Bürgertum, das nur wenige Prozent der Gesellschaft ausmachte, galt als privilegiert, sondern alle Kinder aus den rund 20 bis 30 Prozent akademisch ausgebildeten Elternhäusern. Der Umbruch bestand auch nicht nur in einer Abwendung von Vorstellungen sozialer Klassen, sondern auch in dem Aufkommen anderer Vorstellungen von Chancengleichheit. Nicht mehr die moralische Kategorie der Chancengleichheit beim Zugang zur Bildung, sondern die verbesserte Teilhabe am Markt durch bessere Qualifikationen stand im Zentrum.

Diese andere Vorstellung von sozialer Ungleichheit erlangte ein solches Gewicht in der politischen Debatte, weil neben die Vertreter von sozialen Klassen, neben Gewerkschaften und Arbeitgebern neue und einflussreiche soziale Akteure traten: im Einzelnen die Organisationen der Immigranten und Minderheiten, die neuen religiösen Bewegungen und die viel stärker in den Medien präsenten klassischen Kirchen, die Frauenorganisationen und die Frauenbewegungen, die internationalen Menschenrechts- und Umweltorganisationen, die Experten mit ihrem massiven politischen Einfluss, Juristen, Sozialwissenschaftler, Sozialarbeiter, Richter und Vertreter von Wohlfahrtsorganisationen. Gesellschaftspolitik hatte sich mit einem viel größeren Spektrum an sozialen Akteuren auseinanderzusetzen. Sie stand auch veränderten Medien gegenüber, in denen die klassischen Akteure, Gewerkschaften und Arbeitgeber, schwächer aussehen.

Darüber hinaus, so argumentierte Ulrich Beck, verlieren viertens mit dem neuen kosmopolitischen Blick soziale Klassen ihre Bedeutung als soziologische analytische Kategorie, weil soziale Klassen in der Soziologie (und man sollte hinzufügen in der Sozialgeschichte) in aller Regel als nationale Kategorien, nicht als Kategorien der Weltgesellschaft verwandt werden. Was in dem kosmopolitischen Blick jenseits von Armut und ungleichen Ressourcenzugängen soziale Klassen ersetzt, ließ Ulrich Beck allerdings offen.[137]

Fünftens verschob sich aus allen diesen Gründen das Verständnis von der Rolle des Staates in der politischen Debatte. An die Stelle des klassischen Umverteilungsstaats, der vorrangig soziale Ungleichheit von materiellen sozialen Lagen abmildern sollte, trat entweder – wie Pierre Rosanvallon sagt – der »Beziehungsstaat«: Er sollte gleiche Chancen für alle sichern und vor allem für eine gleichberechtigte Anerkennung von Minderheiten, von Frauen, von Einwanderern, von religiösen und ethnischen Minderheiten, von Schwerbehinderten und von sexuell Diskriminierten sorgen. Statt mehr Gleichheit der sozialen Lage von sozialen Klassen bot der Beziehungsstaat eine Verbesserung der Chancen und mehr Anerkennung der Gleichrangigkeit. Pierre Rosanvallon erblickt darin auch eine grundsätzliche Verschiebung oder sogar Bedrohung der Demokratie, da dieser Prozess auch das klassische Verständnis von politischer Gleichheit auszulaugen drohte, das auf einer grundlegenden Ähnlichkeit aller Bürger, auf ihrer Autonomie gegenüber dem Staat und auf ihrer Partizipation durch politische Bürgerrechte beruht hatte. Eine andere Möglichkeit des gewandelten Staatsverständnisses in der öffentlichen Debatte beschreibt Stephan Lessenich: Es ist der nur noch regulative Staat, der eine in hohem Maß privatwirtschaftlich gesteuerte soziale Sicherung der Renten und der Gesundheit nur noch durch Gesetze geregelt und überwacht oder sie zumindest in einem neuen Mix aus staatlichen, marktwirtschaftlichen und nicht an Profit orientierten privaten Akteuren organisiert.

Schließlich waren sechstens trotz aller europäischen Gemeinsamkeiten die inhaltlichen Unterschiede der verstärkten Debatte über soziale Ungleichheit innerhalb Europas groß. Nur ein schmaler Teil dieser Debatte ist bislang international vergleichend untersucht worden. Als Beispiel seien die Unterschiede zwischen Großbritannien und Deutschland angeführt. Die Vorstellungen von sozialer Gleichheit entwickelten sich in Großbritannien und Deutschland seit der Jahrhundertwende auseinander, wie Cornelius Torp in seiner Studie über die britische und deutsche Rentenversicherung herausgearbeitet hat. In Großbritannien kehrte die Regierung mit der Wohlfahrtsstaatsreform in einem breiten, parteiübergreifenden Konsens zu einer Politik der sozialen Gleichheit zurück, wie sie im Zweiten Weltkrieg im Beveridge-Report vorgeschlagen worden war. Die staatliche Rente in Höhe des Existenzminimums wurde für alle gleich angesetzt. Diese von der Labour-geführten Regierung Blair 2007/08 initiierte Reform wurde von der späteren konservativen Regierung Cameron auch beibehalten. Sie nahm damit Abschied von der enthusiastischen, soziale Ungleichheit bejahenden Politik der Thatcher-Regierung in den 1980er Jahren.

Solche Vorstellungen der sozialen Gleichheit staatlicher Sozialleistungen waren der politischen Öffentlichkeit in Deutschland zwar nicht völlig fremd. In der Debatte über das Grundeinkommen um die Jahrhundertwende gab es auch in Deutschland eine Meinungskonvergenz zwischen konservativen, grünen und linken Experten über ein gleiches Grundeinkommen für alle. Diese Debatte blieb allerdings damals in Deutschland folgenlos. In der damaligen deutschen Rentendebatte hingegen, die tatsächlich zu politischen Entscheidungen führte, stieg ganz anders als in England seit der Jahrhundertwende das Prinzip der Generationengerechtigkeit zu einem parteiübergreifenden Gleichheitsprinzip auf. Danach sollten gleiche Renten für unterschiedliche Altersgruppen in Deutschland gesichert und dadurch vermieden werden, dass die gegenwärtigen Erwerbstätigen in Zukunft eine weit niedrigere Rente beziehen als die gegenwärtigen Rentner. Das war eine ganz andere Sicht der sozialen Gleichheit von staatlichen Leistungen. In Großbritannien wurde in der Rentendebatte die Vorstellung einer Gleichheit für alle unabhängig von der Klassenzugehörigkeit ins Feld geführt, in Deutschland dagegen die Vorstellung einer sozialen Gleichheit der Generationen. Allerdings hängen solche Ungleichheitsvorstellungen oft von dem Thema der jeweils anstehenden politischen Entscheidung ab und können deshalb nicht verallgemeinert werden.[138]

In der Regel überzeichnen Umbruchskonzepte, wie sie soeben vorgestellt wurden, das tatsächliche historische Ausmaß von Brüchen. Solche scharfen Brüche könnten Gesellschaften normalerweise gar nicht verkraften. Die Entwicklung der politischen Debatten ist meist langsamer. Altes besteht vielmehr oft neben dem Neuen fort und wird nicht völlig aufgegeben. Das gilt auch für den Bruch in der politischen Debatte über soziale Ungleichheit. Das neue Konzept der Gleichheit als Anerkennung von Unterschieden ersetzte das Konzept der Gleichheit der materiellen Lage keineswegs, sondern ergänzte es nur. Der Umverteilungsstaat hörte nicht plötzlich auf zu existieren. Er wurde ergänzt durch einen Staat der Verbesserung individueller Chancen, ein Ziel, das schon dem klassischen Wohlfahrtsstaat keineswegs fremd gewesen war, und durch einen Staat, der die gleichen Rechte für Minderheiten anerkannte.

Trotzdem machen diese Umbruchskonzepte auf Veränderungen in den politischen Debatten über soziale Ungleichheit aufmerksam, auch wenn die politischen Debatten diesen Konzepten nicht direkt und sklavisch, sondern gebrochen und vermittelt durch Experten und Beratungsinstitute und nicht selten um Jahre verzögert folgten. Soziale Ungleichheit wurde ein heißes politisches Thema. Die Verschärfung der sozialen Unterschiede wurde wahrgenommen, weniger die Erweiterung der Aufstiegschancen. Die Verschiebung der sozialen Ungleichheit zwischen großen sozialen Klassen zu der Ungleichheit zwischen den Geschlechtern, zwischen Armen und Reichen, zwischen Einwanderungsminderheiten und Indigenen, zwischen religiösen Minderheiten, Hetero- und Homosexuellen wurde in den politischen Debatten aufgenommen. Genauere historische Analysen der Debatten über soziale Ungleichheit in der Politik sind freilich dringend nötig.

Allerdings führten diese politischen Debatten anders als in den 1920er Jahren und in den 1950er bis 1970er Jahren bisher kaum zu Interventionen der Politik, die auf einen Abbau sozialer Ungleichheit zielten. Es ist bislang nicht abzusehen, ob diese politischen Debatten in Zukunft doch irgendwann zu mehr politischer Intervention anleiten werden oder ob im Gegenteil durch die gesellschaftlichen und politischen Spaltungen über das Thema der sozialen Ungleichheit eher eine politische Lähmung eintreten wird oder ob die politischen Debatten über soziale Ungleichheit durch andere Themen überlagert und verdrängt werden.

Zusammenfassung

In den vergangenen vier Jahrzehnten veränderte sich die soziale Ungleichheit in Europa grundlegend. Diese Epoche unterscheidet sich von den anderen drei Epochen, die in diesem Buch behandelt worden sind: Anders als in der Zeit vor 1914 griff der Staat massiv in die Entwicklung der Gesellschaft ein. Anders als in der Zeit zwischen 1914 und 1945 wurde Europa nicht durch Kriege erschüttert. Und anders als in der Prosperitätszeit zwischen den 1950er und den 1970er Jahren besaß die europäische Wirtschaft keine große Dynamik. Europa gehört zu den Regionen der Welt mit dem geringsten Wirtschaftswachstum.

Die vergangenen 40 Jahre brachten zusammengefasst fünf neue Entwicklungen der sozialen Ungleichheit. Eine *erste* Neuentwicklung ist seit Jahrzehnten bekannt: Die Einkommens- und Vermögensunterschiede milderten sich nicht mehr ab wie in der Epoche zuvor. Sie verschärften sich ganz im Gegenteil wieder. Diese Wiederverschärfung wurde in der europäischen Öffentlichkeit viel lebhafter diskutiert, weil Ökonomen und internationale Organisationen energischer auf diesen Umbruch aufmerksam machten. Es gab viele Gründe für diese Entwicklung: Einerseits fielen Gründe für die vorhergehende Abmilderung weg. Andererseits kamen neue Gründe für die Verschärfung hinzu, nicht zuletzt die neue Bedeutung der Finanzwirtschaft mit ihren außergewöhnlichen Ungleichheiten. Diese erste neue Entwicklung wurde schon mehrfach nachgezeichnet. Das vorliegende Buch möchte aber auf vier weitere neue Entwicklungen aufmerksam:

Es reicht nicht aus, sich – wie das oft geschieht – nur Vermögen und Einkommen anzusehen. Erweitert man nämlich das Spektrum *zweitens* um andere Dimensionen der sozialen Ungleichheit, ergibt sich ein anderes Bild. Nicht in jeder Hinsicht verschärfte sich die soziale Ungleichheit. Sie nahm sicher in der Belastung mit Wohnkosten, in manchen Dimensionen der sozialen Distinktion, vor allem in den neuen ethnischen sozialen Trennlinien, nach Ansicht der Experten auch in der Gesundheit und darüber hinaus auch in der Vorstellung der Europäer von sozialer Ungleichheit zu. Aber in anderen Dimensionen sozialer Ungleichheit ging sie zurück, so in den Bildungschancen für Frauen, für Unterschichten und für Immigranten, in den Bildungsunterschieden unter den Erwachsenen, in den Mobilitätschancen und auch hinsichtlich sozialer Distinktionen. Auch diese Abmilderungen gingen in die Vorstellung der Europäer von sozialer Ungleichheit ein.

Die Verschärfung der sozialen Ungleichheit änderte sich *drittens* im Verlauf der vier Jahrzehnte seit den 1980er Jahren. In den 1980er und 1990er Jahren gewannen nicht nur die ganz Reichen, sondern auch die höheren Schichten Einkommensanteile hinzu. Die Verlierer waren nicht nur die Armen, sondern auch die mittleren Einkommen. Die Mitte drohte, ein Verlierer zu werden. Im neuen Jahrhundert war das nicht mehr der Fall. Die höheren Einkommen gewannen nicht mehr Einkommensanteile dazu, und die Mitte verlor sie nicht mehr. Im neuen Jahrhundert verschärfte sich die soziale Ungleichheit vor allem in der obersten und untersten Etage der Einkommenshierarchie. Die Spitzeneinkommen, besonders die Managergehälter, explodierten. Gleichzeitig nahm die Armut im untersten Zehntel der Bevölkerung zu. Damit kehrte in Europa nicht die soziale Ungleichheit der Zeit vor 1914 zurück. Sie verschärfte sich aber doch erkennbar.

Die soziale Ungleichheit veränderte sich *viertens* in ihrem Grundcharakter. Auf eine vereinfachende Formel gebracht bestand das Regime der sozialen Ungleichheit zwischen den 1950er und 1970er Jahren darin, dass sich die Einkommens- und Vermögensunterschiede abmilderten, jedoch die Aufstiegschancen sich nicht verbesserten. Die Abmilderung der wirtschaftlichen Unterschiede wurde mit einer blockierten Gesellschaft bezahlt, im westlichen wie im östlichen Europa. Ab den 1980er Jahren etablierte sich ein neues Ungleichheitsregime. Die Einkommens- und Vermögensunterschiede verschärften sich, aber gleichzeitig verbesserten sich die Bildungs- und Mobilitätschancen. Wachsende wirtschaftliche Ungleichheit wurde durch mehr Aufstiegschancen kompensiert. Dabei handelt es sich allerdings um eine grobe Formel, die im Einzelnen modifiziert werden muss.

Fünftens änderte sich auch die Geografie der sozialen Ungleichheit, und zwar in dreierlei Hinsicht. Mit dem Zusammenbruch des sowjetischen Imperiums verschwand ein grundlegender Unterschied. Europa war nicht mehr geteilt in eine östliche, kommunistische Region mit besonders stark reduzierten Einkommens- und Vermögensunterschieden und eine westliche Region, in der die wirtschaftlichen Unterschiede trotz der Abmilderung immer noch größer blieben. Nach dem Fall der Mauer entstanden im östlichen Europa ähnlich große Unterschiede wie im westlichen Europa, wobei sich in Tschechien und Ungarn besonders niedrige Einkommensunterschiede und in Russland extrem hohe Einkommensdisparitäten herausbildeten. Darüber hinaus änderte sich die Verschärfung der Einkommens- und Vermögensunterschiede in Europa in einer anderen, globalen Geografie. Europa wurde nicht wieder die Festung der sozialen Ungleichheit wie vor 1914. Ganz im Gegenteil blieb Europa im Vergleich zu den USA und den meisten Ländern der südlichen Hemisphäre, soweit untersucht, ein Kontinent begrenzter sozialer Ungleichheit.

Schließlich stimmt für Europa auch die beliebte These nicht, dass seit den 1980er Jahren sich weltweit zwar die innere soziale Ungleichheit innerhalb der einzelnen Länder verschärfte, aber die Ungleichheit zwischen den Ländern der Welt abmilderte. In Europa entstand eine neue regionale Kluft zwischen dem westlichen und mittleren Europa mit seiner begrenzten Ungleichheit und dem abgehängten östlichen und südöstlichen Europa mit seinen scharfen Einkommens- und Vermögensunterschieden. Die Einkommensunterschiede zwischen den europäischen Ländern gingen definitiv nicht zurück. Das ist die negative Seite eines ansonsten eher positiven besonderen Wegs Europas in der Verschärfung der Ungleichheit seit den 1980er Jahren.

Fazit

Vier ganz unterschiedliche Epochen der sozialen Ungleichheit hat dieses Buch Revue passieren lassen: 1) die Epoche der Industrialisierung Europas vor 1914, in der die Regierungen wenig in die soziale Ungleichheit eingriffen und in der die einzige schwere Wirtschaftskrise, die Gründerkrise, an der sozialen Ungleichheit wenig geändert zu haben scheint; 2) die Epoche der Weltkriege und der Weltwirtschaftskrise, in der diese katastrophenartigen politischen Ereignisse und die schwerste Krise der modernen Wirtschaft massiv, aber in umstrittener Weise, auf soziale Ungleichheit einwirkten; 3) die Prosperitätszeit der 1950er bis 1970er Jahre, in der sich die Vermögens- und Einkommensunterschiede in außergewöhnlichem Ausmaß abmilderten; und 4) die jüngsten Jahrzehnte der Wiederverschärfung der sozialen Ungleichheit der Einkommen, der Vermögen, auch des Wohnens und der Gesundheit. Die beim Durchgang durch diese vier Kontrastepochen der Geschichte der sozialen Ungleichheit ermittelten Ergebnisse lassen sich in sechs Thesen zusammenfassen.

Dieses Buch schlägt *erstens* eine andere Geschichte der sozialen Ungleichheit des 20. Jahrhunderts in Europa vor. Bisher gab es zwei Interpretationen. Die ältere, von dem Nobelpreisträger Simon Kuznets entwickelte, jüngst durch Branko Milanović ergänzte und modifizierte Interpretation lautet: nach Zyklen im Mittelalter und der frühen Neuzeit Zunahme der sozialen Ungleichheit während der Industrialisierung bis zum Anfang des 20. Jahrhunderts, danach Abmilderung ab und durch den Ersten Wertkrieg und während der Zeit der Prosperität der 1950er bis 1970er Jahre, und dann eine Wiederverschärfung seit den 1980er Jahren.

Dagegen wandte sich die jüngere Interpretation, die zuletzt von Thomas Piketty ventiliert wurde: wachsende Ungleichheit als Normalität des Kapitalismus, allerdings unterbrochen durch eine Abmilderung der sozialen Ungleichheit in der Folge der Weltkriege zwischen 1914 und 1945, mit

Auswirkungen auch nach 1945, seit den 1980er Jahren Wiederbeginn der normalen Verschärfung der sozialen Ungleichheit.

Meine eigene Interpretation ist dagegen die folgende: Die soziale Ungleichheit nahm während der Industrialisierung zu, aber schon *vor* dem Ersten Weltkrieg setzte in Industrieländern in wichtigen Dimensionen wie Einkommen, Gesundheit und Bildungschancen ein Rückgang der Verschärfung ein. Diese Tendenz der Abmilderung wurde kurzfristig unterbrochen durch eine Wiederverschärfung der sozialen Ungleichheit im Ersten Weltkrieg, setzte sich dann in den 1920er Jahren fort, wieder unterbrochen durch erneute Verschärfung in der Weltwirtschaftskrise. Im Zweiten Weltkrieg begann eine erneute Abmilderung, die sich allerdings in Europa zuerst mit riesigen Kriegszerstörungen und großem menschlichen Leid verband und daher keine wirkliche Errungenschaft war. Sie ging in der Prosperitätsphase weiter, erhielt dann einen völlig anderen Charakter, da sie jetzt mit einer außergewöhnlichen Verbesserung des Lebensstandards verbunden war. Eine Wiederverschärfung der sozialen Ungleichheit setzte seit den 1980er Jahren vor allem mit der Durchsetzung des Finanzkapitalismus ein, verlor allerdings während des ersten Jahrzehnts des 21. Jahrhunderts ihre Dynamik. Auch wenn sich die soziale Ungleichheit seit den 1980er Jahren wieder verschärfte, blieb sie in Europa deutlich hinter ihrem Ausmaß vor 1914 zurück.

Der Kern meines Arguments ist: Soziale Ungleichheit wurde weniger durch Kriege und Katastrophen mit schrecklichen Kosten in einer Art schöpferischer Zerstörung abgebaut, sondern durch politische Intervention, durch Steuern, Wohlfahrtsstaat und Bildung, abgemildert und hängt daneben in hohem Maße von der Art des Kapitalismus und der wirtschaftlichen Entwicklung ab. Die Industrialisierung des 19. Jahrhunderts und der Finanzkapitalismus des späten 20. und frühen 21. Jahrhunderts produzierten viel soziale Ungleichheit. Der durchgesetzte Industriekapitalismus des späten 19. und des großen Teils des 20. Jahrhunderts dagegen milderte sie in Kombination mit Demokratien häufig ab.

Man kann *zweitens* aus der Geschichte nicht den Schluss ziehen, dass soziale Ungleichheit unvermeidbar zu wirtschaftlichem Wachstum und wirtschaftlicher Dynamik gehört. Ungleichheit ist immer ein Ergebnis von spezifischen historischen Konstellationen. Vor allem das Zeitalter der Prosperität zwischen den 1950er bis 1970er Jahren in Europa belegt, dass wirtschaftliche Dynamik durchaus mit einer Abmilderung sozialer Ungleichheit verbunden sein kann. Die Epoche des größten Wirtschaftswachstums in der Geschichte Europas ist gleichzeitig eine Epoche der spürbarsten Abmilderung sozialer

Ungleichheit. Es stimmt daher nicht, dass man in der Geschichte für hohes Wirtschaftswachstum mit wachsender sozialer Ungleichheit bezahlen musste. Diese Behauptung geht an den historischen Realitäten der zweiten Hälfte des 20. Jahrhunderts vorbei. Man sollte umgekehrt auch nicht vom Gegenteil ausgehen, dass niedriges Wachstum zu Ungleichheit führt. Wenn die Ungleichheit seit den 1980er Jahren mit ihrem niedrigen Wachstum in Europa zunahm, so handelt es sich ebenfalls nicht um ein unveränderliches Charakteristikum des Kapitalismus, sondern um eine neue historische Konstellation: Sie war zudem eine gewollte oder zumindest in Kauf genommene Folge der neuen Wirtschaftspolitik, aber auch eine Folge der Strukturveränderungen der europäischen Wirtschaft und des Siegeszugs des Finanzkapitalismus seit den 1980er Jahren, der freilich aus der Finanz- und Schuldenkrise schwer angeschlagen herauskam.

Die große Frage lautet deshalb: Sind die 1950er bis 1970er Jahre ein Ausnahmefall in der Geschichte, der unwiederholbar ist? Oder können sich die Faktoren, die damals zur Abmilderung der sozialen Ungleichheit führten, in anderer Weise wiederholen? Ohne Zweifel sind die Gründe für die damalige Abmilderung einzigartig und unwiederholbar: der Abbau der großen Disparitäten zwischen Landwirtschaft und Industrie, die Einebnung des Analphabetismus und der reinen Elementarschulausbildung, der einmalige Ausbau des Wohlfahrtsstaates und die aus heutiger Sicht ungewöhnliche Höhe der Steuern auf Vermögen und Einkommen. Diese Faktoren können sich in der Gegenwart nicht wiederholen, weil zwischen Industrie und der Landwirtschaft keine neuen Disparitäten entstanden sind, kein neuer Analphabetismus entstand, die inzwischen abgesenkten Steuern auf Vermögen und Einkommen aus politischen Gründen nur schwer wieder erhöht werden können und der Wohlfahrtsstaat nicht noch weiter ausgebaut, sondern eher gekürzt wird.

Trotzdem lässt sich aus der Geschichte des 20. Jahrhunderts der Schluss ziehen, dass vier Punkte für die Abmilderung von Disparitäten entscheidend sind: strukturelle Disparitäten der Einkommen, die auch heute noch bestehen, wenn auch nicht mehr zwischen Landwirtschaft und Industrie; Ungleichheiten der Bildungschancen, die allerdings nicht mehr durch fehlenden Schulbesuch, aber doch durch mangelnde Intensität der Kleinkindbetreuung und der Schulausbildung existieren; eine wirksame Abmilderung der wachsenden Armut durch den Wohlfahrtsstaat; und schließlich ein anderes Verständnis der Bedeutung von Einkommen für Spitzenpositionen. Eine erneute Abmilderung der sozialen Ungleichheit ist daher vorstellbar, wenn auch mit einem anderen Mix von Politik, Wirtschaft und Kultur als in der Prosperitätszeit der 1950er bis 1970er Jahre.

Allein die Einkommens- und Vermögensverteilung bietet *drittens* nur einen verzerrten Blick auf die soziale Ungleichheit. Die Entwicklung der sozialen Ungleichheit ist nicht zu verstehen, wenn man sich ausschließlich mit der Verteilung von Einkommen und Vermögen befasst, wie das oft geschieht. Die Vermögens- und Einkommensverteilung bestimmt nicht, was in den anderen Dimensionen der sozialen Ungleichheit abläuft. In fast jeder Epoche entwickelten sich die verschiedenen Dimensionen der sozialen Ungleichheit unterschiedlich. Aus der Vermögens- und Einkommensverteilung lässt sich nicht einfach schließen, wie sich die sozialen Unterschiede des Wohnens, der Gesundheit, der Bildung und der Mobilitätschancen entwickeln. Manchmal, wie in der Gegenwart, nimmt sogar die Vermögensverteilung eine andere Richtung als die Einkommensverteilung. Die Vermögen konzentrierten sich unverändert weiter in immer weniger Händen. Die Einkommensunterschiede dagegen wuchsen nicht mehr überall an. Im Übrigen gehen auch in die Wahrnehmung der sozialen Ungleichheit nicht einfach nur Vermögens- und Einkommensunterschiede ein (auch einflussreiche Ökonomen der Gegenwart sehen das durchaus). Die Geschichte der sozialen Ungleichheit im 20. Jahrhundert zeigt dies eindringlich. Die glanzvollen 1950er bis 1970er Jahre verlieren manches von ihrem Glanz, wenn man andere Dimensionen neben den etwas abgemilderten Vermögens- und Einkommensunterschieden mit betrachtet. Ungleichheit wurde in den Dimensionen des Wohnens, der Bildungsunterschiede und der Gesundheit in den 1950er bis 1970er Jahren nicht wirklich abgemildert.

Umgekehrt verlieren die Jahrzehnte seit den 1980er Jahren mit ihrer Verschärfung der Vermögens- und Einkommensunterschiede manches von ihrer Düsternis, wenn man die anderen Dimensionen nicht außer Acht lässt. Zwar stieg die Ungleichheit des Wohnens überwiegend ebenfalls an. Auch die Ungleichheit im Gesundheitssektor nahm nicht ab. Aber die Bildungsunterschiede in den europäischen Gesellschaften gingen seit den 1980er Jahren ein Stück zurück. Die Bildungschancen verbesserten sich etwas für Frauen, für Immigranten und für Unterschichten. Die Aufstiegschancen nahmen in den meisten bisher untersuchten Ländern zu, und die sozialen Trennlinien schwächten sich etwas weiter ab. Warum angesichts der neuen sozialen Ungleichheit seit den 1980er Jahren vergleichsweise wenig soziale Protestbewegungen entstanden, hat mit dieser unterschiedlichen Entwicklung der sozialen Disparitäten in verschiedenen Dimensionen zu tun. Diese komplexe Entwicklung der sozialen Ungleichheit ist freilich auch kein Geheimnis mehr. Auch die Vereinten Nationen vertreten die These, dass die Verschärfung der Ungleichheiten in den Einkommen und in den Vermögen auf der ganzen Welt durch einen Rückgang der Ungleichheiten in der Bildung und der Verbesserung der Gesundheitsvorsorge kompensiert wurde. Es ist bislang allerdings wenig untersucht worden, wie sich die Wahrnehmung der sozialen Ungleichheit seit den 1980er Jahren veränderte. Die Umfragen lassen den Schluss zu, dass die Sensibilität für soziale Ungleichheit seit den 1980er Jahren stieg und sehr hoch ist und die Europäer gleichzeitig an recht gute Chancen und an eine breite stabile Mittelschicht glauben, zu der sie sich auch meistens selbst zählen.

Der Umbruch der sozialen Ungleichheit in den 1980er Jahren war *viertens* nicht einfach nur ein Umbruch von der Abmilderung zu einer Wiederverschärfung von Einkommens- und Vermögensunterschieden, sondern ein grundsätzlicher Übergang von einem Ungleichheitsregime zu einem anderen Ungleichheitsregime. Die 1950er bis 1970er Jahre brachten nicht einfach mehr soziale Gleichheit. Vielmehr war die Abmilderung der Einkommens- und Vermögensunterschiede und auch der sozialen Trennlinien verbunden mit einer Beibehaltung der Bildungsunterschiede und vor allem mit einer fehlenden Zunahme der Aufstiegschancen. Die Abmilderung von sozialen Unterschieden wurde bezahlt mit einem blockierten oder zumindest unverändert begrenzten sozialen Aufstieg. Seit den 1980er Jahren hingegen milderte sich zwar die soziale Ungleichheit deutlich weniger ab und verschärfte sich sogar in den Einkommen und noch beständiger in den Vermögen. Gleichzeitig nahmen aber die Aufstiegsmöglichkeiten zu, die Bildungsunterschiede wurden weniger krass, und die sozialen Trennlinien milderten sich weiter ab. Die blockierten Unterschiede in den Einkommen und Vermögen wurden also eher hinnehmbar durch mehr individuelle Aufstiegschancen und mehr individuelle Gestaltungsspielräume im Konsum und Lebensstil. Die politische Debatte drehte sich dabei mehr und mehr um die Chancen des Individuums, weniger um ganze soziale Klassen, übersah aber die wachsenden Unterschiede zwischen Arm und Reich nicht.

Die soziale Ungleichheit in Deutschland veränderte sich *fünftens* im Vergleich zu anderen europäischen Ländern seit dem Zweiten Weltkrieg grundlegend. Sie nahm in Deutschland erheblich rascher zu. Die Bundesrepublik war in den 1950er und 1960er Jahren im westlichen Europa eher ein Modell gemäßigter sozialer Ungleichheit gewesen. Die Einkommensungleichheit milderte sich zwar nicht so stark wie anderswo in Europa ab. Aber die Einkommensunterschiede und die Vermögensunterschiede waren geringer als in den anderen großen westeuropäischen Ländern. Anders als in Frankreich und Großbritannien besaß Deutschland auch kein elitäres, sozial abgeschlossenes System der Sekundarschulen und Hochschulen, keine »grandes écoles« und kein Oxford und Cambridge. Die politischen Eliten mit ihrer Symbolkraft waren in Deutschland sozial erheblich offener als in Frankreich und Großbritannien. Der Ausdruck der Klassengesellschaft war in Deutschland ein pejorativer politischer Kampfbegriff, nicht eine allgemein akzeptierte, nüchterne Selbstbeschreibung der Gesellschaft wie in Großbritannien. Die gesellschaftlichen Umbrüche durch den Zweiten Weltkrieg, der Kalte Krieg, teilweise auch die mentalen Nachwirkungen der scheinbar egalitären Gesellschaftsideologie des NS-Regimes, die ein höchst unegalitäres Bonzensystem stützte, waren entscheidende Gründe für diese gemäßigte Ungleichheit in der alten Bundesrepublik.

Seit den 1980er Jahren wurde Deutschland dagegen eine der am meisten ungleichen Gesellschaften in Europa, in mehrfacher Hinsicht ungleicher als andere europäische Länder, wenn auch nicht so ungleich wie Russland oder die Türkei. Kaum ein anderes Land der Europäischen Union besitzt so scharfe Vermögensunterschiede, so große Einkommensunterschiede zwischen Männer und Frauen, so schlechte Bildungschancen für Migranten. Diese besonders starke Verschärfung der sozialen Ungleichheit in Deutschland ist bisher wenig erforscht.[1] Es zeichnen sich jedoch mehrere Gründe dafür ab: das Fehlen einer Vermögenssteuer, die veränderten Werte der Manager und ihr neuer Kult der Millioneneinkommen als Maßstab des persönlichen Erfolgs, die zunehmende Ausrichtung des Wohlfahrtsstaates auf die normalen Erwerbslebensläufe statt auf Armut, die besonders ausgeprägte Zweiteilung des Gesundheitssystems zählen hierzu, ebenso wie die ungewöhnlich hohen Anforderungen an die Mütter in den Familien und daher die besonders häufige Teilzeitarbeit von Frauen und der große Abstand zwischen Frauen- und Männerlöhnen, die späte Einführung von Krippen und Kinderhorten sowie die hohen Barrieren für Migrantenkinder im deutschen Bildungssystem.

Diese besonders scharfe soziale Ungleichheit in Deutschland hat sich weder in Deutschland noch in Europa bislang so recht herumgesprochen. Aber die Deutschen sind genauso wie andere Europäer gegenüber sozialer Ungleichheit stark sensibilisiert. Die überwiegende Mehrzahl sieht die Einkommensunterschiede und die Vermögensunterschiede als zu hoch und die Armut als zu bedrohlich an, betrachtet aber die eigene Gesellschaft als

Mittelstandsgesellschaft mit guten Mobilitätschancen und entsprechend guten Chancen, aus der Armut herauszukommen. Vor allem diese positive Bewertung der eigenen Mobilitätschancen dürfte die Deutschen bisher vor einer völlig negativen Bewertung ihrer Gesellschaft zurückgehalten haben.

Schließlich passt *sechstens* die Entwicklung der sozialen Ungleichheit in Europa nicht recht in die neue These von der globalen Entwicklung, wonach sich die immer schärfere soziale Ungleichheit innerhalb der einzelnen Länder der Welt mit einer Abmilderung der Ungleichheit zwischen den Ländern verbindet, vor allem zwischen Nord und Süd. Europa steht für eine etwas andere Entwicklung. Einerseits haben die Vermögens- und Einkommensunterschiede in Europa seit den 1980er Jahren nicht so stark zugenommen wie im Süden der Welt oder in den USA, in Russland und in der Türkei. Europa war vor 1914 verglichen mit den USA noch der Kontinent der sozialen Ungleichheit. Heute ist die soziale Ungleichheit in den USA und im Süden der Welt ausgeprägter. Europa ist sicher kein neues Paradies der sozialen Gleichheit, aber die soziale Ungleichheit ist doch etwas wenig scharf. Das hat viel mit dem in Europa immer noch besonders weit entwickelten Wohlfahrtsstaat, mit der überwiegend kostenlosen Sekundar- und Hochschulausbildung, mit den etwas anderen materiellen Werten, mit der etwas geringeren Korruption und mit dem anders aufgebauten Steuersystem zu tun. Gleichzeitig steht Europa vor einem neuen inneren Nord-Süd-Problem. Sicher milderten sich seit den 1970er Jahren die alten europäischen Nord-Süd-Probleme, der Rückstand Italiens, Spaniens und Portugals, erheblich ab, was dem globalen Trend entspricht. Aber in Europa ist eine neue Nord-Süd-Teilung entstanden: in den tiefen Unterschieden zu einem neuen Süden, zum Balkan und zu Osteuropa, also zu Rumänien, zur Ukraine, zum Kaukasus und zu Russland, die entgegen dem globalen Trend anwachsen.

Anmerkungen

Einleitung

1 Jüngstes Beispiel: Deaton, *The great escape.*

2 Piketty, *Das Kapital im 21. Jahrhundert,* S. 39; ähnlich: Therborn, *Killing Fields of Inequality,* S. 154ff.; Robert T. Gordon (2016), *The rise and fall of American growth,* Princeton, S. 605ff.

3 Milanović, *Die ungleiche Welt.*

1. Soziale Ungleichheit vor 1914 – der ungeregelte Industriekapitalismus

1 Vgl. für die wirtschaftlichen Wachstumsraten in Westeuropa die verschiedenen Arten des Sozialprodukts: Peter Flora (1987), *State, economy and society in Western Europe 1815–1975,* 2 Bde., Bd. 1, Frankfurt am Main, S. 337ff.

2 Vgl. Kaelble, *Industrialisierung und soziale Ungleichheit,* S. 44f.

3 Vgl. für Frankreich, Schweden, Großbritannien und USA: Piketty, *Das Kapital im 21. Jahrhundert,* S. 452ff. und 465 (Vergleich USA und Europa); für französische Städte und für Preußen: Kaelble, *Industrialisierung und soziale Ungleichheit,* S. 47ff.

4 Vgl. Kaelble, *Industrialisierung und soziale Ungleichheit,* S. 39ff.; für Württemberg, Sachsen: Ders./Volkmann, *Streiks und Einkommensverteilung,* S. 174 und 184; für England bis grob zur Mitte des 19. Jahrhunderts: Lindert, *Three centuries of income inequality,* S. 174ff.

5 Piketty, *Das Kapital im 20. Jahrhundert,* S. 418–442. Weniger klar ist der europäisch-amerikanische Unterschied beim obersten Tausendstel der Einkommensempfänger (ebenda, S. 423).

6 Vgl. Scheve/Stasavage, *Taxing the Rich*, S. 8ff.; Flora, *State, economy and society*, Bd. 1, S. 613; für die einzelnen Länder: Artikel »Einkommensteuer«, in: *Meyers Großes Konversations-Lexikon*, Bd. 5, Leipzig 1903, S. 458ff.; Art. »Vermögensteuer«, in: Ebenda, Bd. 20, Leipzig 1909, S. 87f. (Preußen, Sachsen, Österreich); *Handwörterbuch für Staatswissenschaften*, hg. von J. Conrad et al., Jena [2]1900, S. 430 (Großbritannien), S. 443 (Italien); Rosanvallon, *La société des égaux*, S. 230 (Frankreich).

7 Vgl. Jens Alber (1982), *Vom Armenhaus zum Wohlfahrtsstaat. Analysen zur Entwicklung der Sozialversicherung in Westeuropa*, Frankfurt am Main; Sandrine Kott (2014), *Sozialstaat und Gesellschaft. Das deutsche Kaiserreich in Europa*, Göttingen; Gerhard A. Ritter (1991/Neuauflage 2010), *Der Sozialstaat. Entstehung und Entwicklung im internationalen Vergleich*, München; Hartmut Kaelble, *Geschichte des Wohlfahrtsstaats in Europa von den 1880er Jahren bis 2010*, erscheint voraussichtlich 2018.

8 Vgl. für Wohnen: Friedrich Lenger (2013), *Metropolen der Moderne. Eine europäische Stadtgeschichte seit 1850*, München 2013, S. 97ff. und 116ff.; Clemens Wischermann (1997), *Europäische Wohnungspolitik in vergleichender Perspektive 1900–1939*, Stuttgart 1997; Clemens Zimmermann (1997), »Mythen, Macht und Mängel. Der deutsche Wohnungsmarkt im Urbanisierungsprozess«, in: Jürgen Reulecke (Hg.), *Geschichte des Wohnens*, 5 Bde., Bd. 3: *1800–1918. Das bürgerliche Zeitalter*, Stuttgart 1997, S. 415ff. und 435ff.

9 Spree, *Soziale Ungleichheit vor Krankheit und Tod*, S. 171; ders. (1992), *Der Rückzug des Todes. Der Epidemiologische Übergang in Deutschland während des 19. und 20. Jahrhunderts*, Konstanz; Jörg Vögele (1998), *Urban Mortality Change in England and Germany, 1870–1910*, Liverpool.

10 Berechnet nach: Wolfram Fischer (1985), »Wirtschaft und Gesellschaft Europas 1850–1914«, in: Ders. (Hg.), *Handbuch der europäischen Wirtschafts- und Sozialgeschichte*, Bd. 5: *Europäische Wirtschafts- und Sozialgeschichte von der Mitte des 19. Jahrhunderts bis zum 1. Weltkrieg*, Stuttgart, S. 26.

11 Vgl. Ringer, Admission, S. 233ff.; Christophe Charle (2004), »Patterns«, in: Walter Rüegg (Hg.), *A history of the university in Europe*, Cambridge, S. 33ff.; Kaelble, *Soziale Mobilität und Chancengleichheit*, S. 171ff.

12 Vgl. Ringer, Admission, S. 233ff.; Hartmut Kaelble (1981), »Educational opportunities and government policies in Europe in the period of industrialization«, in: Peter Flora/Arnold Heidenheimer (Hg.), *The development of welfare states in Europe and America*, New Brunswick/London, S. 239–268.

13 Vgl. Rosanvallon, *La société des égaux*, S. 79ff. und 334ff.; Christophe Charle (2011), *Discordance des temps: Une brève histoire de la modernité*, Paris.

14 Kaelble, *Soziale Mobilität und Chancengleichheit*, S. 42ff. und 228ff.

15 Rosanvallon, *La société des égaux*, Kapitel 1.

16 James Bryce ([3]1899, [1]1888), *The American Commonwealth*, New York, S. 810f.

17 Piketty, *Das Kapital im 21. Jahrhundert*, S. 418ff. und 465.

18 Das vermutete schon 1955 der Nobelpreisträger Simon Kuznets, ohne damals Belege dafür anführen zu können: Kuznets, *Economic growth and income inequality*, S. 3.

19 Für Norwegen und Sachsen: Flora, *State, economy and society*, Bd. 1, S. 611ff. (Norwegen, mit allerdings nicht voll vergleichbaren Daten für 1891 und 1911); für Dänemark, Großbritannien, Preußen und Sachsen: Kraus, The historical development of income inequality, S. 215ff.; niederländische Städte: de Meere, Long-term trends in income and wealth inequality; für Sachsen und norwegische Landstädte: Kaelble, *Industrialisierung und soziale Ungleichheit*, S. 29ff.; für Sachsen und Württemberg: Kaelble/Volkmann, Streiks und Einkommensverteilung, S. 184; für Deutschland seit 1891, Schweden seit 1903: www.wid.world (früher: topincomes.parisschoolofeconomics.eu); für Großbritannien ab dem späten 19. Jahrhundert je nach Einkommensschätzung unterschiedlich: Lindert, Three centuries of income inequality, S. 174ff.

20 Flora, *State, economy and society*, Bd. 2, S. 625 und 638.

21 Vgl. Kaelble, *Industrialisierung und soziale Ungleichheit*, S. 39ff.

22 Hartmut Kaelble (1994), »Eine europäische Geschichte der Streiks?«, in: Jürgen Kocka/Hans-Jürgen Puhle/Klaus Tenfelde (Hg.), *Von der Arbeiterbewegung zum modernen Sozialstaat. Festschrift für Gerhard A. Ritter zum 65. Geburtstag*, München, S. 65.

23 Ritter, *Der Sozialstaat*; Alber, *Vom Armenhaus zum Wohlfahrtsstaat*; Kaelble, *Geschichte des Wohlfahrtsstaats in Europa*.

24 Vgl. Spree, *Soziale Ungleichheit vor Krankheit und Tod*, S. 133ff.; Artur Imhof (1981), *Die gewonnenen Jahre*, München, S. 79ff. und 141ff.; Kaelble, *Industrialisierung und soziale Ungleichheit*, S. 150ff.; William Bynum (2008), *Geschichte der Medizin*, Stuttgart, S. 123ff.; Vögele, *Urban Mortality Change*, S. 112ff.; Flora, *State, economy and Society*, Bd. 2, S. 96ff.

25 Rosanvallon, *La société des égaux*, Kapitel 3.

26 Piketty, *Das Kapital im 21. Jahrhundert*, S. 452ff. (für Frankreich, Großbritannien, Schweden und die USA).

27 Flora, *State, economy and society*, Bd. 2, S. 283ff.; Jürgen Reulecke (Hg.) (1997), *Geschichte des Wohnens*, 5 Bde., Bd. 3: *1800–1918. Das bürgerliche Zeitalter*, Stuttgart 1997, S. 417ff.

28 Bela Tomka (2013), *A social history of 20th century Europe*, London 2013, S. 361ff.; Christophe Charle (2015), *La dérégulation culturelle. Essai d'histoire des cultures en Europe au XIXeme siècle*, Paris, S. 103 (Alphabetisierung); David Vincent, *The rise of modern literacy. Reading and writing in modern Europe*, Cambridge 2000; Ringer, Admission, S. 233ff.; Flora, *State, economy and society*, Bd. 1, S. 553.

29 Deaton, *The great escape*, S. XIII.

30 Kuznets, *Economic growth and income inequality*, S. 7.

2. Soziale Ungleichheit in der Zeit der Kriege und der Wirtschaftskrise zwischen 1914 und 1945 – eine Phase des Rückgangs?

1 Piketty, *Das Kapital im 21. Jahrhundert*, S. 64ff. und 374ff.; ähnlich Therborn, *Killing Fields of Inequality*, S. 154f.; Gordon, *American growth*, S. 605ff.; Jesper Roine/Daniel Waldenström (2015), »Long run trends in the distribution of income and wealth«, in: Anthony B. Atkinson/François Bourguignon (Hg.), *Handbook of Income Distribution*, Bd. 2, Amsterdam, S. 495; Milanović, *Die ungleiche Welt*, S. 64ff.

2 Piketty, *Das Kapital im 21. Jahrhundert*, S. 453–460; Roine/Waldenström, *Long run trends*, S. 520ff. (behandelt zusätzlich die Niederlande, Norwegen, Finnland und die Schweiz).

3 www.wid.world; für Sachsen: Kaelble, *Industrialisierung und soziale Ungleichheit*, S. 45.

4 Atkinson, *Inequality*, S. 56.

5 www.wid.world.

6 Vgl. www.wid.world; für Sachsen: Kaelble, *Industrialisierung und soziale Ungleichheit*, S. 44.

7 Volker Berghahn (2003), *Der Erste Weltkrieg*, München, S. 80ff.; Oliver Janz (2013), *14. Der große Krieg*, Frankfurt am Main, S. 230ff. und 264ff.; Wolfgang Kruse ([2]2014), *Der Erste Weltkrieg*, Darmstadt, S. 99ff.; Gerhard Henke-

Bockschatz (2014), *Der Erste Weltkrieg*, Stuttgart, S. 114ff.; Jörn Leonhard ([2]2014), *Die Büchse der Pandora. Geschichte des Ersten Weltkriegs,* München, S. 369ff.; Jay Winter et al. (2002), *Der Erste Weltkrieg und das 20. Jahrhundert,* Hamburg, S. 195ff.; Dick Geary, »Arbeiter«, in: Gerhard Hirschfeld/Gerd Krumeich/Irina Renz (Hg.) ([2]2014), *Enzyklopädie des Ersten Weltkriegs*, Paderborn, S. 144ff.; Lenger (2013), *Metropolen der Moderne*, S. 277ff.; Dieter Ziegler (2015), »Die Kriegswirtschaft im Ersten Weltkrieg – Trends der Forschung«, in: *Jahrbuch für Wirtschaftsgeschichte* 56, S. 313ff.

8 Zitiert nach Berghahn, *Der Erste Weltkrieg*, S. 85.

9 Zum Rückgang der staatlichen Wohnungsausgaben in Italien und Großbritannien: Peter Flora et al., *State, economy and society in Western Europe 1815–1875*, 2 Bde., Bd. 1, Frankfurt am Main 1983ff., S. 406 und 446f.; zur Zunahme der Überfüllung von Kleinwohnungen in Belgien und England: Ebenda, Bd. 2, S. 290f. und 325.

10 B. R. Mitchell (1992), *International historical statistics. Europe 1750–1989*, Basingstoke, S. 857ff.

11 Ebenda, S. 119f.; Wolfgang U. Eckart (2007), *Medizin, Krieg und Gesellschaft: Deutschland 1914–1918*, Paderborn.

12 Flora et al., *State, economy and society*, Bd. 1, S. 582f.

13 Kruse, *Der Erste Weltkrieg*, S. 105ff.; Janz, *14. Der große Krieg*, S. 240ff.; Berghahn, *Der Erste Weltkrieg*, S. 77ff.

14 Kocka, *Klassengesellschaft im Krieg*, S. 96ff.; Kruse, *Der Erste Weltkrieg*, S. 105ff.; Waites, *A class society at war*; Berghahn, *Der Erste Weltkrieg*, S. 77ff.

15 Klaus J. Bade (2002), *Europa in Bewegung. Migration vom 18. Jahrhundert bis zur Gegenwart*, München, S. 232–254 (ausführliches Kapitel über den Ersten Weltkrieg).

16 Bade, *Europa in Bewegung*, S. 232–254; Henke-Bockschatz, *Der Erste Weltkrieg*, S. 159ff.

17 Henke-Bockschatz, *Der Erste Weltkrieg*, S. 159ff.

18 Zitiert nach: Kocka, *Hunger, Ungleichheit und Protest*, S. 20f.

19 Piketty, *Das Kapital im 21. Jahrhundert*, S. 453–460; Roine/Waldenström, *Long run trends*, S. 520ff. (für die Niederlande, Finnland und die Schweiz).

20 www.wid.world (Einkommen vor Steuern).

21 Kuznets, *Shares of upper income groups*, S. XXXVf. und 582ff.

22 www.wid.world.

23 Kuznets, *Shares of upper income groups*, S. 585ff.

24 Vgl. Scheve/Stasavage, *Taxing the Rich*, S. 54ff. und 76ff.; Ralf Lieb (1992), *Direkte Steuerprogression. Geschichtliche Entwicklung und kritische Würdigung ihrer Begründung*, Bayreuth, S. 112ff.; Arthur Jatteau (2010), *Historical evolution of income tax in France and the US*, April 2010 (8.8.2016); Mikael Stenkula et al. (2014), »Marginal taxation on labour income in Sweden from 1862 to 2010«, in: *Scandinavian economic history review* 62, S. 174.

25 Zur Erhöhung der Steuersätze im Ersten Weltkrieg und in den 1920er Jahren: Scheve/Stasavage, *Taxing the Rich*, S. 80f.

26 Anthony B. Atkinson (2004), »Income tax and top income over the 20th century«, in: *Revista de Economía Pública* 168, Nr. 1, S. 123–141; Scheve/Stasavage, *Taxing the Rich*, S. 60f.

27 Flora et al., *State, economy and society*, Bd. 1, S. 365ff. (»social services«); vgl. auch Kaelble, *Geschichte des Wohlfahrtsstaats in Europa*, Tabelle 2.

28 Die oben mehrfach benutzten Forschungen von »www.wid.world« enthalten keine Berechnungen für die unteren Einkommen.

29 Flora et al., *State, economy and society*, Bd. 1, S. 625 und 649.

30 Ebenda, S. 345ff.

31 Lenger, *Metropolen der Moderne*, S. 346ff.; Tomka, *Social history of 20th century Europe*, S. 228ff.; Flora et al., *State, economy and society*, Bd. 2, S. 285ff.

32 Flora et al., *State, economy and society*, Bd. 1, S. 357ff.

33 Wolfram Fischer (1987), »Wirtschaft, Gesellschaft und Staat in Europa, 1914–1980, in: Ders. (Hg.), *Handbuch der Europäischen Wirtschafts- und Sozialgeschichte*, Bd. 6, Stuttgart, S. 30f.; Gunther Mai (2001), *Europa 1918–1939*, Stuttgart, S. 85ff.

34 Berechnet nach: Mitchell, *International historical statistics*, S. 119f. (Säuglingssterblichkeit); Flora et al., *State, economy and Society*, Bd. 2, S. 96ff. (Mütter)

35 Flora et al., *State, economy and society*, Bd. 1, S. 345ff.

36 Berechnet nach: Ebenda, S. 345ff.

37 Ebenda, S. 553ff.; Mai, *Europa 1918–1939*, S. 102ff.

38 Kaelble, *Soziale Mobilität und Chancengleichheit*, S. 200 und 222f.

39 Gosewinkel, *Staatsbürgerschaft in Europa*.

40 Daniela Liebscher, *Freude und Arbeit – Zur internationalen Freizeit- und Sozialpolitik des faschistischen Italien und des NS-Regimes*, Köln, 2009; Vera Zamagni, »150 years of the Italian economy, 1861–2010«, in: *Journal of Modern Italian Studies*, Januar 2010, S. 9; P. Ciocca, *Ricchi per sempre? Una storia economica d'Italia (1796–2005)*, Turin 2007; Hans Woller, *Geschichte Italiens im*

20. Jahrhundert, München 2010, S. 114f.; Victoria De Grazia, *The culture of consent. Mass organizing of leisure in Fascist Italy,* Cambridge 1981.

41 Vgl. Piketty, *Das Kapital im 21. Jahrhundert,* S. 453, 456f. und 464f.; Roine/Waldenström, *Long run trends,* S. 520ff.

42 www.wid.world.

43 Flora et al., *State, economy and society,* Bd. 2, S. 618, 624f., 633f., 638f., 641, 645 und 652.

44 Mitchell, *International historical statistics,* S. 100f. und 119ff.

45 Wilhelm Treue (1976), *Deutschland in der Weltwirtschaftskrise in Augenzeugenberichten,* München, S. 248.

46 *Statistisches Jahrbuch für das Deutsche Reich,* Jg. 1935, S. 531.

47 Mitchell, *International historical statistics,* S. 100f. und 119ff.

48 Flora et al., *State, economy and society,* Bd. 1, S. 556ff.

49 Mitchell, *International historical statistics,* S. 881ff.

50 Vgl. Flora et al., *State, economy and society,* Bd. 1, S. 355ff.

51 Vgl. ebenda, Bd. 2, S. 645.

52 Ebenda, S. 344.

53 Piketty, *Das Kapital im 21. Jahrhundert,* S. 453–465; Roine/Waldenström, *Long run trends,* S. 520ff.

54 www.wid.world (Einkommen vor Steuern).

55 Flora et al., *State, economy and society,* Bd. 1, S. 641, 644f., 649, 652, 661, 665 und 672 (zum Einkommen vor Steuern ebenda, S. 612); Michael Schneider (2014), *In der Kriegsgesellschaft. Arbeiter und Arbeiterbewegung 1939–1945,* Bonn, S. 548ff.

56 Kuznets, *Shares of upper income groups,* S. XXXVf.; ders., Economic growth and income inequality, S. 1ff.

57 Scheve/Stasavage, *Taxing the Rich,* S. 84ff.

58 Vgl. Atkinson, *Inequality,* S. 57f.; Paul Krugman (2007), *The conscience of a liberal,* New York, S. 47ff.; Sandrine Kott (2014), »Fighting the War or Preparing for Peace? The ILO during the Second World War«, in: *Journal of Modern European History,* Nr. 4, S. 359–376.

59 www.wid.world.

60 Flora et al., *State, economy and society,* Bd. 2, S. 293ff. (Belgien, Frankreich, nicht dagegen Irland, Norwegen und die Niederlande); Lenger, *Metropolen der Moderne,* S. 400ff.

61 Mitchell, *International historical statistics*, S. 119ff.; Winfried Süß (2003), *Der »Volkskörper« im Krieg. Gesundheitspolitik, Gesundheitsverhältnisse und Krankenmord im nationalsozialistischen Deutschland 1939–1945*, München, S. 192ff., 213ff., 381ff (Verknappung medizinischer Versorgung und Ausbreitung sozial ungleicher Krankheiten im NS-Regime während des Kriegs); Michael Schneider (2015), *In der Kriegsgesellschaft. Arbeiter und Arbeiterbewegung 1939–1945*, Berlin, S. 429f.

62 Ebenda, S. 864ff.

63 Flora et al., *State, economy and society*, Bd. 2, S. 562ff.

64 Mitchell, *International historical statistics*, S. 881f.

65 Bade, *Europa in Bewegung*, S. 284ff.; Ulrich Herbert ([3]1999), *Fremdarbeiter. Politik und Praxis des »Ausländer-Einsatzes« in der Kriegswirtschaft des Dritten Reiches*, Berlin/Bonn; Süß, *Der »Volkskörper« im Krieg. Gesundheitspolitik*, S. 290ff.

3. Soziale Ungleichheit in den 1950er bis 1970er Jahren – eine Epoche der Abmilderung

1 Kuznets, *Economic growth and income inequality*, S. 1ff.

2 Roine/Waldenström, *Long run trends*, Tab. 7.A2 und 7.A4; für Belgien und die Bundesrepublik; Hartmut Kaelble, *Sozialgeschichte Europas. 1945 bis zur Gegenwart*, München 2007, S. 223.

3 Vgl. Piketty, *Das Kapital im 21. Jahrhundert*, S. 452ff.; Roine/Waldenström, *Long run trends*, S. 520ff.; Kaelble, *Sozialgeschichte Europas*, S. 221ff.

4 Piketty, *Das Kapital im 21. Jahrhundert*, S. 452ff.

5 Vgl. zudem ebenda, S. 420ff. Für Irland liegen bisher nur die Einkommensanteile der obersten 0,1 Prozent vor (vgl. www.wid.world).

6 Vgl. für die Situation der 1990er Jahre: Philipp Ther (2014), *Die neue Ordnung auf dem alten Kontinent. Eine Geschichte des neoliberalen Europa*, Berlin, S. 160ff.; vgl. zudem für die 1960er bis 1980er Jahre in Ungarn: R. Andorka et al. (1992), *Social report*, Budapest, S. 75; für die DDR und die Bundesrepublik: *Materialien zum Bericht zur Lage der Nation im geteilten Deutschland 1974*, hg. v. Bundesministerium für innerdeutsche Beziehungen, Berlin 1974, S. 423ff.; Dass. 1987, Bonn 1987, S. 502ff.

7 Piketty, *Das Kapital im 21. Jahrhundert*, S. 423 und 432ff.

8 Vgl. dafür besonders anregend: Atkinson, *Inequality*, S. 62–77.

9 Vgl. Scheve/Stasavage, *Taxing the Rich*, S. 55ff.

10 Berechnet nach: Tomka, *Social history of 20th century Europe*, S. 163 (basiert auf OECD-Daten).

11 Vgl. dazu Atkinson, *Inequality*, S. 68ff.

12 Vgl. ebenda, S. 71ff.

13 Vgl. für die letztere Dimension: Milanović, *A short history of global inequality*, S. 494–506; ders., *Global Inequality*.

14 Bundesminister Anton Storch, zitiert nach: Torp, *Gerechtigkeit und Wohlfahrtsstaat*. S. 99.

15 Torp, *Gerechtigkeit und Wohlfahrtstaat*, S. 123.

16 Vgl. die Artikel über 12 Länder Westeuropas, in: Peter Flora (Hg.) (1987), *Growth to limits*, Bd. 4, Berlin/New York.

17 Vgl. Torp, *Gerechtigkeit und Wohlfahrtsstaat*, S. 109ff. und 158 (Armutsrisiko als Einkommen unter 50 Prozent des Nettoäquivalenzeinkommens, also des Haushaltseinkommens nach Steuern und Abgaben unter Berücksichtigung der Haushaltsgröße).

18 Vgl. Flora (Hg.), *Growth to limits. The Western European welfare states since World War II*, Bd. 4, S. 181.

19 Wehler, *Die neue Umverteilung*, S. 98.

20 Thomas Cayet/Paul-André Rosental (2013), »Politiques sociales et marché(s). Filiations et variations d'un registre transnational d'action, du BIT des années 1920 à la construction européenne et à la Chine contemporaine«, in: *Le Mouvement Social* 244, Nr. 3, S. 3–16; Reinecke, Rediscovery of Urban Poverty, S. 555–576; Torp, *Gerechtigkeit und Wohlfahrtsstaat*, S. 109ff.; Süß, Vom Rand in die Mitte der Gesellschaft, S. 123–139.

21 Vgl. für diesen Abschnitt vor allem: Lenger, *Metropolen der Moderne*, S. 420ff.; Ingeborg Flagge (Hg.) (1999), *Geschichte des Wohnens*, 5 Bde., Bd. 5: *1945 bis heute. Aufbau, Neubau, Umbau*, Stuttgart; Günther Schulz (Hg.) (1993), *Wohnungspolitik im Sozialstaat: Deutsche und europäische Lösungen 1918–1960*, Düsseldorf.

22 Vgl. Angus Deaton (1976), »The structure of demand«, in: Carlo M. Cipolla (Hg.), *The Fontana Economic history of Europe, The Twentieth century*, Teil 1, Glasgow, S. 118f.; *Soziale Indikatoren für die Europäische Gemeinschaft 1960–1975*, Eurostat Luxemburg 1977, S. 254f.

23 Flora, *State, economy and society*, Bd. 2, S. 285ff.

24 *Soziale Indikatoren für die EG 1960–1975*, S. 242f.

25 Vgl. Flora (Hg.), *Growth to limits*, Bd. 4.

26 Vgl. Deaton, *The structure of demand*, S. 102f. und 114f.; *Soziale Indikatoren für die EG 1960–1975*, S. 164ff. und 254f. (Mieten, Ausgaben privater Haushalte).

27 Für den Rückgang der staatlichen Wohnungsbausubventionen in der Bundesrepublik, Frankreich, Dänemark, zeitweise auch in den Niederlanden und für die Mietpreise vgl. *Soziale Indikatoren für die EG 1960–1975*, S. 252f.

28 Für die Erweiterung des Wohnraums vgl. Flora, *State, economy and society*, Bd. 2, S. 285ff.; Heinz-Herbert Noll/Erich Wiegand (Hg.) (1993), *System sozialer Indikatoren für die Bundesrepublik Deutschland. Zeitreihen 1950 bis 1991*, Tabellenband, Mannheim, S. 163ff.

29 Reinecke, *Die dunkle Seite des modernen Komforts*, S. 298–325; dies., *Rediscovery of Urban Poverty*, S. 555–576.

30 Ärzte in der EWG: *Soziale Indikatoren für die EG 1960–1975*, S. 212f.; Ärzte in Ungarn: Andorka et al. (Hg.), *Social Report*, S. 126f.; zu Gesundheitsausgaben: Eurostat Revue 1971–1980, S. 86.

31 *Soziale Indikatoren für die EG 1960–1975*, S. 210f. (Krankenhausbetten pro Kopf der Bevölkerung). Zu den Staatsausgaben vgl. Kaelble, *Geschichte des Wohlfahrtsstaats in Europa*.

32 Lebenserwartung berechnet nach: Tomka, *Social history of 20th century Europe*, S. 26f.; Kindersterblichkeit in Europa einschließlich UdSSR 1950–1954 und 1979–1983 berechnet nach Fischer, *Wirtschaft, Gesellschaft und Staat in Europa, 1914–1980*, S. 33.

33 Vgl. Mackenbach et al., *Socioeconomic inequalities*, S. 3ff.; Mackenbach et al., *Introduction*. Ebenfalls skeptisch gegenüber einem engen Zusammenhang von Einkommensverteilung und Ungleichheit der Gesundheit: O'Donnell/van Doorslaer/van Ourti, *Health and inequality*, S. 1419–1533.

34 Vgl. für Alphabetisierung und Kindergärten: Kaelble, *Sozialgeschichte Europas*, S. 386ff. (mit weiteren Verweisen).

35 *Statistical Yearbook UNESCO 1965*, S. 181–207; *Statistical Yearbook UNESCO 1976*, S. 98–101 und 278–336. Diese Daten basieren allerdings auf den Angaben der einzelnen Länder mit unterschiedlichen Definitionen von Sekundarschulen und Angaben zu unterschiedlichen Jahren.

36 Kaelble, *Sozialgeschichte Europas*, S. 394ff.; *Statistical Yearbook UNESCO*

1976, S. 98–101 (ebenfalls auf den Angaben der einzelnen Länder mit unterschiedlichen Definitionen von Hochschulen und Angaben zu unterschiedlichen Jahren beruhend).

37 Breen/Luijkx/Müller/Pollak, *Nonpersistent Inequality,* S. 1475–1521; dies., *Long-Term Trends in Educational Inequality,* S. 31–48 (nur sieben Länder); zu einem ähnlichen Ergebnis über den Rückgang der Chancenungleichheit in der Ausbildung in 29 europäischen Ländern: Meraviglia/Buis, Class, status and education, S. 52ff. Vgl. auch Shavit/H.-P. Blossfeld (Hg.), *Persistent inequalities*; H.-P. Blossfeld (zusammen mit P. N. Blossfeld und G. J. Blossfeld), Educational expansion and inequality, S. 144–160; Walter Rüegg (Hg.) (2010), *Geschichte der Universität in Europa*, Bd. 4: *Vom Zweiten Weltkrieg bis zum Ende des 20. Jahrhunderts*, München; OECD (1994), *Education 1960–1990. The OECD Perspective*, Paris; Christophe Charle (2012), *Histoire des universités, XIIe–XXIe siècles*, Paris.

38 European Value Study 1981, question 361: http://zacat.gesis.org/webview (6.8.2016).

39 Erikson/Goldthorpe, *The constant flux*, S. 65–85; Breen, *Social Mobility in Europe*; eine Studie über Frauen: Ruth Federspiel (1999), *Soziale Mobilität in Berlin des 20. Jahrhunderts*, Berlin.

40 Hartmann, *Eliten und Macht in Europa*, S. 222; Maurizio Cotta/Heinrich Best (Hg.) (2007), *Democratic representation in Europe: Diversity, change, and convergence*, Oxford; Morten Reitmayer (2010), »Eliten, Machteliten, Funktionseliten, Elitenwechsel, Version: 1.0«, in: *Docupedia-Zeitgeschichte*, 11.1.2010.

41 Vgl. Mitchell, *International historical statistics*, S. 186f. und 848f. (Nominallöhne und Lebenshaltungskosten); Gerold Ambrosius/William H. Hubbard (1986), *Sozial- und Wirtschaftsgeschichte Europas im 20. Jahrhundert*, München, S. 70 (Reallöhne).

42 Vgl. *Soziale Indikatoren für die EG 1960–1975*, S. 172f.

43 Vgl. Heinz-Gerhard Haupt (2003), *Konsum und Handel. Europa im 19. und 20. Jahrhundert*, Göttingen, S. 118–152; Bourdieu, *Die feinen Unterschiede*; Victoria de Grazia (2005), *Irresistible empire. America's advance through 20th century Europe*, Cambridge (Mass.); Hannes Siegrist/Hartmut Kaelble/Jürgen Kocka (Hg.) (1997), *Europäische Konsumgeschichte. Zur Gesellschafts- und Kulturgeschichte des Konsums (18. bis 20. Jahrhundert)*, Frankfurt am Main; Sabine Haustein (2006), *Vom Mangel zum Massenkonsum. Deutschland, Frankreich und Großbritannien im Vergleich 1945–1970*, Frankfurt am Main: Christian

Pfister (Hg.) (1995), *Das 1950er Syndrom. Der Weg in die Konsumgesellschaft*, Bern; Wolfgang König (2013), *Kleine Geschichte der Konsumgesellschaft: Konsum als Lebensform der Moderne*, Wiesbaden; Alain Chatriot et al. (Hg.) (2004), *Au nom du consommateur. Consommation et politique en Europe et aux Etats Unis au XXe siècle*, Paris; Henri Mendras (1988), *La Seconde Révolution française 1965–1984*, Paris; Stefanie Middendorf (2009), *Massenkultur. Zur Wahrnehmung gesellschaftlicher Modernität in Frankreich 1880–1980*, Göttingen.

44 Vgl. Ritter, *Der Sozialstaat*; Kaelble, *Geschichte des Wohlfahrtsstaats in Europa*.

45 Torp, *Gerechtigkeit und Wohlfahrtsstaat*, S. 109ff. und 155ff.

46 Häußermann/Kronauer, Räumliche Segregation und innerstädtisches Getto; für Frankreich: Rudolph, *At Home in Postwar France*.

47 Jean Botrot (1957), *Une Allemagne toute neuve*, Paris, S. 179f.

48 Vgl. *Soziale Indikatoren für die EG 1960–1975*, S. 242f.

49 Vgl. Frank Bösch (2011), *Mediengeschichte. Vom asiatischen Buchdruck zum Fernsehen*, Frankfurt am Main, S. 198ff.

50 Bourdieu, *Die feinen Unterschiede*.

51 Zit. nach Hans-Ulrich Wehler (2008), *Deutsche Gesellschaftsgeschichte*, Bd. 5: *Bundesrepublik und DDR 1949–1990*, München, S. 110.

52 Gustav Schmoller (1866), »Sozialpolitische Rückblicke auf Nordamerika«, in: *Preußische Jahrbücher* 17, S. 527.

53 Vgl. für den soziologischen Blick der Zeit: Mayer, Soziale Mobilität, S. 156–176. Eine spätere Analyse: Jan Delhey (2001), *Osteuropa zwischen Marx und Markt. Soziale Ungleichheit und soziales Bewußtsein nach dem Kommunismus*, Hamburg.

54 Zahlen nach Wehler, *Deutsche Gesellschaftsgeschichte*, Bd. 5, S. 111f.

55 Vgl. die Zusammenstellung in Hradil, *Soziale Ungleichheit in Deutschland*, S. 64ff., 354ff. und 362ff.

56 Bourdieu, *Die feinen Unterschiede*, S. 212f.

57 Vgl. Sabine Haustein (2008), »Zweifel ans der Überflussgesellschaft: die Konsumdebatte der europäischen Intellektuellen nach 1945«, in: Hartmut Kaelble/Jürgen Schriewer (Hg.), *Selbstverständnis und Gesellschaft der Europäer*, Frankfurt am Main u. a., S. 340ff.

58 Thomas Mergel/Christiane Reinecke, »Das Soziale vorstellen, darstellen, herstellen: Sozialwissenschaften und soziale Ungleichheit«, in: Mergel/Reinecke (Hg.), *Das Soziale ordnen*, S. 14ff.

59 Vgl. Bernhard Ebbinghaus/Jelle Visser (1997), »Der Wandel der Arbeitsbeziehungen im westeuropäischen Vergleich«, in: Stefan Hradil/Stefan Immerfall (Hg.), *Die westeuropäischen Gesellschaften im Vergleich*, Opladen, S. 364ff.; Kaelble, *Eine europäische Geschichte des Streiks?*, S. 65.

60 Rosanvallon, *La société des égaux*, S. 227–284.

61 *Deutscher Bundestag. Dokumente. Drucksachen und Plenarprotokolle seit 1949*, http://pdok.Bundestag.de (zu finden über Deutscher Bundestag, Dokumente, DIP, Dokumente ab 1949).

4. Soziale Ungleichheit seit den 1980er Jahren – eine Ära der Wiederzunahme

1 Vgl. Anthony B. Atkinson/L. Rainwater/Timothy M. Smeeding (1996), *Income Distribution in OECD Countries: The Evidence from the Luxembourg Income Study (LIS)*, Paris.

2 OECD, *Einkommensverteilung und Armut in OECD-Ländern*; Stiglitz, *Der Preis der Ungleichheit*; ders., *Reich und Arm*; Deaton, *The great escape*; Wehler, *Die neue Umverteilung*; Thomas Piketty, *Le capital au XXe siècle*, Paris 2013; Atkinson, *Inequality*; Anthony B. Atkinson/Thomas Piketty (Hg.) (2006), *Top incomes over the 20th century*, Oxford; Therborn, *Killing Fields of Inequality*; *Milanović, Die ungleiche Welt;* vgl. zudem Torregrosa Hetland, *Did democracy bring redistribution?*, S. 294–315.

3 Ein neuestes, prominentes Beispiel: Deaton, *The great escape*.

4 OECD, *Einkommensverteilung und Armut in OECD-Ländern*, S. 27–29; Queissner/Foerster, *Divided we stand*; ähnlich der Gini-Index zu verfügbaren Haushaltseinkommen der *Luxemburg Income Study* (LIS) in 13 Ländern des westlichen Europa. Vgl. http://www.lisdatacenter.org/lis-ikf-webapp/app/search-ikf-figures. Dort sind die Ausnahmen Frankreich und Dänemark. Vgl. auch: Morelli/Smeeding/Thompson, Post-1970 trends in within-country inequality and poverty, S. 593–696.

5 Vgl. Ther, *Die neue Ordnung auf dem alten Kontinent*, S. 160ff.

6 UN (2007), *Human Development Report 2007/2008*, New York, S. 281ff. (Angaben der Gini-Koeffizienten für Einkommen um die Jahrhundertwende, die auf Daten der Weltbank zurückgehen).

7 Ebenda, S. 281ff.; Alvaredo/Atkinson/Piketty/Saez, *The Top 1 Percent in International and Historical Perspective*; für die südliche Hemisphäre und Ostasien: Alvaredo, *The dynamics of high incomes*, S. 12f.; Atkinson/Piketty/Saez, Top Incomes in the Long Run of History, S. 3–71; Piketty, *Das Kapital im 21. Jahrhundert*, S. 432ff.; vgl. auch für einige Länder: http://www.lisdatacenter.org/lis-ikf-webapp/app/search-ikf-figures.

8 Martin Heidenreich (2006), »Die Europäisierung sozialer Ungleichheiten zwischen nationaler Solidarität, europäischer Koordinierung und globalem Wettbewerb«, in: ders. (Hg.), *Die Europäisierung sozialer Ungleichheit. Zur transnationalen Klassen- und Sozialstrukturanalyse,* Frankfurt am Main, S. 49, 59; vgl. auch: Marco Härpfer/Johannes Schwarze (2006), »Wie gleich ist Europa? Empirische Befunde zur Entwicklung der Einkommensungleichheit in den bisherigen EU-Mitgliedsstaaten«, in: ebd. S. 143ff.

9 Vgl. Michael Dauderstädt (2008), »Ungleichheit und sozialer Ausgleich in der erweiterten Europäischen Union«, in: *Wirtschaftsdienst,* B 88, S. 261–269; vgl. zudem Zsolt Darvas/Guntram B. Wolff (2016), *An anatomy of inclusive growth in Europe*, Brüssel, S. 23ff.

10 Topincome database. Dort lassen sich für viele Länder die obersten 10 Prozent, die obersten 5 Prozent, das oberste Prozent und das oberste Promille verfolgen. Vgl. auch: Atkinson/Piketty (Hg.), *Top incomes*, S. 540f.

11 Europäische Durchschnitte berechnet nach: OECD, *Einkommensverteilung und Armut in OECD-Ländern*, S. 29f. Unter mittleren Einkommen versteht die OECD die mittleren drei Quintile, also alles zwischen den obersten 20 Prozent und den untersten 20 Prozent der Einkommen. Die OECD berichtet bis Mitte der 1990er Jahre allerdings nur über Länder des westlichen Europa. Erst ab Mitte der 1990er Jahre kommen Tschechien und Ungarn hinzu. Vgl. zu dieser Debatte um die mittleren Einkommen: Burzan/Kohrs, *Die Mitte der Gesellschaft*.

12 OECD, *Einkommensverteilung und Armut in OECD-Ländern*, S. 29f. Die OECD meint mit unteren Einkommen die unteren 20 Prozent.

13 *Soziale Indikatoren für die EG 1960–1975*, S. 138f. (1964–1976).

14 Eurostat Revue 1977–1986, Luxemburg 1988, S. 129 (1977–1986); Eurostat Jahrbuch 2003, S. 172 (1994–1999).

15 http://ec.europa.eu/eurostat/tgm/table.do?tab=table&init=1&plugin=1&language=en&pcode=tsdsc340 (2002–2013).

16 OECD, *Einkommensverteilung und Armut in OECD-Ländern*, S. 69ff.; Torp, *Gerechtigkeit und Wohlfahrtsstaat*, S. 251f. und 351f.

17 Auch hier sehr anregend: Atkinson, *Inequality*, S. 75.

18 Vgl. Scheve/Stasavage, *Taxing the Rich*; Zsolt Darvas/Guntram B. Wolff (2016), *An anatomy of inclusive growth in Europe*, Brüssel, S. 69f.; Kaelble, *Geschichte des Wohlfahrtsstaats in Europa*.

19 Atkinson, *Inequality*, S. 124f.; Scheve/Stasavage, *Taxing the Rich*.

20 OECD, *Einkommensverteilung und Armut in OECD-Ländern*, S. 25ff. Die OECD stützt sich auf die für die soziale Ungleichheit besonders einschlägigen Haushaltseinkommen nach Steuern und Sozialabgaben, korrigiert um die Haushaltsgröße. Andere Definitionen der Einkommen kommen zu etwas anderen innereuropäischen Unterschieden, auch zu anderen deutsch-französischen Unterschieden.

21 Vgl. ebenda.; Kaelble, *Soziale Ungleichheit in Frankreich und Deutschland*, S. 221–240.

22 Vgl. für die Entwicklung von den späten 1990er Jahren bis 2010: LIS inequality key figures, LIS crossnational data center in Luxemburg: http://www.lisdatacenter.org/data-access/key-figures (29.10.2015): zudem: UN (2003), *Human development report 2003*, New York, S. 282ff.; UN, *Human development report 2007/2008*, S. 281ff.; UN (2009), *Human development report 2009*, New York, S. 196ff.; UN (2014), *Human development report 2014*, URL: http://hdr.undp.org/en/content/income-gini-coefficient (14.10.2015). Diese Berichte beruhen auf Gini-Koeffizienten der Weltbank. In eine ähnliche Richtung geht sehr aufschlussreich: Darvas/Wolff, *An anatomy of inclusive growth in Europe*. Für Deutschland vgl. Bach, Einkommens- und Vermögensverteilung, S. 16f.

23 Eurostat. Gini-Koeffizient der verfügbaren Äquivalenzeinkommen (SILC) (ilc-di12): http://appsso.eurostat.ec.europa.eu/nui (15.1.2016).

24 Vgl. www.lisdatacenter.org (5.10.2016), daneben auch: UN, *Human development report 2003*, S. 282ff.; UN, *Human development report 2007/2008*, S. 281ff.; UN, *Human development report 2009*, S. 196ff.; UN, *Human development report 2014*.

25 OECD, *Einkommensverteilung und Armut in OECD-Ländern*, S. 27ff.

26 Atkinson, *Inequality*, S. 77–80.

27 Vgl. Milanović, *Die ungleiche Welt*, S. 122ff., 228ff.

28 Eurostat. Arbeitslosenquote: http://appsso.eurostat.ec.europa.eu/nui/show.do (4.8.2016).

29 Bevölkerung nach Altersgruppe und Bildungsabschluss [cens_hnelev]; http://appsso.eurostat.ec.europa.eu/nui/s (15.10.2015); öffentliche Gesamtausgaben für Bildung: http://ec.europa.eu/eurostat/tgm.table.do (15.10.2016).

30 Auch der von der UN daneben benutzte Indikator des Verhältnisses der obersten 20 Prozent zu den untersten 20 Prozent der Einkommen ist noch zu grob.

31 Vgl. www.wid.world.

32 Zur international vergleichenden Armutsforschung zur jüngsten europäischen Geschichte vgl. Verwiebe, *Armut in Europa,* S. 173–194; Atkinson, *Inequality*; Stephan Leibfried et al. (1995), *Zeit der Armut. Lebensläufe im Sozialstaat,* Frankfurt am Main; Winfried Süß (2010), »Armut im Wohlfahrtstaat«, in: Hans Günter Hockerts/Winfried Süß (Hg.), *Soziale Ungleichheit im Sozialstaat. Die Bundesrepublik und Großbritannien im Vergleich.* München, S. 19–42; Henning Lohmann (2007), *Armut von Erwerbstätigen in europäischen Wohlfahrtsstaaten. Niedriglöhne, staatliche Transfers und die Rolle der Familie,* Wiesbaden.

33 OECD, *Einkommensverteilung und Armut in OECD-Ländern,* S. 130ff. Leider untersucht die OECD die absolute Armut für diese Epoche nicht.

34 http://www.lisdatacenter.org/lis-ikf-webapp/app/search-ikf-figures (28.1.2016).

35 OECD, *Einkommensverteilung und Armut in OECD-Ländern,* S. 130ff.

36 http://www.lisdatacenter.org/lis-ikf-webapp/app/search-ikf-figures (28.1.2016).

37 OECD, *Einkommensverteilung und Armut in OECD-Ländern,* S. 160ff.

38 Vgl. Groh-Samberg, *Die Verfestigung der Armut,* S. 165; ebenso: Spannagel, *Einkommensungleichheit geht nicht zurück,* S. 9ff.

39 http://www.lisdatacenter.org/lis-ikf-webapp/app/search-ikf-figures (28.1.2016).

40 Quote der von Armut bedrohten Personen nach Armutsgefährdungsgrenze, Alter und Geschlecht (Quelle: SILC) [ilc_li02]: http://appsso.eurostat.ec.europa.eu/nui/show.do (3.2.2016)

41 Gute Zusammenstellung bei: Verwiebe, Armut in Europa, S. 180f.

42 Vgl. Torp, *Gerechtigkeit und Wohlfahrtsstaat,* S. 297ff. und 347ff.

43 Quote der von Armut bedrohten Personen nach Armutsgefährdungsgrenze,

Alter und Geschlecht (Quelle: SILC) [ilc_li02]: http://appsso.eurostat.ec.europa.eu/nui/show.do (3.2.2016); Eurostat. Armutsgefährdungsquote (Quelle: SILC): http://ec.europa.eu/eurostat/tgm (28.1.2016) und http://ec.europa.eu/eurostat/statistics-explained/index.php/People_at_risk_of_poverty_or_social_exclusion (28.1.2016).

44 http://www.lisdatacenter.org/lis-ikf-webapp/app/search-ikf-figures (28.1.2016).

45 OECD, *Einkommensverteilung und Armut in OECD-Ländern*, S. 130ff., 149f. und 160ff.

46 Eurostat: http://ec.europa.eu/eurostat/statistics-explained/index.php/People_at_risk_of_poverty_or_social_exclusion (28.1.2016) (mit weiterführenden Hinweise auf Eurodaten zu anderen Dimensionen der Armut);. vgl. für die materielle Deprivation: Darvas/Wolff (2016), *An anatomy of inclusive growth in Europe*, S. 46ff.

47 UN (1997), *Human Development Report 1997*, New York, S. 5ff.; UN, *Human Development Report 2003*, S. 248f.; UN, *Human Development Report 2007/2008*, S. 241f.; UN (2010), *Human Development Report 2010*, New York, S. 87ff. Der Wandel der Armut lässt sich mit dem HPI der UN nicht verfolgen, weil sich die Berechnung des HDI zwischen 1997 und 2007 stark änderte und in die Berechnung des HDI 2007 Daten aus ganz unterschiedlichen Jahren zwischen 1994 und 2006 eingingen.

48 UN (2014), *The Millenium Development Goals Report* 2014, New York, S. 8.

49 Eurostat. Arbeitslosenquote: http://appsso.eurostat.ec.europa.eu/nui/show.do (4.8.2016).

50 OECD, *Einkommensverteilung und Armut in OECD-Ländern*, S. 131; http://www.lisdatacenter.org/lis-ikf-webapp/app/search-ikf-figures (28.1.2016).

51 Piketty, *Das Kapital im 21. Jahrhundert*, S. 447ff.; für Deutschland: Hauser/Stein, *Inequality of the Distribution of Personal Wealth;* Hauser, *Entwicklung der Einkommens- und Vermögensverteilung in Deutschland;* Stein, *Anatomie der Vermögensverteilung.*

52 Vgl. zum ersten Jahrzehnt des 21. Jahrhunderts neben den soeben genannten Arbeiten: Sierminska/Brandolini/Smeeding, *Comparing wealth distribution.*

53 Atkinson, *Inequality*, S. 71ff.

54 Piketty, *Das Kapital im 21. Jahrhundert*, S. 463ff.

55 Hauser, *Entwicklung der Einkommens- und Vermögensverteilung in Deutsch-*

land; ausführlicher: Hauser/Stein, *Inequality of the Distribution of Personal Wealth.*

56 Vgl. OECD. Einkommensverteilung und Armut in den OECD-Ländern, S. 259ff.; zum ersten Jahrzehnt des 21. Jahrhunderts neben den soeben genannten Arbeiten: Sierminska/Brandolini/Smeeding, *Comparing wealth distribution.*

57 http:/appsso.eurostat.ec.europa.eu (2.11.2015). In den Wohnkosten sind nicht nur Mieten enthalten, sondern es lassen sich auch die verschiedenen Elemente der Wohnkosten getrennt verfolgen.

58 http:/appsso.eurostat.ec.europa.eu (2.11.2015). Niedrige Einkommen sind die 20 Prozent untersten Haushaltseinkommen, höhere Einkommen die 20 Prozent höchsten Haushaltseinkommen. Vgl. auch Hans-Peter Blossfeld (K. Kolb und N. Skopek (2013), »The Two Dimensions of Housing Inequality in Europe. Are High Home Ownership Rates an Indicator of Low Housing Values?«, in: *Comparative Population Studies* 38, S. 1009–1040.

59 http://ec.europa.eu/eurostat.tgm (9.11.2015). Nach einer umständlich formulierten Definition von Eurostat scheint eine Wohnung als überbelegt eingestuft zu werden, wenn nicht für jeden Erwachsenen ein Raum in der Wohnung zur Verfügung steht. In Slowenien, Litauen und Estland ging die Überfüllung der Wohnungen um 2011 schlagartig zurück, sodass man eher an ein statistisches Artefakt denken muss.

60 Berechnet nach: *Soziale Indikatoren für die EG 1960–1975*, S. 244; http://epp.eurostat.ec.europa.eu/statistics_explained/index.php/File:Severe_housing_deprivation,_2011–12_(%25_of_population)_YB14-de.png.

61 »Anteil der Totalbevölkerung, der kein WC für den alleinigen Gebrauch seines Haushalts hat – EU-SILC-Erhebung« und »Anteil der Totalbevölkerung, die weder ein Bad, noch eine Dusche in ihrer Wohnung hat – EU-SILC-Erhebung« (sie reicht bis 2015): http://ec.europa.eu/eurostat/tgm/table.do?tab=-table&init (12.10.2016).

62 Berechnet nach: *Soziale Indikatoren für die EG 1960–1975*, S. 242; auch: Eurobarometer Nr. 32 (1987), S. 69.

63 http://ec.europa.eu/eurostat/statistics-explained/index.php/Housing_statistics#Tenure_status (6.11.2015); http:/appsso.eurostat.ec.europa.eu (6.11.2015).

64 Berechnet für die 21 Länder, für die Daten für 1980 und 2010 vorliegen, nach: http://ec.europa.eurostat/statistics-explained/index.php/File:life_expectancy_at_birth (18.1.2016).

65 Berechnet für 1875–1914 nach: Fischer, Wirtschaft und Gesellschaft Europas 1850–1914, S. 26; für 1920–1970: Tomka, *Social history of 20th century Europe*, S. 26f.

66 Zur Kindersterblichkeitsrate: http://appsso.eurostat.ec.europa.eu/n)ui/submitViewTableAction.do (18.1.2016).

67 http://appsso.eurostat.ec.europa.eu/nui/submitViewTableAction.do (27.1.2016).

68 Healthy life years and life expectancy at birth, http://ec.europa.eu/eurostat/tgm (18.1.2016). Selbst für diese kurze Zeit ist die Entwicklung nicht leicht zu überblicken, da es viele Brüche in diesen Zeitreihen gibt.

69 OECD social expenditure aggregate data: http://stats.oecd.org/Index.aspx?datasetcode=SOCX_AGG (18.1.2016).

70 Vgl. http://appsso.eurostat.ec.europa.eu/nui/submitViewTableAction.do# (Ärzte 1995–2013); http://appsso.eurostat.ec.europa.eu/nui/submitViewTableAction.do# (Ärzte pro Kopf der Einwohner 1980–2013).

71 Kroll, *Sozialer Wandel, soziale Ungleichheit und Gesundheit*, S. 10ff.

72 Eurostat. Eigene Gesundheitswahrnehmung nach Einkommensniveau nach Geschlecht und Alter (Quelle: ECHP) (1995–2001) [ilc_lk11] (1995–2001): http://appsso.eurostat.ec.europa.eu/nui/submitViewTableAction.do (15.1.2016); selbstwahrgenommene Gesundheit nach Geschlecht, Alter und Einkommensquintil (hlth_silc_10) (2005–2013): http://appsso.eurostat.ec.europa.eu/nui/show.do (15.1.2016).

73 Vgl. Kroll, *Sozialer Wandel, soziale Ungleichheit und Gesundheit*, S. 179ff.; Mackenbach et al., Socioeconomic inequalities, S. 3ff.; Mackenbach et al., Introduction.

74 Eurostat. Eigene Gesundheitswahrnehmung nach Einkommensniveau nach Geschlecht und Alter (Quelle: ECHP) (1995–2001) [ilc_lk11] (1995–2001): http://appsso.eurostat.ec.europa.eu/nui/submitViewTableAction.do (15.1.2016); selbstwahrgenommene Gesundheit nach Geschlecht, Alter und Einkommensquintil (hlth_silc_10) (2005–2013): http://appsso.eurostat.ec.europa.eu/nui/show.do (15.1.2016).

75 Kroll/Lampert, *Zunehmende Unterschiede im subjektiven Gesundheitszustand*, S. 5ff.

76 Vgl. Selbstwahrgenommene Gesundheit nach Geschlecht, Alter und Einkommensquintil (hlth_silc_10) (2005–2013): http://appsso.eurostat.ec.europa.eu/nui/show.do (15.1.2016).

77 Deutschland seit Mitte der 1990er Jahre: Kroll/Lampert, *Zunehmende Unterschiede im subjektiven Gesundheitszustand,* S. 5ff.; andere europäische Länder: Selbstwahrgenommene Gesundheit nach Geschlecht, Alter und Einkommensquintil (hlth_silc_10) (2005–2013): http://appsso.eurostat.ec.europa.eu/nui/show.do (15.1.2016)

78 Vgl. Kroll/Lampert, Zunehmende Unterschiede im subjektiven Gesundheitszustand; Dunkelberg: Soziale Ungleichheit der Lebenserwartung APuZ 42/2007, S. 11–18.

79 Selbstwahrgenommene Gesundheit nach Geschlecht, Alter und Einkommensquintil (hlth_silc_10) (2005–2013): http://appsso.eurostat.ec.europa.eu/nui/show.do (15.1.2016)

80 Mackenbach et al., *Socioeconomic inequalities,* S. 3ff.; Mackenbach et al., *Introduction.*

81 Weltgesundheitsorganisation (2015), *Der Europäische Gesundheitsbericht 2015,* Kopenhagen, S. 9ff.

82 Karlsson/Okoampah, Zum Zusammenhang von Gesundheit und Armut, S. 98.

83 Kroll, *Sozialer Wandel, soziale Ungleichheit und Gesundheit.*

84 Vgl. für 1970 Kaelble, *Sozialgeschichte Europas,* S. 392–397; für 2010: Studierende im Tertiärbereich in % der 20- bis 24-Jährigen in der Bevölkerung http://appsso.eurostat.ec.europa.eu/nui/images/ext_site5_header.png (Bildungsexpansion); Arbeiterkinder unter den Studierenden in Deutschland berechnet nach: *Die wirtschaftliche und soziale Lage der Studierenden. 15. Sozialerhebung des Deutschen Studentenwerks,* hg. vom Bundesministerium für Bildung und Forschung, Bonn/Berlin 1999, S. 41ff. und 102ff. (mit Rückblicken auf die frühen 1970er Jahre); *19. Sozialerhebung des Deutschen Studentenwerks,* hg. vom Bundesministerium für Bildung und Forschung, Bonn/Berlin 2010, S. 126ff.; demnächst: Hans-Peter Blossfeld (zusammen mit P. N. Blossfeld und G. J. Blossfeld) (2016), »Changes in educational inequality in cross-national perspective«, in: M. J. Shanahan/J. T. Mortimer/M. Kirkpatrick Johnson (Hg.), *Handbook of the life course,* Bd. II, New York et al., S. 223–247.

85 Vgl. für 1970 Kaelble, *Sozialgeschichte Europas,* S. 396; für 2010: Eurostat. Studierende im Tertiärbereich nach Bildungsbereich, Ausrichtung des Bildungsprogramms, Geschlecht und Alter: http://appsso.eurostat.ec.europa.eu/nui/submitViewTableAction.do#.

86 Mehr in: Land/Pott/Schneider, *Unwahrscheinlich erfolgreich*, S. 65ff. und 95ff.; Hans-Peter Blossfeld (zusammen mit Ilona Relikowski und Erbil Ylmaz) (2012), »Wie lassen sich die hohen Bildungsaspirationen von Migranten erklären? Eine Mixed-Methods-Studie zur Rolle von strukturellen Aufstiegsprozessen und individueller Bildungserfahrung«, in: *Kölner Zeitschrift für Soziologie und Sozialpsychologie* 64 (Sonderheft 52) (2012), S. 111–136.

87 Vgl. OECD (2012), *Bildung auf einen Blick 2012. OECD-Indikatoren*, Paris, S. 39, Tab. 1.1a; Eurostat. Bevölkerung im Alter von 25–64 nach Bildungsabschluss, Geschlecht und Alter (%) (Hauptindikatoren 1995–2015): appsso.eurostat.ec.europa.eu (21.10.2016) (allerdings nicht nur Primärabschluss).

88 Breen/Luikx, Social Mobility in Europe, S. 37–76, Tab. 3.6 (Männer), 3.17 (Frauen); sinkende Einkommensmobilität in Deutschland zwischen 1983/1990 und 2005/2012, in: Spannagel, Einkommensungleichheit geht nicht zurück, S. 11ff.

89 Vermögensmobilität berechnet nach Fratzscher, *Verteilungskampf*, S. 66; Einkommensmobilität: Spannagel, *Reichtum in Deutschland*, S. 149ff. (Einkommensmobilität 1984–2006); Grabka/Goebel, *Rückgang der Einkommensungleichheit stockt*, S. 13–24 (Einkommensmobilität 1994–2011); über den Mangel an Forschung zum Wandel der Einkommensmobilität: Markus Jäntti/Stephen B. Jenkins (2015), »Income mobility«, in: Atkinson/Bourguignon (Hg.), *Handbook of Income Distribution*, Bd. 2a, S. 807–935.

90 Vgl. Crul/Schneider, Second-generation migrants; über türkische Aufsteiger in Deutschland und ihre Aufstiegshindernisse in Ausbildung und Beruf: Land/Pott/Schneider, *Unwahrscheinlich erfolgreich* (mit weiterführender Literatur).

91 Vgl. Crul/Schneider, *Second-generation migrants.*

92 Tucci, *Lebenssituation von Migranten,* S. 198–204; dies./Groh-Samberg, *Das enttäuschte Versprechen der Integration.*

93 Hartmann, *Eliten und Macht in Europa*; Heinrich Best/Ulrike Becker, Hg. (1989), *Elites in transition. Elite research in Central and Eastern Europe.* Opladen; Heinrich Best/Ronald Gehauer/Axel Sailheser (Hg.), »Political and functional elites in post-socialist transformation. Central and Eastern Europe since 1989/90«, in: Themenheft: *Political and functional elites in post-socialist transformation.* Historical Social Research Bd. 37.2 (2012).

94 Hartmann, *Eliten und Macht in Europa*; M. Bauer/Bertin-Mourot, *Vers un modèle européen de dirigeants?*, S. 18–26; Best, *Der langfristige Wandel politi-*

scher Eliten; E. C. Page/V. Wright (1999), *Bureaucratic elites in Western European states. A comparative analysis of top officials*, Oxford; H. W. Schröder/W. Weege/M. Zech (2000), *Historische Parlamentarismus-, Eliten- und Biographieforschung*, Köln (HSR, Beihefte, Nr. 11); Liste weiblicher Staatsoberhäupter und Regierungschefs: Wikipedia.

95 Vgl. *Soziale Indikatoren für die EG 1960–1975*, S. 172f.

96 Vgl. http://ec.europa.eu/eurostat/data/database (Bevölkerung und soziale Bedingungen).

97 Vgl. *Soziale Indikatoren für die EG 1960–1975*, S. 244f.

98 Vgl. http://ec.europa.eu/eurostat/data/database (Bevölkerung und soziale Bedingungen) (Tabelle: Anteil der Totalbevölkerung, die weder ein Bad oder eine Dusche in ihrer Wohnung hat; Quelle: SILC).

99 Vgl. http://ec.europa.eu/eurostat/data/database (Bevölkerung und soziale Bedingungen) (Tabelle: Der Anteil der Totalbevölkerung, die in einer Wohnung mit durchlaufendem Dach, Feuchtigkeit in den Wänden, in den Böden, im Fundament oder Fäulnis in den Fensterrahmen oder im Boden lebt; Quelle: SILC).

100 Christiane Eisenberg (2010), »Sportgeschichte und Gesellschaftsgeschichte«, in: Michael Krüger/Hans Langenfeld (Hg.), *Handbuch Sportgeschichte*, Stuttgart, S. 98ff.

101 Vgl. Torp, *Gerechtigkeit und Wohlfahrtsstaat*, S. 266f. und 281ff.

102 Vgl. Eurostat. Quote der von Armut bedrohten Personen nach Armutsgefährdungsgrenze und Haushaltstyp (Quelle: SILC) und Armutsgefährdungsquote älterer Personen nach Geschlecht und nach ausgewählten Altersgruppen (Quelle: SILC): http://appsso.eurostat.ec.europa.eu/nui/show.do (24.3.2016).

103 Vgl. Torp, *Gerechtigkeit und Wohlfahrtsstaat*, S. 266f. und 281ff.

104 Vgl. Lenger, *Metropolen der Moderne*, S. 478ff.; Hartmut Häußermann/Walter Siebel (1987), *Neue Urbanität*, Frankfurt am Main; Hartmut Häußermann/Walter Siebel/Dieter Läpple (2008), *Stadtpolitik*, Frankfurt am Main; Patrick Le Galès (2002), *European Cities*, Oxford; Jean-Luc Pinol (2003), *Histoire de l'Europe urbaine*, 2 Bde., Paris.

105 Vgl. *Ngram 1800–2008*. Die genannten Ausdrücke und 20 besonders gängige lateinische Zitate wurden in *Ngram* nachgesehen.

106 Eurobarometer Nr. 28 (Dezember 1987), S. 78f.; Eurobarometer Nr. 55 (Oktober 2001), S. 81; Die europäischen Bürger und ihre Sprache. Spezial Eurobarometer Nr. 386 (Juni 2012), S. 15.

107 Vgl. »Nach eigenen Angaben nicht erfüllter Bedarf nach ärztlicher Untersuchung oder Behandlung nach Geschlecht, Alter, detailliertem Grund und Einkommensquintilen« 2005–2014, appsso. eurostat.ec.europa.eu (21.10.2016).

108 Richard Herzinger, »Klassenkampf durch den Magen«, in: *Die Welt*, 26.2.2016.

109 Vgl. H.-P. Blossfeld/Timm, *Das Bildungssystem als Heiratsmarkt*, S. 7; H.-P. Blossfeld/Timm (Hg.), *Who marries whom?*; Hans-Peter Blossfeld/Andreas Timm (1997), »Der Einfluß des Bildungssystems auf den Heiratsmarkt. Eine Längsschnittanalyse der Wahl des ersten Ehepartners im Lebenslauf«, in: *Kölner Zeitschrift für Soziologie und Sozialpsychologie* 49, S. 440–476; Wehler, *Die neue Umverteilung*, S. 93ff.

110 Vgl. Piketty, *Das Kapital im 21. Jahrhundert.*

111 Kroneberg, *Motive und Folgen sozialer Grenzziehungen,* S. 9–14; Ruud Koopman (2015), »Religious Fundamentalism and Hostility against Out groups: A Consparison of Muslims and Christians in Western Europe«, in: *Journal of Ethnic and Migration Studies* 411, S. 33–57.

112 Für diesen Abschnitt sehr anregend: Reinecke/Mergel, *Das Soziale vorstellen, darstellen, herstellen,* S. 7–30; Beck, *Risikogesellschaft?*, Berger KZFS 39–1987 S. 59–85, Michel Forsé/Olivier Galland/Caroline Guibet-Lafaye/Maxime Parodi (2013), *L'égalité, une passion française?*, Paris.

113 Vgl. *Ngram 1800–2008*. Die genannten Ausdrücke wurden in verschiedenen Sprachen in *Ngram* nachgesehen.

114 Gesis. ZA3430: International Social Survey Programme 1999: Social Inequality III (ISSP 1999) und International Social Survey Programme 2009: Social Inequality IV (ISSP 2009) in: http://zacat. gesis.org/webview (3.4.2016).

115 Vgl. *Ngram 1800–2008*.

116 *Eurobarometer. Vorstellungen und Einstellungen zur Armut in Europa*, hg. von der Kommission der Europäischen Gemeinschaften (Special Eurobarometer Nr. 8), Brüssel 1977, S. 50 und 87ff.; *Eurobarometer. The perception of poverty in Europe in 1989*, hg. von der Commission of the European Communities (Special Eurobarometer Nr. 45), Brüssel 1990, S. 36–43 und 92–96; *Eurobarometer. La perception de la pauvreté et l'exclusion sociale en Europe 1994*, hg. von der Commission Européenne (Special Eurobarometer Nr. 82), Brüssel 1994, S. 6ff., 30f., 42ff., 48–52 und 70, alle in: http://ec.europa.eu/public_opinion/archives/ebs/ebs_321_en.pdf (29.3.2016); für die Unterschiede innerhalb Deutschlands in der Allbus-Umfrage: Karl Ulrich Mayer et al., *Soziale*

Ungleichheit. Zusammenstellung sozialwissenschaftlicher Items und Skalen. doi: 10.6102/zis191.

117 Jan Delhey (2001), *Osteuropa zwischen Marx und Markt, Soziale Ungleichheit und soziales Bewusstsein nach dem Kommunismus,* Hamburg, S. 179ff.

118 *Eurobarometer. Social precarity and social integration.* Report for the European Commission (Special Eurobarometer, Nr. 162), Brüssel 2002, S. 14ff. und 26: http://ec.europa.eu/public_opinion/archives/ebs/ebs_321_en.pdf (29.3.2016).

119 *Eurobarometer. Poverty and exclusion* (Special Eurobarometer, Nr. 279), Brüssel 2007, S. 23ff. und 34f. (im Vergleich mit Werten von 2001); *Eurobarometer. Poverty and social exclusion* (Special Eurobarometer, Nr. 321), Brüssel 2010, S. 16f., 64 und 85–91; *Eurobarometer. Poverty and social exclusion* (Special Eurobarometer, Nr. 355), Brüssel 2010, S. 16f., 78ff. und 99ff., alle: http://ec.europa.eu/public_opinion/archives/ebs/ebs_321_en.pdf (29.3.2016).

120 Für ähnliche Resultate aus der Allbus-Umfrage für Deutschland, allerdings mit sehr großen Unterschieden zwischen den neuen und den alten Bundesländern: Mayer/Kraus/Schmidt, *Soziale Ungleichheit*; Ursula Dallinger (2008), »Altert Gerechtigkeit? Einstellungen zu Gerechtigkeit und Ungleichheit im Wandel der Kohorten«, in: Harald Kuenemund/Klaus R. Schroeter (Hg.), *Soziale Ungleichheiten und kulturelle Unterschiede in Lebenslauf und Alter. Fakten, Prognosen und Visionen*, Wiesbaden, S. 85–104; Jan Delhey (2014), »Inequality in quality of life«, in: Alex Michalos (Hg.), *Encyclopedia of Quality of Life and Well-Being Research,* Dordrecht, S. 3248–3252; Christian Rau/Michael Zürn (2016), »Die Politisierung der Europäischen Union als Chance nutzen«, in: *Integration*, Nr. 1, S. 3–14.

121 Gesis. ZA3430: International Social Survey Programme 1999: Social Inequality III (ISSP 1999) und International Social Survey Programme 2009: Social Inequality IV (ISSP 2009) in: http://zacat.gesis.org/webview (3.4.2016) (die europäischen Länder lassen sich nicht herausfiltern).

122 http://www.europeansocialsurvey.org/doics/findings/ESS5_toplines_issue_1_trust_in_justice.pdf; http://nesstar.ess.nsd.uib.no/webview (1.4.2016)

123 Jan Delhey/Ulrich Kohler (2006), »Europäisierung sozialer Ungleichheit. Die Perspektive der Referenzgruppen-Forschung«, in: Martin Heidenreich (Hg.), *Europäisierung sozialer Ungleichheit. Zur transnationalen Klassen- und Sozialstrukturanalyse,* Frankfurt am Main; Jan Delhey/Wolfgang Keck (2008), »Where we stand: citizen perception in European country ranking and their influence on objective well-being«, in: Jens Alber/Tony Fabery/Chiara Sara-

ceno (Hg.), *Handbook of quality of life in the enlarged European Union*, London/New York, S. 385–404.

124 Vgl. für das Bildungsbürgertum und die Entstehung des Begriffs der Klassengesellschaft im 19. Jahrhundert: Kocka, *Arbeiterleben und Arbeiterkultur*, S. 315ff. und 343ff.

125 Vgl. Reinecke/Mergel, Das Soziale vorstellen, darstellen, herstellen, S. 16ff.

126 Für diesen Abschnitt werden Vorschläge verwandt von: Stephan Lessenich (2008), *Die Neuerfindung des Sozialen. Der Sozialstaat im flexiblen Kapitalismus*, Bielefeld; Rosanvallon, *La société des égaux*, S. 17 und 271ff.; Beck/Poferl (Hg.), *Große Armut, großer Reichtum*; Lutz Leisering (1998), »Sozialstaat und Individualisierung«, in: Jürgen Friedrichs (Hg.), *Die Individualisierungthese*, Wiesbaden; Mendras, *La Seconde Révolution française*.

127 *Deutscher Bundestag. Dokumente. Drucksachen und Plenarprotokolle seit 1949*: http://pdok.Bundestag.de.

128 http://hansard.millbanksystems.com.

129 Peter Sloterdijk, »Aufbruch der Leistungsträger«, in: *Cicero*, 22.10.2009.

130 Rosanvallon, *La société des égaux*, S. 17 und 271ff. Rosanvallon präsentiert dies als Resultat einer Umfrage des *European Social Survey* in Frankreich, die *de facto* eine Umfrage in Europa war, und vergisst zu erwähnen, dass dieses Resultat in der Umfrage auch in anderen europäischen Ländern ermittelt wurde und daher eine europäische Einstellung ist.

131 *Deutscher Bundestag. Dokumente. Drucksachen und Plenarprotokolle seit 1949*: http://pdok.Bundestag.de.

132 Rosanvallon, *La société des égaux*, S. 17 und 271ff.; zur Individualisierung auch: Mendras, *La Seconde Révolution française*; Norbert Elias (2001), *Die Gesellschaft der Individuen*, Frankfurt am Main.

133 Lessenich, *Die Neuerfindung des Sozialen*, S. 85ff.

134 Vgl. Torp, *Gerechtigkeit und Wohlfahrtsstaat*, S. 311f.

135 Sen, *Equality of What?*.

136 Fratzscher, *Verteilungskampf*, S. 242ff.

137 Ulrich Beck (2008), *Die Neuvermessung der Ungleichheit unter den Menschen*, Frankfurt am Main, S. 41ff. und 52ff.

138 Torp, *Gerechtigkeit und Wohlfahrtsstaat*, S. 374ff. und 399ff.

Fazit

1 Vgl. allerdings jetzt: Fratzscher, *Verteilungskampf*; auch: Martin Diewald (2010), »Ungleiche Verteilungen und ungleiche Chancen. Zur Entwicklung sozialer Ungleichheit in der Bundesrepublik«, in: Frank Faulbaum/Christof Wolf (Hg.), *Gesellschaftliche Entwicklungen im Spiegel der empirischen Sozialforschung*, Wiesbaden, S. 11–37.

Verzeichnis der Tabellen und Grafiken

Literatur

Althammer, Beate/Lutz Raphael/Tamara Stazic-Wendt (Hg.) (2016), *Poverty, Welfare and Social Ties in Modern Europe*, New York/Oxford.

Alvaredo, Facundo/Anthony B. Atkinson/Thomas Piketty/Emmanuel Saez (im Erscheinen), *The Top 1 Percent in International and Historical Perspective,* NBER Working Paper Nr. 19075.

Alvaredo, Facundo (2011), »The dynamics of high incomes over the last century«, in: *Perspectives. Journal du réseau français des instituts d'études avancés*, Nr. 5.

Atkinson, Anthony B. (2015), *Inequality. What Can Be Done?*, Cambridge (Mass.).

Atkinson, Anthony B./François Bourguignon (Hg.) (2000), *Handbook of Income Distribution*, Bd. 1, Amsterdam.

Atkinson, Anthony B./François Bourguignon (Hg.) (2015), Handbook of Income Distribution, 2 Teilbände, Amsterdam.

Atkinson, Anthony B./Thomas Piketty/Emmanuel Saez (2011), »Top Incomes in the Long Run of History«, in: *Journal of Economic Literature* 49, Nr. 1, S. 3–71.

Bach, Stefan (2013), »Einkommens- und Vermögensverteilung in Deutschland«, in: *Aus Politik und Zeitgeschichte*, B 10–11, S. 15–19.

Banerjee, Abhijit V./Esther Duflo (2012), *Pooreconomics. Ein Plädoyer für ein neues Verständnis von Armut*, München.

Bauer, Michel/Bénédicte Bertin-Mourot (1996), »Vers un modèle européen de dirigeants? Une comparaison Allemagne/France/Grande-Bretagne«, in: *Problèmes économiques* 482, Nr. 2 (21.8.), S. 18–26.

Beck, Ulrich/Angelika Poferl (Hg.) (2010), Große Armut, großer Reichtum. Zur Transnationalisierung sozialer Ungleichheit, Frankfurt am Main.

Best, Heinrich (2003), »Der langfristige Wandel politischer Eliten in Europa 1867–2000. Auf dem Weg der Konvergenz?«, in: Stefan Hradil/Peter Imbusch (Hg.), *Oberschichten – Eliten – Herrschende Klassen*, Opladen, S. 369–400

Blossfeld, Hans-Peter (mit P. N. Blossfeld/G. J. Blossfeld) (2015), »Educational expansion and inequality in educational opportunity: Long term changes for East and West«, in: *European Sociological Review* 31, S. 144–160.

Blossfeld, Hans-Peter/Andreas Timm (1997), *Das Bildungssystem als Heiratsmarkt: eine Längsschnittanalyse der Wahl von Heiratspartnern im Lebenslauf*, Bremen (Arbeitspapier des Sfb 186 43), URL: http://nbn-resolving.de/urn:nbn:de:0168-ssoar-57497.

Blossfeld, Hans-Peter/Andreas Timm (Hg.) (2003), *Who marries whom? Educational systems as marriage markets in modern societies. A comparison of thirteen countries*, Dordrecht.

Bourdieu, Pierre (1984), *Die feinen Unterschiede. Kritik der gesellschaftlichen Urteilskraft*, Frankfurt am Main.

Breen, Richard/Ruud Luikx (2004), »Social Mobility in Europe between 1970 and 2000«, in: Richard Breen (Hg.), *Social Mobility in Europe*, Oxford, S. 37–76.

Breen, Richard/Ruud Luijkx/Walter Müller/Reinhard Pollak (2009), »Nonpersistent Inequality in Educational Attainment: Evidence from eight European Countries«, in: *American Journal of Sociology* 114, Nr. 5, S. 1475–1521.

Breen, Richard/Ruud Luijkx/Walter Müller/Reinhard Pollak (2010), »Long-Term Trends in Educational Inequality in Europe: Class Inequalities and Gender Differences«, in: *European Sociological Review* 26, S. 31–48.

Bude, Heinz/Philipp Staab (Hg.) (2016), *Kapitalismus und Ungleichheit. Die neuen Verwerfungen*, Frankfurt am Main.

Buis, Maarten L./Bastian Mönkediek/Steffen Hillmert (2012), »Educational Expansion and the Role of Demographic Factors: The Case of West Germany«, in: *Population Review* 51, Nr. 2, S. 1–15.

Burzan, Nicole (2011), *Soziale Ungleichheit: Eine Einführung in die zentralen Theorien*, Wiesbaden.

Burzan, Nicole/Silke Kohrs (2014), *Die Mitte der Gesellschaft: Sicherer als erwartet?*, Weinheim.

Butterwegge, Christoph (2016), *Reichtumsförderung statt Armutsbekämpfung. Eine sozial- und steuerpolitische Halbzeitbilanz der Großen Koalition*, Wiesbaden.

Crul, Maurice/Jens Schneider (2013), »Second-generation migrants: Europe and the United States«, in: Immanuel Ness (Hg.), *The Encyclopedia of Global Human Migration*, Oxford.

Dallinger, Ursula (2008), »Altert Gerechtigkeit? Einstellungen zu Gerechtigkeit und Ungleichheit im Wandel der Kohorten«, in: Harald Kuenemund/Klaus R. Schroeter (Hg.), *Soziale Ungleichheiten und kulturelle Unterschiede in Lebenslauf und Alter. Fakten, Prognosen und Visionen*, Wiesbaden, S. 85–105.

Darvas, Zsolt/Guntram B. Wolff (2016), *An anatomy of inclusive growth in Europe*, Brüssel.

Dauderstädt, Michael (2008), »Ungleichheit und sozialer Ausgleich in der erweiterten Europäischen Union«, in: *Wirtschaftsdienst* 88, S. 261–269.

Deaton, Angus (2013), *The great escape. Health, wealth and the origins of inequality*, Princeton.

Delhey, Jan (2001), *Osteuropa zwischen Marx und Markt. Soziale Ungleichheit und soziales Bewusstsein nach dem Kommunismus*, Hamburg

Delhey, Jan/Kohler, Ulrich (2006), »Europäisierung sozialer Ungleichheit. Die Perspektive der Referenzgruppen-Forschung«, in: Martin Heidenreich (Hg.), *Europäisierung sozialer Ungleichheit. Zur transnationalen Klassen- und Sozialstrukturanalyse*, Frankfurt, S. 339–358.

Delhey, Jan/Keck, Wolfgang (2008), »Where we stand: citizen perception in European country ranking and their influence on objective well-being«, in: Jens Alber/Tony Fabery/Chiara Saraceno (Hg.), *Handbook of quality of life in the enlarged European Union*, London/New York, S. 385–404.

Diewald, Martin (2010), »Ungleiche Verteilungen und ungleiche Chancen. Zur Entwicklung sozialer Ungleichheit in der Bundesrepublik«, in: Frank Faulbaum und Christof Wolf (Hg.), *Gesellschaftliche Entwicklungen im Spiegel der empirischen Sozialforschung*, Wiesbaden, S. 11–37.

Erikson, Robert/John H. Goldthorpe (1992), *The constant flux. A study of social mobility in industrial societies*, Oxford.

Forsé, Michel/Olivier Galland/Caroline Guibet Lafaye/Maxime Parodi (2013), *L'égalité, une passion française?*, Paris.

Fratzscher, Marcel (2016), *Verteilungskampf. Warum Deutschland immer ungleicher wird*, München.

Gajek, Eva Maria/Christoph Lorke (2016), *Soziale Ungleichheit im Visier. Wahrnehmung und Deutung von Armut und Reichtum seit 1945*, Frankfurt am Main.

Galbraith, Kenneth (2012), *Inequality and instability. A study of the world economy just before the crisis*, Oxford.

Gosewinkel, Dieter (2016), *Schutz und Freiheit? Staatsbürgerschaft in Europa im 20. und 21. Jahrhundert*, Berlin.

Grabka, Markus M./Jan Goebel (2013), »Rückgang der Einkommensungleichheit stockt«, in: *DIW Wochenbericht*, Nr. 46, S. 13–24.

Groh-Samberg, Olaf (2009), *Armut, soziale Ausgrenzung und Klassenstrukturen*, Wiesbaden.

Groh-Samberg, Olaf (2014), »Die Verfestigung der Armut«, in: Siegfried Frech/Olaf Groh-Samberg (Hg.), *Armut in Wohlstandsgesellschaften*, Schwalbach, S. 155–172.

Hartmann, Michael (2007), *Eliten und Macht in Europa. Ein internationaler Vergleich*, Frankfurt am Main.

Hauser, Richard (2011), »Die Entwicklung der Einkommens- und Vermögensverteilung in Deutschland in den letzten Dekaden«, in: Thomas Druyen/Wolfgang Lauterbach/Matthias Grundmann (Hg.), *Reichtum und Vermögen. Zur gesellschaftlichen Bedeutung der Reichtums- und Vermögensforschung*, Wiesbaden, S. 54–68.

Hauser, Richard/Holger Stein (2004), *Inequality of the Distribution of Personal Wealth in Germany 1973–1998*, URL: http://www.researchgate.net/publication/23748485.

Häußermann, Hartmut/Martin Kronauer (2009), »Räumliche Segregation und innerstädtisches Getto«, in: Robert Castel/Klaus Dörre (Hg.), *Prekariat, Abstieg, Ausgrenzung. Die soziale Frage am Beginn des 21. Jahrhunderts*, Frankfurt am Main, S. 113–130.

Heidenreich, Martin (Hg.) (2006), *Europäisierung sozialer Ungleichheit. Zur transnationalen Klassen und Sozialstrukturanalyse*, Frankfurt.

Hockerts, Hans Günter/Winfried Süß (Hg.) (2010), *Soziale Ungleichheit im Sozialstaat. Großbritannien und die Bundesrepublik im Vergleich*, München.

Holze, Sigrun (2009), *Soziale Ungleichheit und Gesundheitspolitik. Die Auswirkungen politischer Entscheidungen am Beispiel rot-grüner Reformmaßnahmen*, Augsburg.

Hradil, Stefan ([8]2005), *Soziale Ungleichheit in Deutschland*, Wiesbaden.

Kaelble, Hartmut (1983), *Industrialisierung und soziale Ungleichheit*, Göttingen.

Kaelble, Hartmut (1983), *Soziale Mobilität und Chancengleichheit im 19. und 20. Jahrhundert. Deutschland im internationalen Vergleich*, Göttingen.

Kaelble, Hartmut (2014), »Abmilderung der sozialen Ungleichheit? Das westliche Europa während des Wirtschaftsbooms der 1950er und 1960er Jahre«, in: *Geschichte und Gesellschaft* 40, S. 591–609.

Kaelble, Hartmut (2015), »Soziale Ungleichheit in Frankreich und Deutschland im 20. Jahrhundert«, in: Jörn Leonhard (Hg.), *Vergleich und Verflechtung. Deutschland und Frankreich im 20. Jahrhundert*, Berlin, S. 221–240.

Kaelble, Hartmut/Heinrich Volkmann (1986), »Streiks und Einkommensverteilung im späten Kaiserreich«, in: Jürgen Bergmann et al. (Hg.), *Arbeit, Mobilität, Partizipation, Protest. Gesellschaftlicher Wandel in Deutschland im 19. und 20. Jahrhundert*, Opladen, S. 159–198.

Karlsson, Martin/Sarah Okoampah (2014), »Zum Zusammenhang von Gesundheit und Armut«, in: Siegfried Frech/Olaf Groh-Samberg(Hg.), *Armut in Wohlstandsgesellschaften*, Schwalbach, S. 79–106.

Kocka, Jürgen (1973), *Klassengesellschaft im Krieg. Deutsche Sozialgeschichte 1914–1918*, Göttingen.

Kocka, Jürgen (2015), *Arbeiterleben und Arbeiterkultur. Die Entstehung einer sozialen Klasse*, Bonn.

Kocka, Jürgen (2016), *Hunger, Ungleichheit und Protest. Historische Befunde*, Heidelberg.

Kraus, F. (1981), »The historical development of income inequality in Western Europe and the United States«, in: Peter Flora/Arnold J. Heidenheimer (Hg.), *The development of welfare states in Europe and America*, New Brunswick, S. 187–238.

Kroll, Lars Eric (2010), *Sozialer Wandel, soziale Ungleichheit und Gesundheit. Die Entwicklung sozialer und gesundheitlicher Ungleichheiten in Deutschland zwischen 1984 und 2006*, Wiesbaden.

Kroll, Lars Eric/Thomas Lampert (2010), »Zunehmende Unterschiede im subjektiven Gesundheitszustand zwischen den Einkommensschichten«, in: *ISI* 43, Januar-Heft, S. 5–8.

Kroneberg, Clemens (2014), »Motive und Folgen sozialer Grenzziehungen«, in: *Aus Politik und Zeitgeschichte*, B 4–5, S. 9–14.

Kuznets, Simon (1953), *Shares of upper income groups in income and saving*, New York.

Kuznets, Simon (1955), »Economic growth and income inequality«, in: *The American Economic Review* 45, S. 1–28.

Land, Christine/Andreas Pott/Jens Schneider (2016), *Unwahrscheinlich erfolgreich. Sozialer Aufstieg in der Einwanderungsgesellschaft* (IMIS-Beiträge, Nr. 49), Osnabrück.

Lindert, Peter H. (2000), »Three centuries of inequality in Britain and America«, in: Anthony B. Atkinson/François Bourguignon (Hg.), *Handbook of Income Distribution*, Bd. 1, Amsterdam, S. 167–216.

Mackenbach, Johan P. et al. (2002), »Socioeconomic inequalities in health in Europe«, in: Martijntje Bakker/Johan P. Mackenbach (Hg.), *Reducing Inequalities in Health: An European Perspective,* London, S. 3–24.

Mackenbach, Johan P. et al. (2003), »Widening socioeconomic inequalities in six Western European countries«, in: *International Journal of Epidemiology* 32, S. 360–367.

Mackenbach, Johan P. et al. (2013), »Introduction«, in: Ders., *Successes and Failures of Health Policy in Europe: Four Decades Of Divergent Trends And Converging Challenges*, o. O. (Open University Press), S. 1–23.

Mau, Stefan (2006), »Soziale Ungleichheit in der Europäischen Union. Perspektiven und Befunde«, in: Robert Hettlage/Hans-Peter Müller (Hg.), *Die europäische Gesellschaft,* Konstanz, S. 223-–47.

Mayer, Karl Ulrich (1972), »Soziale Mobilität und Wahrnehmung gesellschaftlicher Ungleichheit«, in: *Zeitschrift für Soziologie*, Nr. 1, S. 156–176.

Meere, J. M. M. de (1983), »Long-term trends in income and wealth inequality in the Netherlands, 1908–1940«, in: *Historical Social Research*, Nr. 27, S. 8–37.

Meraviglia, Cinzia/Maarten L. Buis (2015), »Class, status and education. The influence of parental resources in IEO (Inequality of educational opportunities) in Europe, 1893–1987«, in: *International Review of Social Research*, S. 35–60.

Mergel, Thomas (2013), »Gleichheit und Ungleichheit als zeithistorisches und soziologisches Problem«, in: *Zeithistorische Forschungen/Studies in Contemporary History*, Online-Ausgabe, 10, S. 307–320.

Mergel, Thomas/Christiane Reinecke (Hg.) (2012), *Das Soziale ordnen. Sozialwissenschaften und gesellschaftliche Ungleichheit im 20. Jahrhundert*, Frankfurt am Main.

Milanović, Branko (2011), »A short history of global inequality. The past two centuries«, in: *Exploration in Economic History* 48, S. 494–506.

Milanović, Branko (2016), *Die ungleiche Welt. Migration. Das eine Prozent und die Zukunft der Mittelschicht*, Berlin (engl. Orginalausgabe: *Global Inequality. A new approach for the age of globalization*, Cambridge 2016).

Morelli, Salvatore/Timothy Smeeding/Jeffrey Thompson (2015), »Post-1970 trends in within-country inequality and poverty: rich and middle income countries«, in: Anthony B. Atkinson/François Bourguignon, (Hg.), *Handbook of Income Distribution*, Bd. 2a, Amsterdam, S. 593–696.

Müller, Hans Peter/Michael Schmid (Hg.) (2003), *Hauptwerke der Ungleichheitsforschung*, Opladen.

O'Donnell, Owen/Eddy van Doorslaer /Tom van Ourti (2015), »Health and inequality«, in: Anthony B. Atkinson/François Bourguignon (Hg.), *Handbook of Income Distribution*, Bd. 2, Amsterdam, S. 1419–1533.

OECD (2009), *Mehr Ungleichheit trotz Wachstum? Einkommensverteilung und Armut in OECD-Ländern*, Paris.

Ostry, Jonathan D./Andrew Berg/Charalambos G. Tsangarides (2014), *Redistribution, inequality, and growth*, IMF staff discussion paper Februar 2014 SDN 14/2.

Piketty, Thomas (2014), *Das Kapital im 21. Jahrhundert*, München.

Piketty, Thomas (2016), *Ökonomie der Ungleichheit*, München.

Pleinen, Jenny (2015), »Klasse, Version: 1.0«, in: *Docupedia-Zeitgeschichte*, 10.3.2015, URL: http://docupedia.de/zg/Klasse?oldid=106048.

Queissner, Monika/Michael Foerster (2011), *Divided we stand. Why inequality keeps rising*, Paris.

Reinecke, Christiane (2015), »The Rediscovery of Urban Poverty in Western European ›Affluent Societies‹«, in: *Contemporary European History* 24, S. 555–576.

Reinecke, Christiane (2016), »Die dunkle Seite des modernen Komforts. Zu einer Neubewertung der ›glorreichen Nachkriegszeit‹ im (post)kolonialen Frankreich«, in: *Geschichte und Gesellschaft* 42, S. 298–325.

Ringer, Fritz (2004), »Admission«, in: Walter Rüegg (Hg.), *A history of the university in Europe*, Cambridge, S. 233–268.

Rosanvallon, Pierre (2011), *La société des égaux*, Paris (deutsche Ausgabe: *Die Gesellschaft der Gleichen*, Hamburg 2013).

Rothenbacher, Franz (1989), *Soziale Ungleichheit im Modernisierungsprozeß des 19. und 20. Jahrhunderts*, Frankfurt am Main.

Sabet, Huschmand (2005), *Globale Maßlosigkeit. Der (un)aufhaltsame Zusammenbruch des weltweiten Mittelstands. Ein Report an die Global Marshall Plan Initiative*, Düsseldorf.

Scheve, Kenneth/David Stasavage (2016), *Taxing the Rich. A History of Fiscal Fairness in the United States and Europe*, Princeton.

Schulz, Günter (Hg.) (2015), *Arm und Reich. Zur gesellschaftlichen und wirtschaftlichen Ungleichheit in der Geschichte*, Stuttgart.

Sen, Amartya, *Equality of What? The Tanner Lectures on Human Values*, gehalten an der Stanford University, 22.5.1979, URL: http://tannerlectures.utah.edu/_documents/a-to-z/s/sen80.pdf (11.6.2016).

Shavit, Yossi/Hans-Peter Blossfeld (Hg.) (1993), *Persistent inequalities: Changing educational stratification in thirteen countries*, Boulder.

Sierminska, Eva/Andrea Brandolini/Timothy M. Smeeding (2006), *Comparing wealth distribution across rich countries: First results from the Luxemburg wealth study*, URL: http://ssm.com/abstract=2119957 und http://stats.oecd.org/index.aspx?datasetcode=Wealth (23.10.2015).

Spannagel, Dorothee (2013), *Reichtum in Deutschland. Empirische Analysen*, Wiesbaden.

Spannagel, Dorothee (2015), »Trotz Aufschwung: Einkommensungleichheit geht nicht zurück«, in: *WSI-Report*, Nr. 26 (November), S. 1–14.

Spree, Reinhard (1981), *Soziale Ungleichheit vor Krankheit und Tod*, Göttingen.

Stein, Holger (2004), *Anatomie der Vermögensverteilung. Ergebnisse der Einkommens- und Verbraucherstichprobe 1983–1998*, Berlin.

Stichweh, Rudolf (2009), *Inklusion und Exklusion. Analysen zur Sozialstruktur und sozialen Ungleichheit*, Wiesbaden.

Stiglitz, Joseph (2012), *Der Preis der Ungleichheit. Wie die Spaltung unserer Gesellschaft die Zukunft bedroht*, München.

Stiglitz, Joseph (2015), *Reich und Arm. Die wachsende Ungleichheit in unserer Gesellschaft*, München.

Süß, Winfried (2009), »Massenarbeitslosigkeit, Armut und die Krise der sozialen Sicherung. Großbritannien und die Bundesrepublik im Vergleich«, in: Thomas Schlemmer (Hg.), *Die Krise der Arbeitsgesellschaft 1973–1989. Die Bundesrepublik Deutschland im europäischen Kontext*, München, S. 55–66.

Süß, Winfried (2010), »Armut im Wohlfahrtsstaat«, in: Hans Günter Hockerts/Winfried Süß (Hg.): *Soziale Ungleichheit im Sozialstaat. Die Bundesrepublik und Großbritannien im Vergleich*, München, S. 19–42.

Süß, Winfried (2010), »Vom Rand in die Mitte der Gesellschaft. Armut als Problem der deutschen Sozialgeschichte 1961–1989«, in: Ulrich Becker/Hans Günter Hockerts/Klaus Tenfelde (Hg.), *Sozialstaat Deutschland. Geschichte und Gegenwart*, Bonn, S. 123–139.

Therborn, Göran (2013), *The Killing Fields of Inequality*, Cambridge.

Torp, Cornelius (2015), *Gerechtigkeit und Wohlfahrtsstaat. Alter und Alterssicherung in Deutschland und Großbritannien von 1945 bis heute*, Göttingen.

Torregrosa Hetland, Sara (2015), »Did democracy bring redistribution? Insights from the Spanish tax system, 1960–1990«, in: *European Review of Economic History* 19, S. 294–315.

Tucci, Ingrid (2013), »Lebenssituation von Migranten und deren Nachkommen«, in: Statistisches Bundesamt (Hg.), *Datenreport 2013*, Bonn, S. 198–204.

Tucci, Ingrid/Olaf Groh-Samberg (2008), »Das enttäuschte Versprechen der Integration: Migrantennachkommen in Frankreich und Deutschland«, in: *Schweizerische Zeitschrift für Soziologie* 34, S. 307–333.

Verwiebe, Roland, »Armut in Europa. Armutskonzepte und empirische Strukturdaten«, in: Siegfried Frech/Olaf Groh-Samberg(Hg.), *Armut in Wohlstandsgesellschaften*, Schwalbach 2014, S. 173–194.

Waites, Bernhard (1987), *A class society at war*, Leamington/Spa.

Wehler, Hans-Ulrich (2013), *Die neue Umverteilung: Soziale Ungleichheit in Deutschland*, München.

Whelan, Christoph T./Bertrand Maitre (2008), »Poverty, deprivation and economic vulnerability in the enlarged EU«, in: Jens Alber et al. (Hg.), *Handbook of quality of life in the enlarged European Union*, London, S. 201–217.

Working for the few. Political capture and economic inequality, Oxfam 2014, URL: www.oxfam.org.